长江三峡工程文物保护项目报告

乙种第十六号

奉节新浦与老油坊

重庆市文物局 重庆市移民局 编

科学出版社

内 容 简 介

本书是三峡库区新浦与老油坊遗址的考古发掘专题报告。通过对这两个遗址夏—汉代、宋代、明清时期遗存的发掘与研究，为三峡库区考古学文化体系的建立提供了重要的资料。

本书可供考古学、历史学、民族学以及相关专业大专院校师生参考。

图书在版编目(CIP)数据

奉节新浦与老油坊 / 重庆市文物局，重庆市移民局编．—北京：科学出版社，2010

（长江三峡工程文物保护项目报告）

ISBN 978-7-03-028525-6

Ⅰ.①奉… Ⅱ.①重…②重… Ⅲ.①文化遗址－发掘报告－奉节县 Ⅳ.①K878.05

中国版本图书馆CIP数据核字(2010)第153465号

责任编辑：闫向东 宋小军 / 责任校对：陈玉凤

责任印制：赵德静 / 封面设计：陈 敬

科学出版社 出版

北京东黄城根北街16号

邮政编码：100717

http://www.sciencep.com

中国科学院印刷厂 印刷

科学出版社发行 各地新华书店经销

*

2010年8月第 一 版 开本：A4(880×1230)

2010年8月第一次印刷 印张：9 1/4 插页：18

印数：1—1 500 字数：300 000

定价：180.00元

（如有印装质量问题，我社负责调换）

Reports on the Cultural Relics Conservation
in the Three Gorges Dam Project
B(site report) Vol.16

Xinpu Site and Laoyoufang Site in Fengjie, Chongqing

Cultural Relics and Heritage Bureau of Chongqing
&
Resettlement Bureau of Chongqing

Science Press

长江三峡工程文物保护项目报告

长江三峡工程文物保护项目报告

乙种第十六号

《奉节新浦与老油坊》

主　编

陈国庆

项目承担单位

吉林大学边疆考古研究中心
重庆市文化局
奉节县白帝城文物管理所

目　　录

插 图 目 录

图 版 目 录

第一章　概　　述

一、历史沿革

依据《奉节县志》记载①，奉节，地处四川盆地东部，东邻巫山县，南界湖北省恩施市，西连云阳县，北接巫溪县，长江横贯中部。境内溪流交错，山峦起伏，四季分明，雨量充沛。东西宽71.4公里，南北长97.7公里，辖区面积4099.28平方公里，人口90多万。县城永安镇是四川省历史文化名城，是全县政治、经济、文化和交通中心。

奉节历代为路、府、州、郡治地。以古九州而言，奉节地跨荆、梁二州之域；周初，是巴国的属国——夔子国属地。周襄王十九年（公元前633年），楚灭夔，乃为楚属庸国之鱼邑。秦惠文王更元十一年（公元前314年），改名鱼复县。东汉建武元年（公元25年），公孙述据蜀称帝，在瞿塘峡侧山头筑白帝城。章武二年（公元222年），刘备败归白帝城，改鱼复为永安县。西魏废帝三年（公元554年），改名人复县，隋开皇年间称民复县，以后直至唐贞观年间，仍名人复县。其间交替属巴东郡、永安郡、信州、夔州。唐贞观二十三年（公元649年），为尊崇诸葛亮奉刘备“托孤寄命，临大节而不可夺”的品质，改名奉节县。宋咸平四年（1001年）四川分为益州、梓州、利州、夔州四路。夔州路辖数十余县。元世祖至元十四年（1277年）属夔州路，设总管府于白帝城。明洪武四年（1371年）属夔州，十四年（1381年）至清宣统三年（1911年）属夔州府。其间，清顺治元年（1644年）春，张献忠军陷夔州，奉节属大西农民政权。“民国”元年（1912年）尚存夔州府。以后，先后隶川东道、四川省第九行政督察区。中华人民共和国成立后隶万县专区（地区），1992年属万县市。

二、地理环境

奉节境内地貌由于地质构造、地层分布、岩性的控制，以及受水文作用的影响而复杂多样，山峦起伏、沟壑纵横，有南北高、中部低，高低悬殊，构造控制明显，区域差

---

① 四川省奉节县志编纂委员会：《奉节县志》，方志出版社，1995年。

异大，溪河纵横切割，山大坡陡等特点。

奉节地貌按其成因，以高度为指标，可分为中山、低山、丘陵、缓丘平坝和台地。其中中山为3279.72平方公里，低山351.6平方公里，丘陵49.8平方公里，缓丘平坝70平方公里，台地343.81平方公里。

境内山地面积约占总面积的88.3%，山脉延伸多随构造走向，山顶海拔为600～2123米，以中山（海拔在1000米以上）为主，占总面积的80.01%。中山一般相对高度大于1000米，山势险峻，山脉峰顶大致齐平，单面山坡坡度较为平缓，一般谷坡坡度超过30°。低山（海拔在1000米以下）相对高差为400～700米，坡度一般为10°～25°。

境内溪河均属长江水系。由于复杂的地质地貌的影响，致使溪河众多、沟壑纵横。除长江流经县境41.5公里外，还有流域面积大于50平方公里的河流共17条，具有切割深，径流较丰富，暴涨暴落，洪枯变幅大，中、上游落差大且集中等山区河流的特点。平均河网密度达0.43公里/平方公里，年径流总量达27.95亿立方米。

第二章　新 浦 遗 址

一、遗址概况、发掘经过及资料发表情况

（一）遗 址 概 况

新浦（新铺）遗址现属重庆市奉节县安坪乡新浦村，西距安坪乡5公里，东距奉节县城约20公里。遗址地处长江南岸，与老油坊遗址隔江相对。东经109°21′00″，北纬30°58′15″，距江面高度为130～140米。江边有奉节县城通往安坪乡轮渡停靠点私家码头，交通较为便利（图一；图版一）。

新浦遗址地势南高北低，中间有两条南北向的自然冲沟把遗址分割成三块，经过坡改梯的造田活动，地表现为多层台地，种植有农作物和果树。在有的平坦地块还建有民宅，遗址破坏较为严重。遗址东西长约350、南北宽约150米，现存面积约50000平方米。

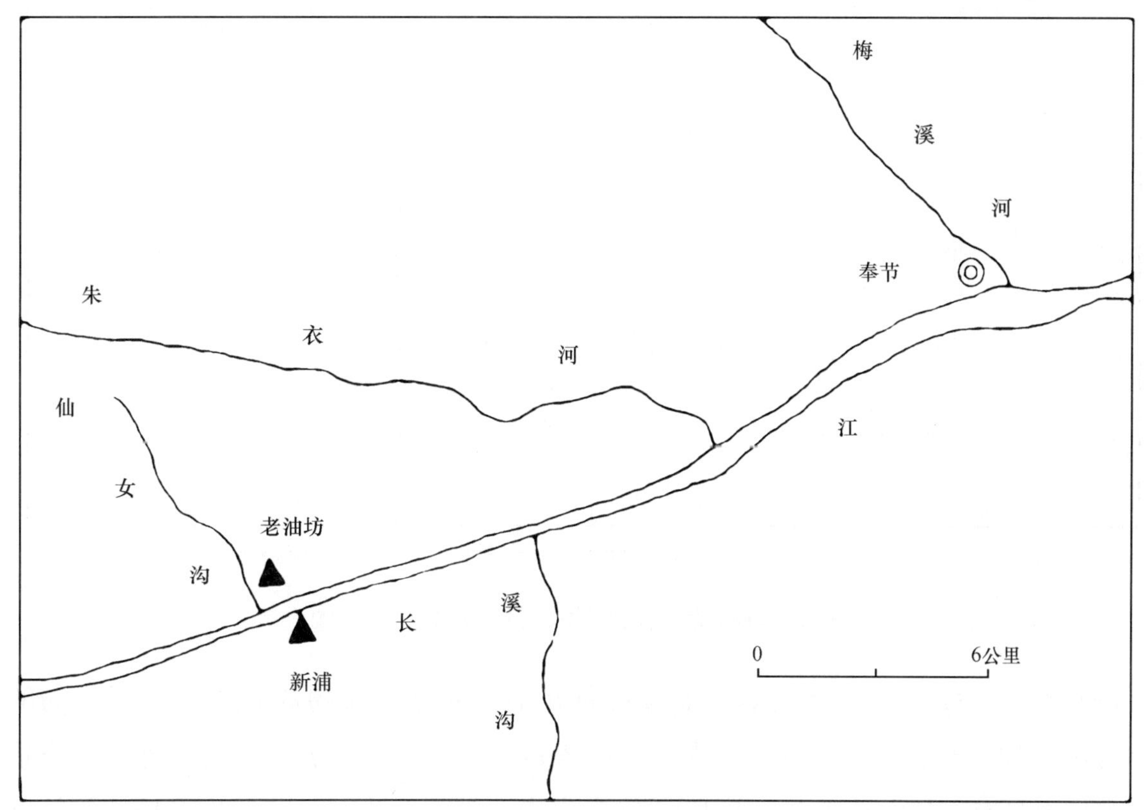

图一　新浦遗址位置图

（二）发掘经过

1993年，吉林大学边疆考古研究中心（吉林大学考古学系）滕铭予、赵宾福、李言在奉节县三峡水库淹没区内进行文物普查时，首次发现了新浦遗址。在遗址中部、西部，当地村民一年前挖厕所时曾出土了2件巴式青铜剑，据讲当时还伴出有人骨。

1994年3~4月，滕铭予和奉节县白帝城文物管理所黄辉对新浦遗址进行了小规模的试掘，发掘在遗址中部、西部出土巴式铜剑处以及东部三个地点进行，分别编号为1994 FXⅠ区、FXⅡ区、FXⅢ区。其中Ⅰ区的发掘位置主要是在冲积沟两侧的梯田上，其北部为一面积较大的台地，台地下为长江南岸一、二级台地间的断崖，探方编号为1994 FXⅠ区 T1~T4。Ⅱ区的发掘位置西距出土巴式剑的地点10米左右，现为梯田，探方编号为1994 FXⅡ区 T1。Ⅲ区位于遗址北部的边缘，现地表大部为橘林，仅发掘处为菜地，向北约25米处为长江南岸一、二级台地间的断崖，探方编号为1994 FXⅢ区 T1、T2。发掘面积共计180平方米（图二）。

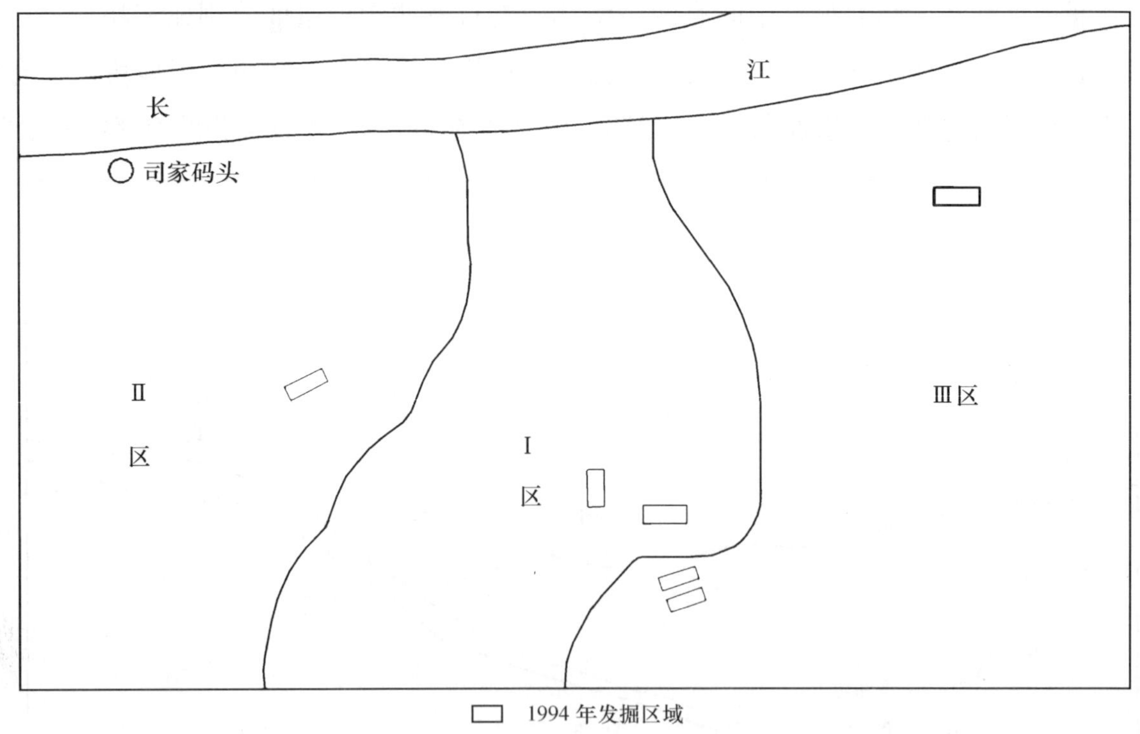

图二　新浦遗址发掘区域（1994年）示意图

1997年9~11月，吉林大学边疆考古研究中心受国家文物局和重庆市文化局的委托，再次承担了对新浦遗址进行较大规模的考古勘探和发掘任务。发掘工作由赵宾福主持，参加人员有吉林大学考古学系1994级考古专业学生8人，奉节县白帝城文物管理所雷庭军、姚炯、邹伯乐。

本次发掘是在大面积勘探的基础上，先后在Ⅰ区布5米×5米探方18个，编号分别为T101～T118；Ⅲ区布5米×5米探方21个，编号分别为T301～T314、T319、T321～T324、T326和T328。此外还在Ⅲ区布3米×6米探沟1条，编号T329。包括扩方在内，总发掘面积为1006平方米（图三）。

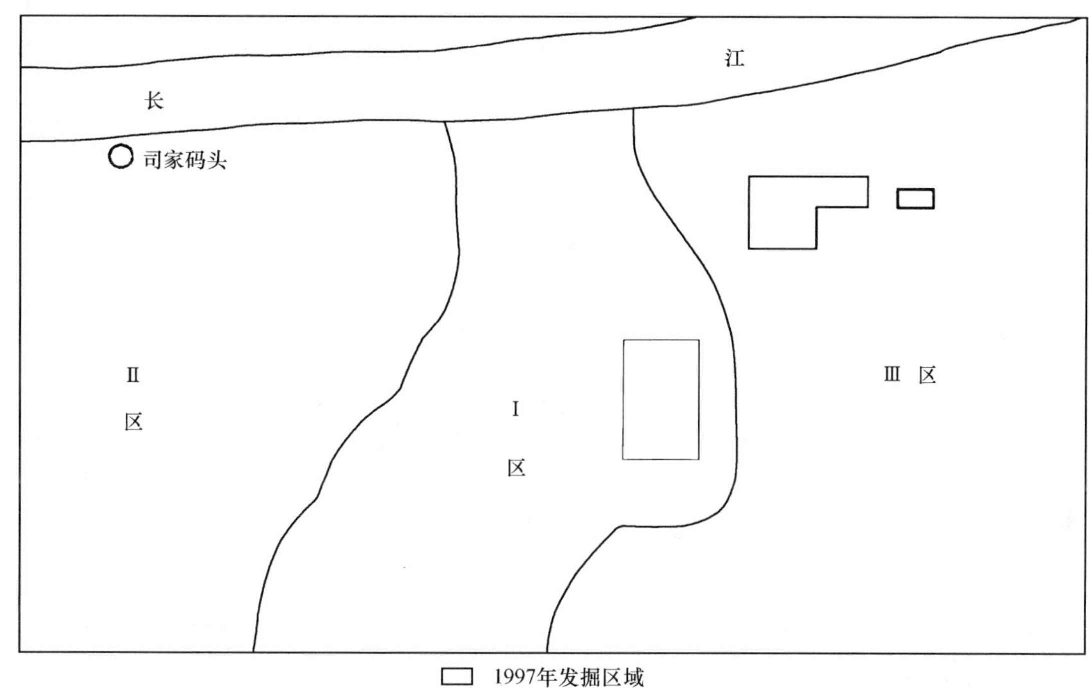

图三　新浦遗址发掘区域（1997年）示意图

1998年11～12月，吉林大学边疆考古研究中心对新浦遗址进行了第三次考古发掘，发掘工作由郑君雷、张文立、李言主持，参加人员有吉林大学考古学系1994级博物馆专业学生10人，奉节县白帝城文物管理所雷庭军、黄辉。

本次发掘区域位于新浦遗址第Ⅲ区，共布5米×5米探方18个（方向正北）和2米×10米探沟2条（顺梯田自然走向），编号分别为T330～T349，总发掘面积（包括扩方）为503平方米（图四）。

2000年3～5月，为完成重庆市文化局1999年度项目规划，对该遗址进行了第四次发掘。发掘工作由郑君雷主持，参加人员有吉林大学考古学系1996级考古专业学生4人，奉节县白帝城文物管理所胡黎明、余卫东、雷庭军及宜昌博物馆李孝沛。

本次发掘在Ⅲ区东南部布5米×5米探方20个，编号依次为T401～T420（第1小区）；在Ⅲ区西北部布3.5米×5米、2.5米×9米和3米×6米探沟各1条和5米×5米探方3个，编号依次为T421～T426（第2小区）；在Ⅲ区西南部布3米×6米、3米×30米和3米×20米探沟各1条，编号依次为T427～T429（第3小区），总发掘面积为802.5平方米（图五）。

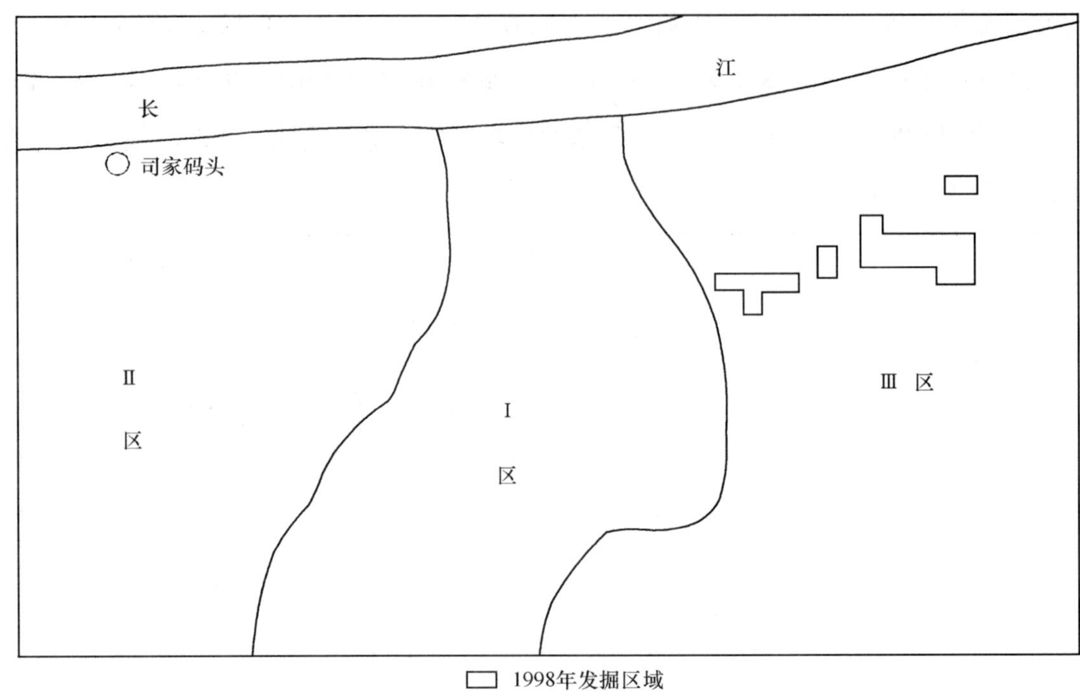

图四　新浦遗址发掘区域（1998 年）示意图

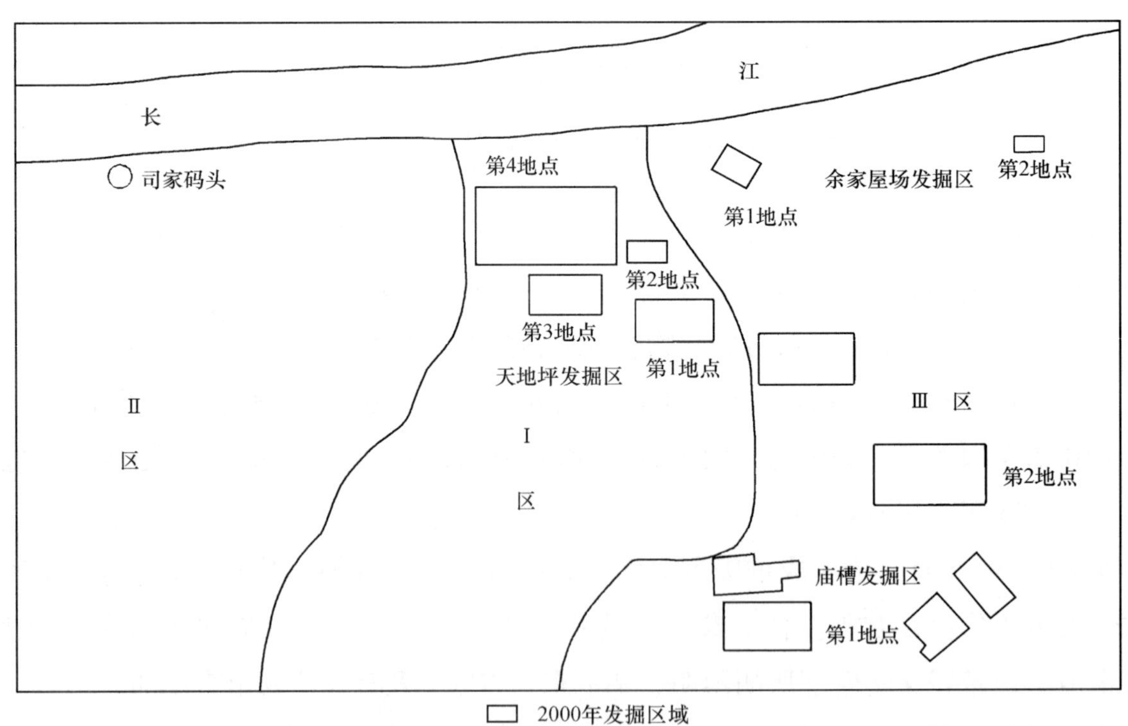

图五　新浦遗址发掘区域（2000 年）示意图

2000 年 11 ~ 12 月，对该遗址进行了第五次发掘。发掘工作由郑君雷、张文立主持，参加人员有吉林大学考古学系 1998 级考古专业学生 19 人。

本次发掘区域主要位于新浦遗址Ⅰ、Ⅱ区，划分为余家屋场、庙槽和天地坪 3 个发掘区。共计发掘 5 米 ×5 米等规格探方 104 个，8 米 ×2. 5 米等规格探沟 14 条，编号分别为 T5001 ~ T5118。总发掘面积为 3030 平方米（图五）。

1. 庙槽发掘区（位于Ⅲ区）

第 1 地点：5 米 ×5 米探方 7 个，16 米 ×3. 5 米探沟 1 条，15 米 ×2. 5 米探沟 1 条，13 米 ×2. 5 米探沟 1 条，9 米 ×3. 5 米探沟 1 条。

第 2 地点：5 米 ×5 米探方 16 个，11 米 ×2. 5 米探沟 2 条；7 米 ×3 米探沟 1 条。

2. 余家屋场发掘区（位于Ⅲ区）

第 1 地点：5 米 ×5 米探方 17 个，3. 5 米 ×3. 5 米探方 3 个，8 米 ×2. 5 米探沟 1 条。

第 2 地点：5 米 ×5 米探方 3 个。

3. 天地坪发掘区（位于Ⅰ区）

第 1 地点：5 米 ×5 米探方 14 个。

第 2 地点：5 米 ×5 米探方 3 个，8 米 ×3 米探沟 1 条，5 米 ×3 米探沟 1 条。

第 3 地点：5 米 ×5 米探方 13 个。

第 4 地点：5 米 ×5 米探方 26 个。

为全面了解新浦遗址的堆积情况，在Ⅱ区布 4 米 ×4 米探方 1 个，在Ⅰ区天地坪发掘区以南布 5 米 ×5 米探方 1 个。

2001 年 9 ~ 11 月，为完成重庆市文化局 2001 年度项目规划，对该遗址进行了第六次发掘。发掘工作由陈国庆、吕军主持，参加人员有吉林大学考古学系 1999 级考古专业 8 人，研究生2 人，函授本科生 2 人，奉节县白帝城文物管理所雷庭军、张勇。

本次发掘在Ⅲ区布 5 米 ×5 米探方 12 个，编号分别为 T6001 ~ T6012；Ⅰ区布 5 米 ×5 米探方 27 个，编号分别为 T6013 ~ T6039；在Ⅱ区布 5 米 ×5 米探方 20 个，2 米 ×20 米探沟 1 条，编号分别为 T6040 ~ T6060，总发掘面积为 1515 平方米（图六）。

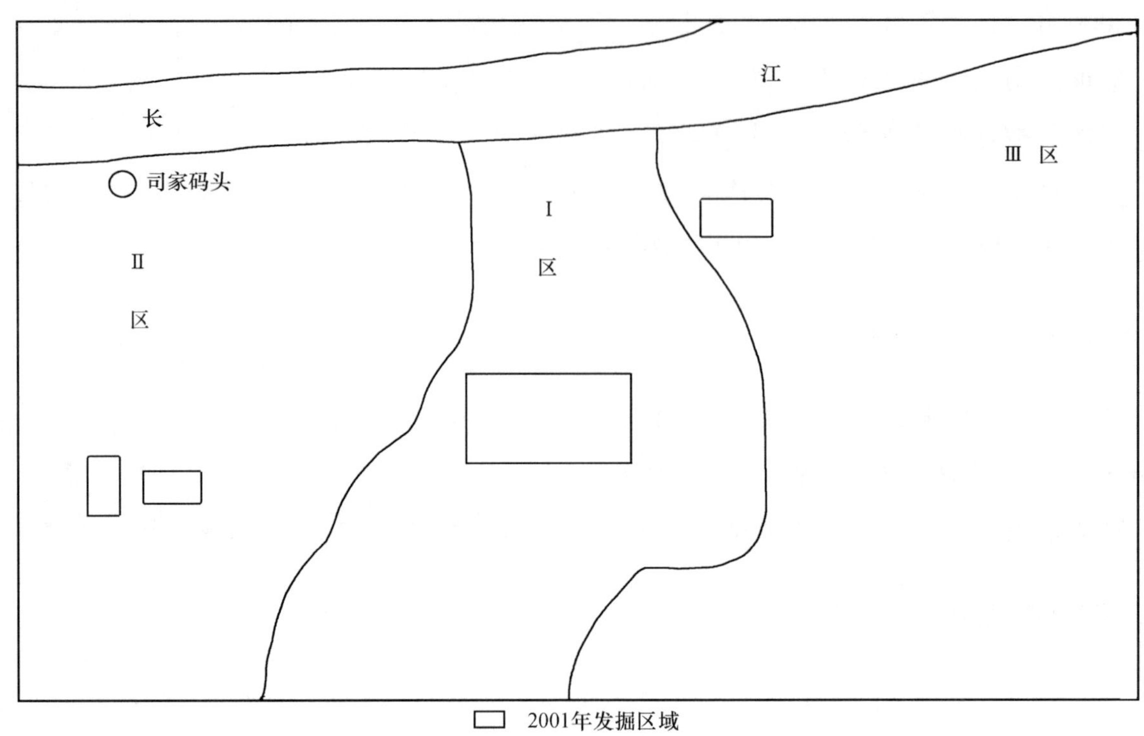

图六 新浦遗址发掘区域（2001 年）示意图

（三）资料发表情况

新浦遗址自首次发掘以来，曾以各种简报的形式发表了本年度的考古资料，1994 年的考古发掘资料，由滕铭予执笔的《四川奉节县新浦遗址发掘报告》①，发表在《考古》1999 年第 1 期。1997 年的考古发掘资料，由赵宾福执笔的《奉节新浦遗址发掘报告》②，发表在《重庆库区考古报告集 · 1997 卷》。1998 年考古发掘资料，由郑君雷、张文立、雷庭军执笔的《奉节新浦遗址发掘简报》③，发表在《重庆库区考古报告集 · 1998 卷》。1999 年考古发掘资料，由郑君雷、胡黎明、雷庭军执笔的《奉节新浦遗址发掘简报》④，发表在《重庆库区考古报告集 · 1999 卷》。2000 年考古发掘资料，由郑

① 吉林大学考古学系：《四川奉节县新浦遗址发掘报告》，《考古》1999 年第 1 期。

② 吉林大学考古学系、奉节县白帝城文物管理所：《奉节新浦遗址发掘报告》，《重庆库区考古报告集 · 1997 卷》，科学出版社，2001 年。

③ 吉林大学考古学系、奉节县白帝城文物管理所：《奉节新浦遗址发掘简报》，《重庆库区考古报告集 · 1998 卷》，科学出版社，2003 年。

④ 吉林大学考古学系、奉节县白帝城文管所：《奉节新浦遗址发掘简报》，《重庆库区考古报告集 · 1999 卷》，科学出版社，2006 年。

君雷、张文立、雷庭军执笔的《奉节新浦遗址发掘简报》①，发表在《重庆库区考古报告集·2000卷》。2001年考古发掘资料，由吕军、陈国庆、雷庭军执笔的《奉节新浦遗址2001年发掘报告》②，发表在《重庆库区考古报告集·2001卷》。

若以往发表的考古资料如有与本报告相悖之处，当以本报告为准。

二、地层堆积与文化分期

（一）地 层 堆 积

新浦遗址的地势总体呈南高北低，地表多为梯田，各区的地层堆积有所不同，故以下分别举例加以说明。

1. Ⅰ区T5032北壁剖面（图七）

第1层：耕土层，呈灰黑色，土质疏松，厚20～25厘米，全探方分布。未发现遗物。

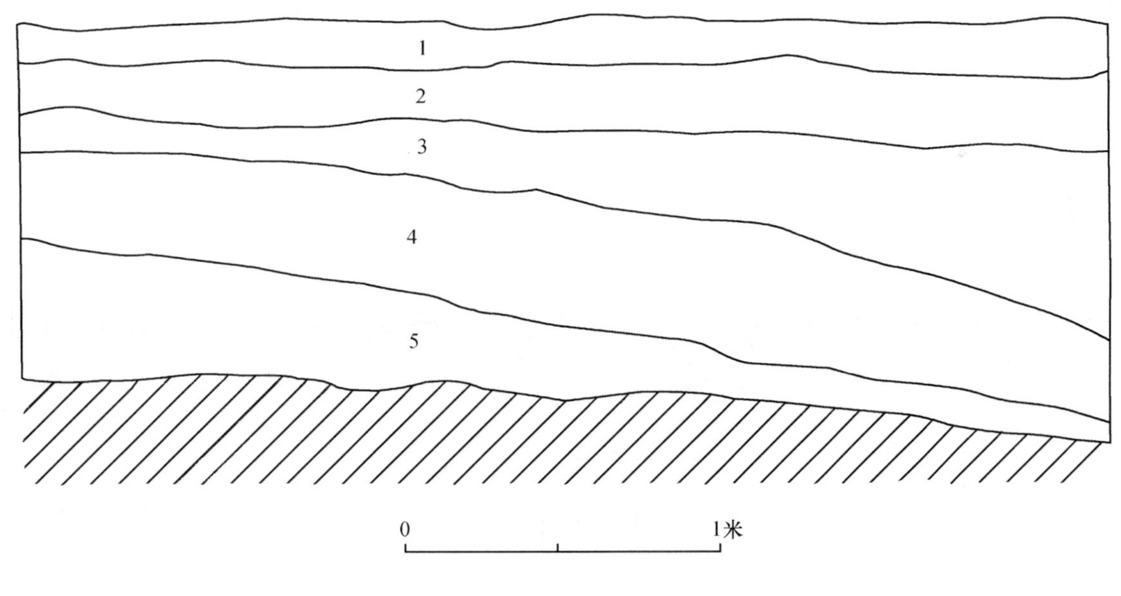

图七　Ⅰ区T5032北壁剖面图

① 吉林大学边疆考古研究中心、重庆市文物局：《奉节新浦遗址发掘简报》，《重庆库区考古报告集·2000卷·上》，科学出版社，2007年。

② 吉林大学边疆考古研究中心、重庆市文物局、奉节县白帝城文物管理所：《奉节新浦遗址2001年发掘报告》，《重庆库区考古报告集·2001卷》，科学出版社，2007年。

第 2 层：细砂层，呈浅黄色，砂质疏松，厚 20 ~ 30 厘米，全探方分布。未发现遗物。

第 3 层：黄土层，呈黄色，土质较为致密，厚 0 ~ 60 厘米，在探方东南部缺失。未发现遗物。

第 4 层：灰黄土层，呈灰黄色，土质致密，厚 35 ~ 65 厘米，全探方分布。出有少量陶片，以泥质黑陶为主。

第 5 层：棕黄土层，呈棕黄色，土质黏重，厚 10 ~ 55 厘米，全探方分布。出土少量陶片，以夹砂黑褐陶为主，多饰绳纹，主要是罐类陶器的口沿和腹片。

第 5 层以下为生土。

2. Ⅲ区 T421 南壁剖面（图八）。

第 1 层：灰黄土，厚 15 ~ 23 厘米。土质疏松，为耕土层。

第 2 层：白色细砂，厚 0 ~ 10 厘米。质地疏松，未发现遗物。

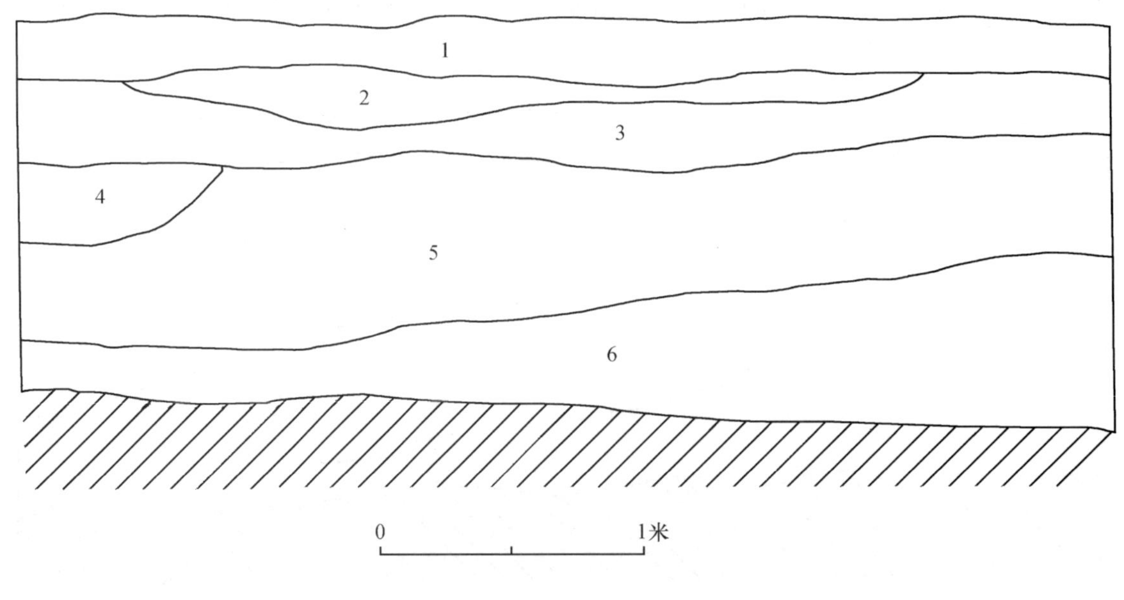

图八 Ⅲ区 T421 南壁剖面图

第 3 层：青花土，厚 25 ~ 35 厘米。土质略为坚硬，遗物丰富，出有泥质灰陶、泥质红褐陶、夹砂灰褐陶、夹砂红褐陶片和瓷片。

第 4 层：黑灰土，厚 0 ~ 40 厘米。土质较为松软，遗物较为丰富，陶片以夹砂红陶为主，兼有泥质灰陶、夹砂灰陶、黑皮红陶等。

第 5 层：棕黄土，厚 40 ~ 70 厘米。夹杂红烧土块，土质略为黏重，遗物较少，陶片以泥质红陶和泥质灰陶为主，兼有夹砂红褐陶和夹砂灰陶等。

第6层：黄土，厚10～20厘米。土质较为纯净黏重，出有少量泥质灰陶和泥质红陶片。

第6层以下为生土。

3. Ⅱ区T329北壁剖面（图九）

第1层：耕土，灰褐色，土质疏松，厚20～35厘米。

第2层：黄沙土，松散纯净，厚0～15厘米。属自然淤积层，无文化遗物。

第3层：灰花土，土质较硬，含少量炭粒，厚15～25厘米。出土陶片数量较多，主要分粗砂红褐陶、泥质灰陶和夹砂灰褐陶三种，可辨器形有鬲口、鬲足、豆柄及壶口等。

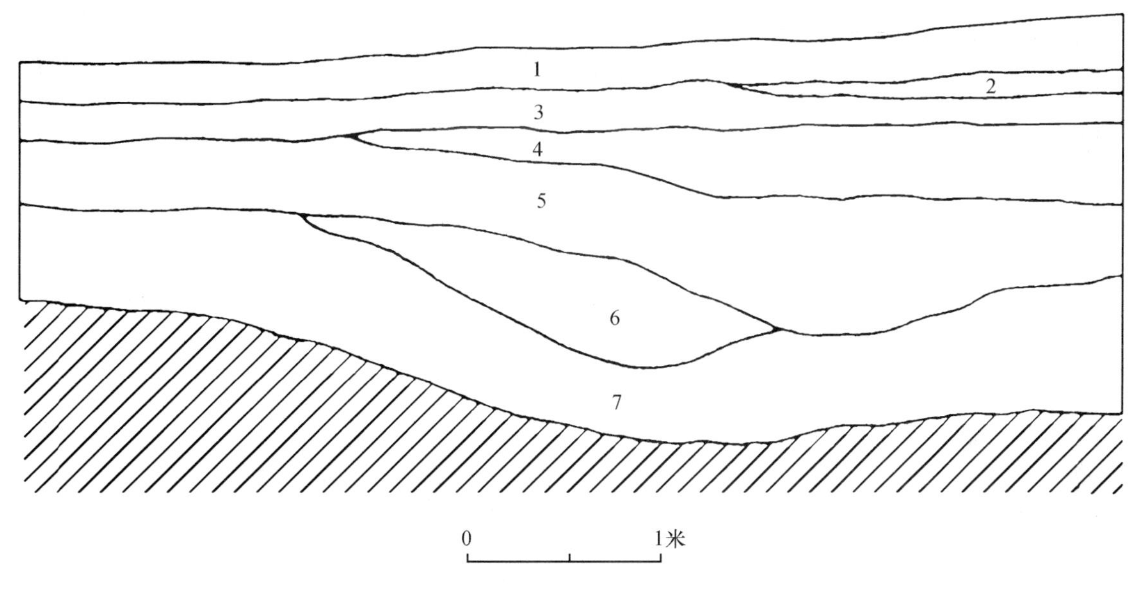

图九 Ⅱ区T329北壁剖面图

第4层：灰褐土，土质细密，厚0～45厘米。内含少量夹砂红褐陶片和泥质灰陶片。

第5层：黄褐土，土质松软，含较多的红烧土块和炭粒，厚35～75厘米。出土陶片较多，主要为夹砂灰褐陶和泥质灰陶。器形有罐、壶、豆及尖底杯等。

第6层：黑土，土质黏软，较纯净，厚0～50厘米。内含陶片主要包括夹砂灰褐陶和泥质灰陶两类。所见器形与第5层相同。

第7层：黄土，土质细腻松软，厚40～75厘米。出土遗物同于第6层。

第7层以下为生土。

4. Ⅲ区 T6008 东壁剖面（图一〇）

第 1 层：耕土层，灰褐色土，土质疏松，厚 10～30 厘米。含少量陶片和瓷片。

第 2 层：黄褐色土，土质坚硬，厚 10～45 厘米。含少量炭渣。

第 3 层：浅黄色土，土质松散，厚 15～65 厘米。含有少量瓷片。

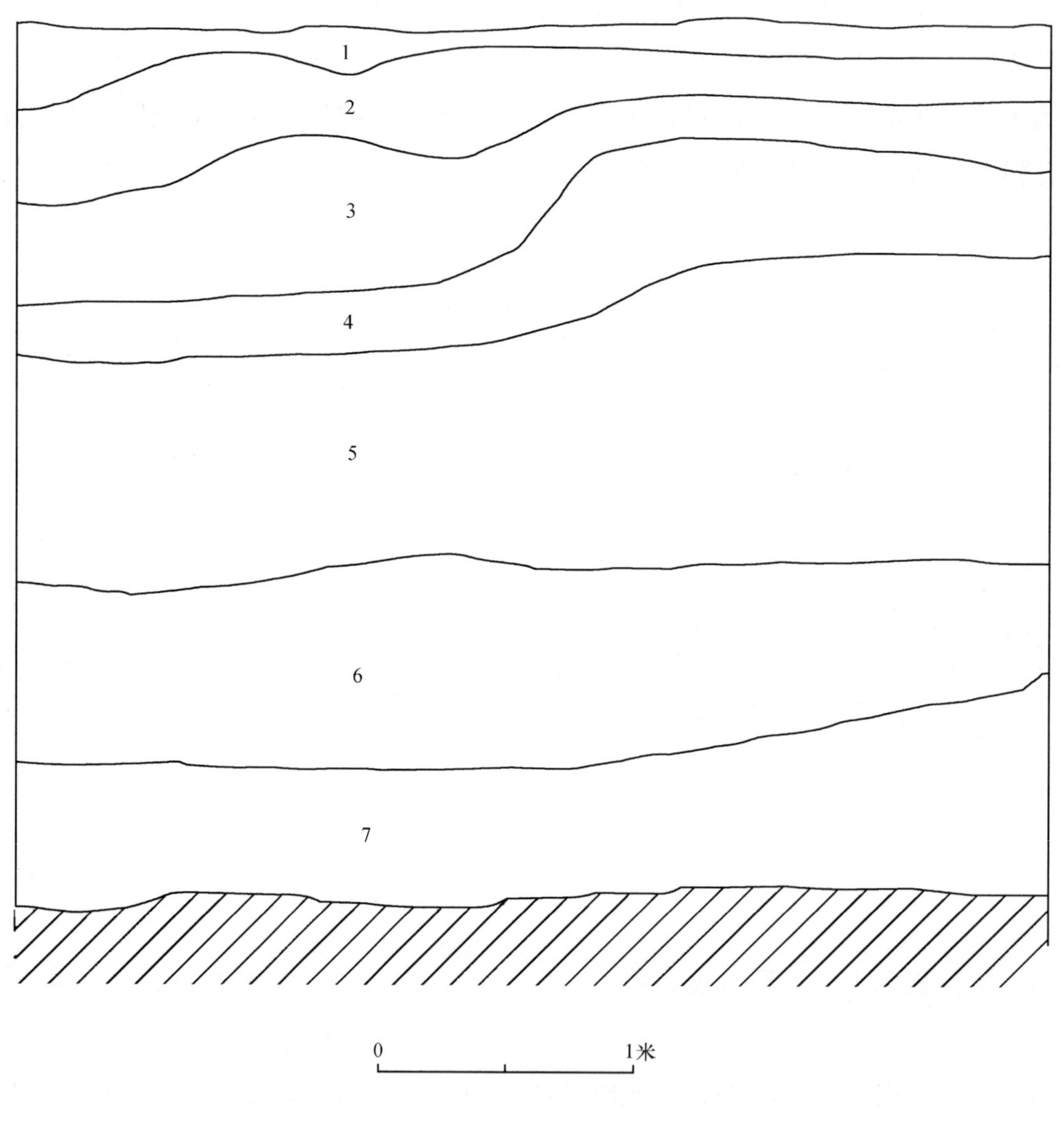

图一〇 Ⅲ区 T6008 东壁剖面图

第 4 层：青灰色土，土质较黏，厚 20～60 厘米。含有大量炭渣、红烧土块、豆柄和罐口沿等。

第 5 层：灰黑色土，土质坚硬，厚 90～125 厘米。出土器物有罐口沿、鬲足、甑底、铜镞和铜簪等。

第 6 层：浅褐色土，土质较硬，厚 40～80 厘米。含有较多炭渣，陶片较少，主要为绳纹鬲足和罐口沿。

第7层：黄褐色土，土质较黏，厚50～85厘米。含有大量炭渣和红烧土块，可辨器类有罐、澄滤器和尖底杯等。

第7层下为生土。

（二）文化分期

根据层位关系，结合对出土遗物的初步整理，大体上可将新浦遗址分为三个不同的发展阶段：第一阶段为新浦下层遗存；第二阶段为新浦上层遗存；第三阶段为明清遗存（仅见于2001年发掘）。各年度典型的地层与遗迹单位如下：

1994年发掘的新浦下层遗存仅见于Ⅲ区，典型单位有ⅢT2的第5～7层和G1。新浦上层遗存则在三个发掘区均有发现。典型单位有IT2的第4层，ⅢT1、ⅢT2的第3层。

1997年发掘的新浦下层遗存，主要以T301的第6、7层，T306的第6、7层，T307的第6层和T329的第5～7层等单位为代表，其余各单位出土的遗物（第1、2层及淤积层除外）均属新浦上层遗存。

1998年发掘的新浦下层遗存，主要以T338、T344的第4层，T340、T345、T346的第4、5层，T341的第4～6层，T330的第5、6层，T331、T332、T337的第6层，T339、T347、T348的第6、7层，T349的第7、8层等单位为代表。另外在属于新浦上层遗存的层位中也拣选出若干属于新浦下层遗存的标本。新浦上层遗存，主要以T338、T340、T344、T346的第3层，T332、T337、T339、T348的第4、5层，T331、T347的第5层和T349的第6层等单位为代表。

2000年春季发掘的新浦下层遗存，主要以T421的第5、6层等单位为代表；新浦上层遗存，主要以T422的第4层和T425的第4、5层等单位为代表；另外第2小区的第3层属于次生堆积，以新浦上层遗物为主。

2000年秋季发掘的新浦下层遗存，主要以T5032的第5层、T5053的第6层、T5009的第7层等单位为代表。新浦上层遗存，主要以T5030的第3层，T5068的第3层，T5032的第4层，T5007的第5层，T5010的第5、6层，T5009的第6层等单位为代表。另有部分层位属于次生堆积。

2001年发掘的新浦遗址，第7层为新浦下层遗存，第4～6层为新浦上层遗存，第2、3层为明清时代遗存（需要说明的是，在发掘过程中，早期的地层和遗迹中发现有少量晚期的瓷片和陶片，推测可能是由于干旱等原因致使地表形成龟裂，晚期的瓷片和陶片经雨水冲刷沉积于早期的地层和遗迹中所致，后文老油坊遗址亦有类似的现象）。

新浦下层遗存，年代约在夏商时期；新浦上层遗存，年代约为两周时期。

三、新浦下层遗存

（一）遗　　迹

新浦下层遗存发现的遗迹较少，揭露有灰坑 5 个、灰沟 1 条。

1. 灰坑

共发现 5 个，灰坑的平面有圆形和尖圆形两种，底呈平底或锅底状。

H1　（由于不同年度揭露的各遗迹单位未进行统一编号，如后文出现相同的遗迹单位编号，根据所在探方位置便可知为哪个年度揭露的遗迹）位于Ⅲ区 T2 东北部，开口于第 7 层下，打破生土。圆形口，斜直壁，平底。口径 80、底径 72、残深 35 厘米。填土为灰褐色，较疏松。出土有红烧土墙壁残块、泥质灰陶片、红陶片等。

H2　位于Ⅲ区 T2 东南部，开口于第 7 层下，被 G1 打破，仅存东壁。平面近圆形，斜直壁，平底。口残径 50、残深 26 厘米。填土为灰褐色，较疏松。出土有红烧土墙壁残块、泥质红陶、灰陶片等。

H30　位于 T346 南部，进入 T345 北隔梁，开口于第 4 层下，打破第 5 层。发掘部分平面呈尖圆形，整体略呈锅底状，开口面东高西低。长径 64、短径 24、深 40 厘米。土质略为致密，呈灰黑色。

2. 灰沟

仅发现 1 条。

G1　位于Ⅲ区 T2 中部偏东，开口于第 7 层下，打破 H2 及生土。平面呈长带状，其南、北两侧在 T2 范围以外，未清理。剖面呈不规则形。出土有红烧土墙壁残块、石器、石块及泥质灰陶片、夹砂灰陶片、夹砂红陶片和已破碎的动物残骨等。

（二）遗　　物

1. 陶器

陶器多为残片，完整和复原陶器较少。陶质分夹砂和泥质两种。绝大多数为夹砂陶，以灰褐色为主，灰黑色次之，红褐色仅占较小比例。夹砂陶多数胎质细腻，器壁较薄。以手制为主，多数器表保留按压痕迹。泥质陶烧制火候较高，多呈灰色或灰褐色。多为轮制，器胎厚薄均匀，表面轮痕清晰。可辨器形主要有罐、瓮、壶、豆、盆、钵、碗、釜、澄滤器、器盖、尖底杯、饼和纺轮等，以罐为主。器表多施绳纹和方格纹，此外还见有刺点纹、圆圈纹、网格纹、阴弦纹、刺点纹＋阴弦纹、凸点纹、短线纹、波折纹、卷云纹、圆形花瓣纹、三角形内戳印圆点纹、树叶纹、压印贝纹＋太阳纹、圆圈纹＋阴弦纹、雷纹（图一一，1～17）。

罐　304件。无完整器。根据颈部的不同分为四型。

A型　弧颈。204件。依据其肩部的差别细分为二亚型。

Aa型　溜肩。107件。标本T329⑤:15，夹砂灰褐陶。沿外敞，圆唇，口内收，颈较短，腹外鼓，施竖向绳纹。口径5.1、残高5.9厘米（图一二，1）。ⅢH2:1，夹砂灰黑陶。圆唇，束颈处有按压的长条形凹印，圆弧腹，底残。颈以下饰竖菱形方格纹。口径19.2、腹径22.3、残高18.8厘米（图一二，2）。标本T425④:16，夹砂灰褐陶。敞口，圆唇，弧颈，颈部有指捺纹，肩颈部施纵向绳纹。口径15.2、残高5.5厘米（图一二，3）。标本T329⑤:6，夹砂黄褐陶，局部泛黑。沿外敞，圆唇，颈较高，颈部保留按压痕迹，鼓腹，表面饰方格纹。残高9.6厘米（图一二，4）。标本T329⑤:9，夹砂灰褐陶。沿敞，圆唇。鼓腹，颈腹之间有手指按压痕，腹施方格纹。残高5厘米（图一二，5）。标本T425⑦:10，夹砂红褐陶。沿外敞，尖唇。颈部有一周戳印纹，鼓腹。残高5.2厘米（图一二，6）。

Ab型　鼓肩。97件。标本H20:1，夹砂黑褐陶。敞口，尖圆唇，鼓腹，肩腹部施绳纹。口径19.8、残高5.7厘米（图一二，7）。标本T341④:3，夹砂红陶。沿外敞，圆唇，颈较高，颈部有指捺纹，鼓腹，肩腹部施绳纹。口径24.8、残高8.8厘米（图一二，8）。标本T342⑤:7，夹砂黑陶。敞口，尖圆唇，鼓腹，颈部有指捺纹，肩部施贝叶纹，口径11.6、残高7厘米（图一二，9）。

B型　折颈。60件。依据其肩部的差别细分为二亚型。

Ba型　溜肩。45件。标本T329⑤:3，夹砂红褐陶。局部泛灰。敞口，圆唇，颈较高，鼓腹，颈部以下施竖绳纹和交错绳纹。残高9.16厘米（图一二，10）。标本T329⑤:4，夹砂灰褐陶。沿外敞，圆唇，高颈。颈腹之间按压痕迹较重。鼓腹，腹施斜绳纹。残高7.9厘米（图一二，11）。

Bb型　鼓肩。15件。标本T329⑤:2，夹砂灰褐陶。敞口，尖圆唇，颈较斜直。颈腹之间表里均保留明显按压痕迹。腹施竖绳纹。残高6.2厘米（图一三，1）。标本T329⑤:12，夹砂灰褐陶。微敞口，尖圆唇，颈较直，腹外鼓。颈部有一“×”形刻划符号，腹施竖绳纹。残高5.6（图一三，2）。

图一一　新浦下层陶片纹饰拓片

1. 绳纹（T329⑤）　2. 网格纹（T329⑦）　3. 阴弦纹（T329⑥）　4. 方格纹（T329⑤）　5. 刺点纹＋阴弦纹（T329⑤）　6. 凸点纹（T329⑤）　7. 短线纹（T329⑥）　8. 波折纹（T329⑤）　9、10. 卷云纹（T329⑤、ⅢT2⑥：17）　11. 圆形花瓣纹（ⅢT2⑥：22）　12. 三角形内戳印圆点纹（ⅢH2：4）　13. 树叶纹（ⅢG1：22）　14. 压印贝纹＋太阳纹（T6008⑦：1）　15. 圆圈纹＋阴弦纹（T329⑤）　16、17. 雷纹（T329⑥、T329⑤）

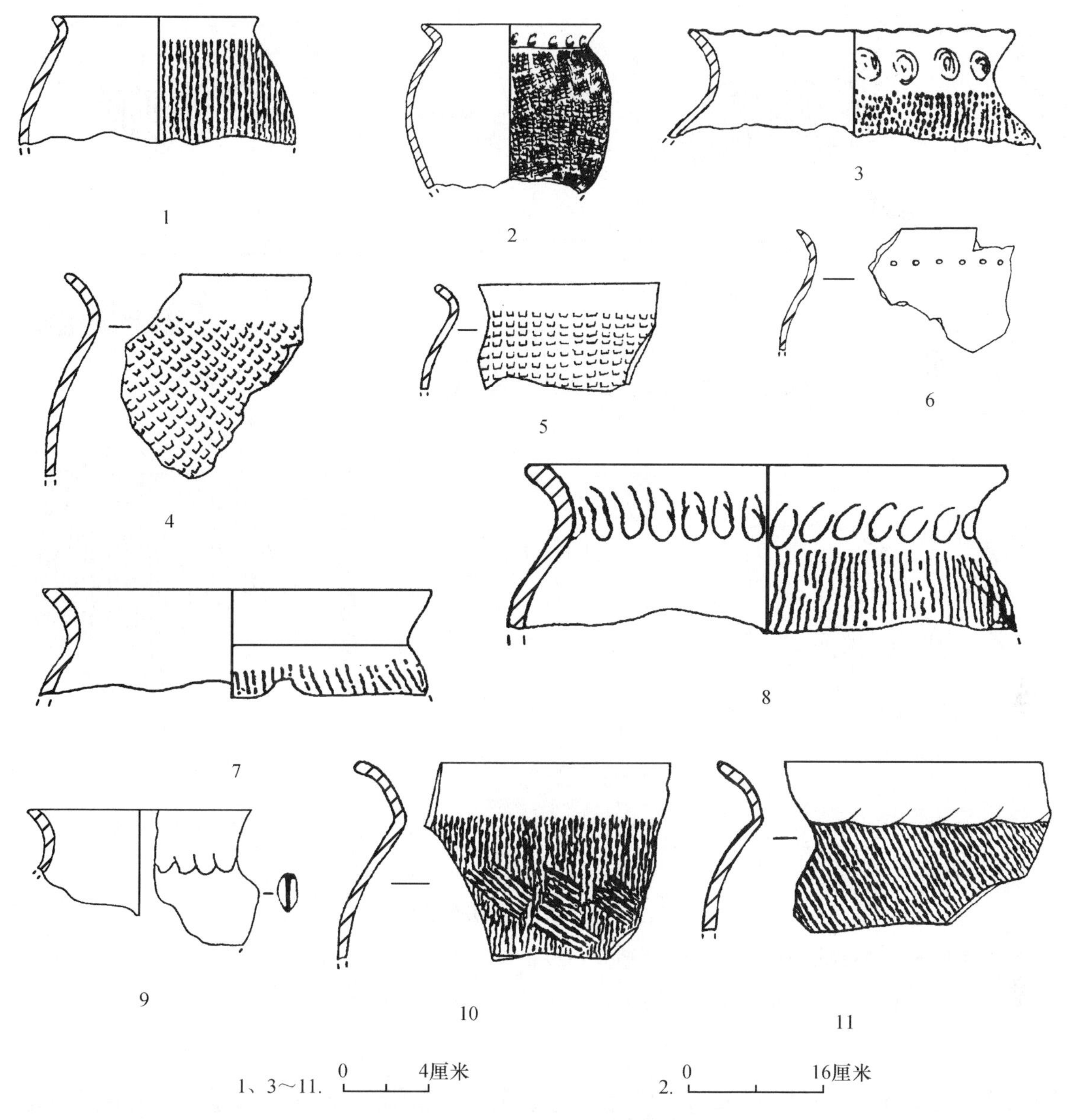

图一二　新浦下层陶罐

1～6. Aa型（T329⑤:15、ⅢH2:1、T425④:16、T329⑤:6、T329⑤:9、T425⑦:10）　7～9. Ab型（H20:1、T341④:3、T342⑤:7）　10、11. Ba型（T329⑤:3、T329⑤:4）

C型　束颈。37件。依据其肩部的差别细分为二亚型。

Ca型　溜肩。28件。标本T329⑥:1，夹砂灰褐陶。卷沿，尖唇，颈部表里打磨光滑，腹外鼓，腹施竖绳纹。残高6厘米（图一三，3）。标本T331④:9，夹砂黑褐陶。敞口，尖圆唇，鼓腹，颈及肩部施绳纹。口径11.4、残高9.9厘米（图一三，4）。

Cb型　鼓肩。9件。标本T346③:7，夹砂黑褐陶。敞口，平沿，圆唇，鼓腹，腹部施绳纹。口径16.8、残高8.4厘米（图一三，5）。标本T426④:21，夹砂黑陶。微敛口，平沿，方唇，小领，鼓腹，颈部有指捺纹，肩腹部施粗绳纹。口径20.4、残高6.8

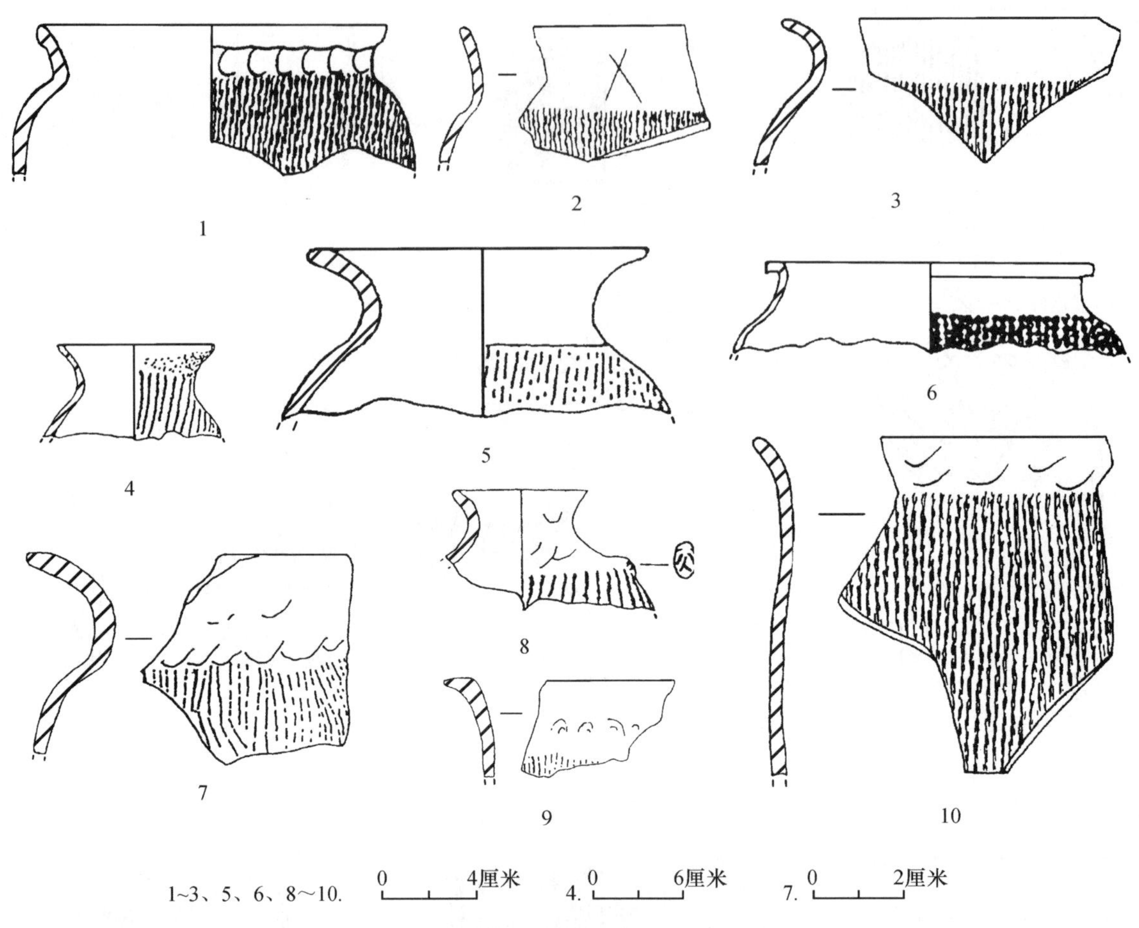

图一三 新浦下层陶罐

1、2. Bb型（T329⑤:2、T329⑤:12） 3、4. Ca型（T329⑥:1、T331④:9） 5～8. Cb型（T346③:7、T426④:21、T342④:9、T339④:3） 9. Da型（T424⑤:20） 10. Db型（T329⑤:14）

厘米（图一三，6）。标本T342④:9，夹砂黑褐陶。卷沿，圆唇，鼓腹，颈部有指捺纹，肩腹部施绳纹。残高5厘米（图一三，7）。标本T339④:3，夹砂黑陶。敞口，圆唇，颈部有指捺纹，肩部施贝叶纹，肩腹部施绳纹。口径6.2、残高5.6厘米（图一三，8）。

D型 直颈。3件。依据其口部的差别细分为二亚型。

Da型 微敞口。1件。标本T424⑤:20，夹砂黑陶。平沿，尖圆唇，斜直颈，颈部有指捺纹，微鼓腹，腹部施细绳纹。残高4.3厘米（图一三，9）。

Db型 敞口。2件。标本T329⑤:14，夹砂灰褐陶。局部泛黄。圆唇，内部按压痕明显。微鼓腹，腹部施绳纹。残高13.9、壁厚0.7厘米（图一三，10）。

尖底杯 仅复原1件。余均为底部残片和上部残片。

底部残片 54件。根据其底部的不同分为二型。

A型 圜底。39件。依其底部的差别分为二亚型。

Aa 型 圆圜底。19 件。标本 T339④:5，夹细砂黑褐陶。轮制。近底部胎渐厚，内底中央略为突鼓。残高 4.8 厘米（图一四，1）。标本 T6004④:2，泥质灰陶。薄胎，轮制。残高 3.4 厘米（图一四，2）。标本 T6008⑦:4，泥质灰陶，薄胎，轮制。残高 2 厘米（图一四，3）。标本 T421④:15，泥质黑陶。厚胎，近底部胎渐厚，底部中央略呈圆钝状凸起。残高 2 厘米（图一四，4）。

Ab 型 缓圜底。17 件。标本 T343④:12，泥质褐陶。厚胎，近底部胎渐厚，器壁内有数周细弦纹。残高 5.6 厘米（图一四，5）。标本 T5009⑦:1，泥质红褐陶。底部圆钝略平。残高 4 厘米（图一四，6）。标本 T422⑤:13，夹细砂红褐陶。近底部胎渐厚，底部略加厚呈圆台状微突起。残高 3.8 厘米（图一四，7）。

Ac 型 尖圜底。3 件。标本 T343④:11，泥质黑陶。薄胎，厚薄不均，底部中央有一尖突。残高 3.2 厘米（图一四，8）。标本 T421④:16，泥质黑陶。底部中央呈乳尖状凸起。残高 3.4 厘米（图一四，9）。

B 型 底外弧。15 件。依其底部的差别分为二亚型。

Ba 型 底略外弧。6 件。标本 T329⑤:22，泥质灰褐陶。轮制。薄胎，厚薄均匀。内壁光滑，表面轮痕十分清晰。残高 6.2 厘米（图一五，1；图版二，1）。标本 T329⑤:27，泥质灰陶。轮制，薄胎，厚薄均匀，表里轮痕清楚。残高 2.5 厘米（图一五，2）。标本 T342④:10，泥质灰陶。厚胎，厚薄不均。残高 2 厘米（图一五，3）。

Bb 型 底外弧。5 件。标本 T340④:4，泥质灰陶。器胎略厚，厚薄不均。底内外中央突鼓。残高 1.5 厘米（图一五，4）。标本 T345④:3，泥质红褐陶，器胎略厚，厚薄不均。内底部中央突鼓。残高 1.7 厘米（图一五，5）。

Bc 型 底圆钝。4 件。标本 T341③:5，泥质灰褐陶。厚胎，近底部胎渐厚。残高 1.8 厘米（图一五，6）。

完整尖底杯 1 件，上部残片 46 件。依其形制的差别分为二型。

A 型 矮领。36 件。标本 T329⑤:25，泥质灰陶。轮制。薄胎。口微敞，尖唇。溜肩，鼓腹，下腹斜收，表面轮痕清晰。口径 12.1、残高 9 厘米（图一五，7）。标本 T329⑤:28，泥质灰褐陶。轮制。敞口，平唇，溜肩，鼓腹，表面施四周阴弦纹。残高 7 厘米（图一五，8）。

B 型 高领。完整 1 件，上部残片 10 件。标本ⅢG1:14，泥质灰陶。口微敞，尖唇，圆鼓肩。下腹斜收，器胎略厚，厚薄不均，腹部有数周细凹弦纹。口径 10.6、高 11.4 厘米（图一五，9）。

器底 61 件。依其底部的差别分为三型。

A 型 平底。51 件。依其器底结合处的差别分为三亚型。

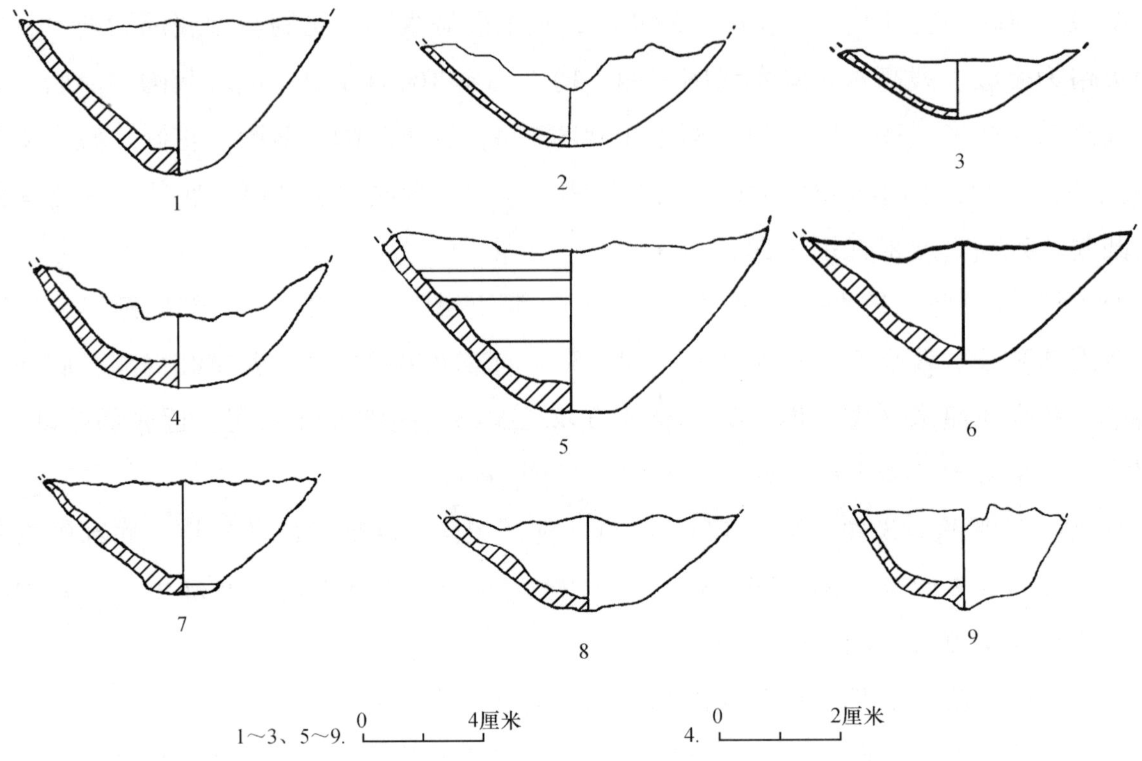

图一四 新浦下层尖底杯底

1～4. Aa 型（T339④：5、T6004④：2、T6008⑦：4、T421④：15） 5～7. Ab 型（T343④：12、T5009⑦：1、T422⑤：13） 8、9. Ac 型（T343④：11、T421④：16）

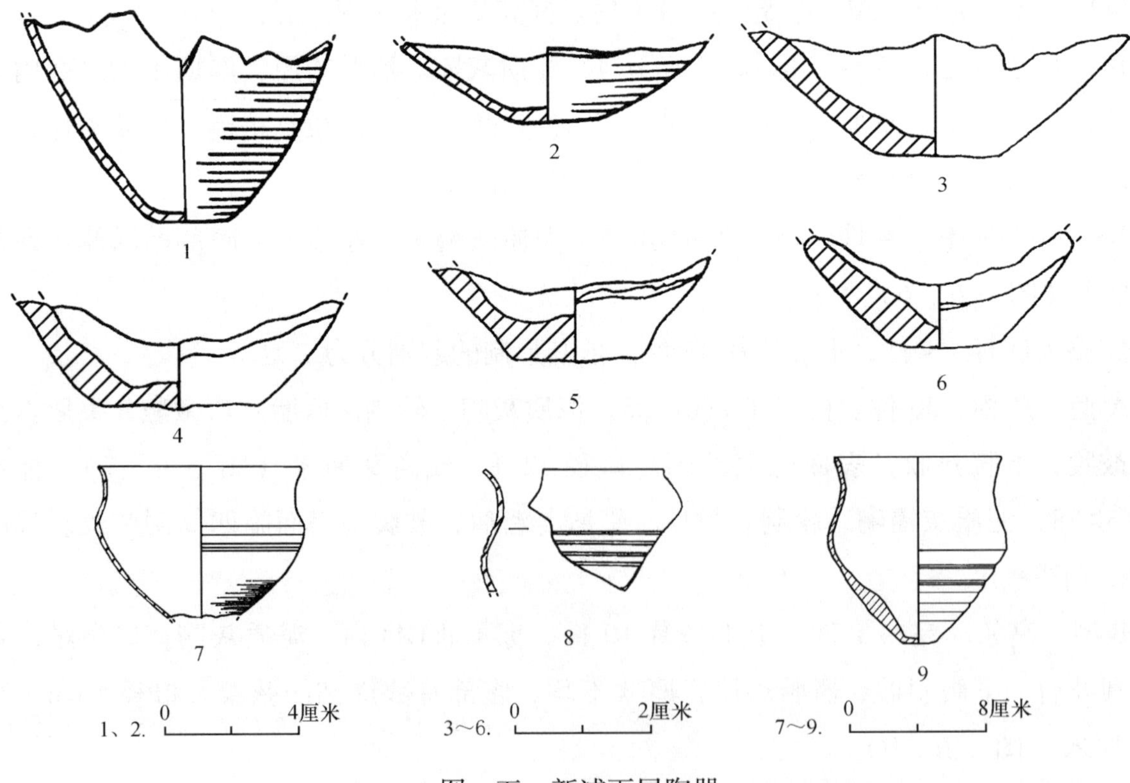

图一五 新浦下层陶器

1～3. Ba 型尖底杯底（T329⑤：22、T329⑤：27、T342④：10） 4、5. Bb 型尖底杯底（T340④：4、T345④：3） 6. Bc 型尖底杯底（T341③：5） 7、8. A 型尖底杯（T329⑤：25、T329⑤：28） 9. B 型尖底杯（ⅢG1：14）

Aa 型　器底结合处弧折。25 件。标本 T329⑦: 5，泥质红褐陶。胎较薄，内壁平缓。底径 11. 3、残高 2 厘米（图一六，1）。标本 T422⑤: 10，泥质黑褐陶。弧壁，平底。底径 6. 4、残高 1. 3 厘米（图一六，2）。标本 T346④: 14，泥质灰黑陶。残壁斜直。残高 3. 3 厘米（图一六，3）。

Ab 型　器底结合处斜方折。15 件。标本 T346④: 53，泥质灰黑陶。残壁斜直。底径 13. 4、残高 1. 6 厘米（图一六，4）。标本 T424⑤: 10，泥质黑红陶。弧壁。底径 10、残高 1. 8 厘米（图一六，5）。

Ac 型　底部略加厚呈假圈足状。11 件。标本 T329⑤: 34，夹砂灰褐陶。厚胎，腹施竖绳纹。残高 5. 6 厘米（图一六，6）。标本 T346④: 17，泥质灰陶。残壁斜直。底径 9. 8、残高 4. 5 厘米（图一六，7）。

B 型　凹底。9 件。依其器底结合处的差别分为二亚型。

Ba 型　壁底结合处斜方折。5 件。标本 T349⑦: 1，泥质红陶。弧壁。底径 9、残高 3. 6 厘米（图一六，8）。

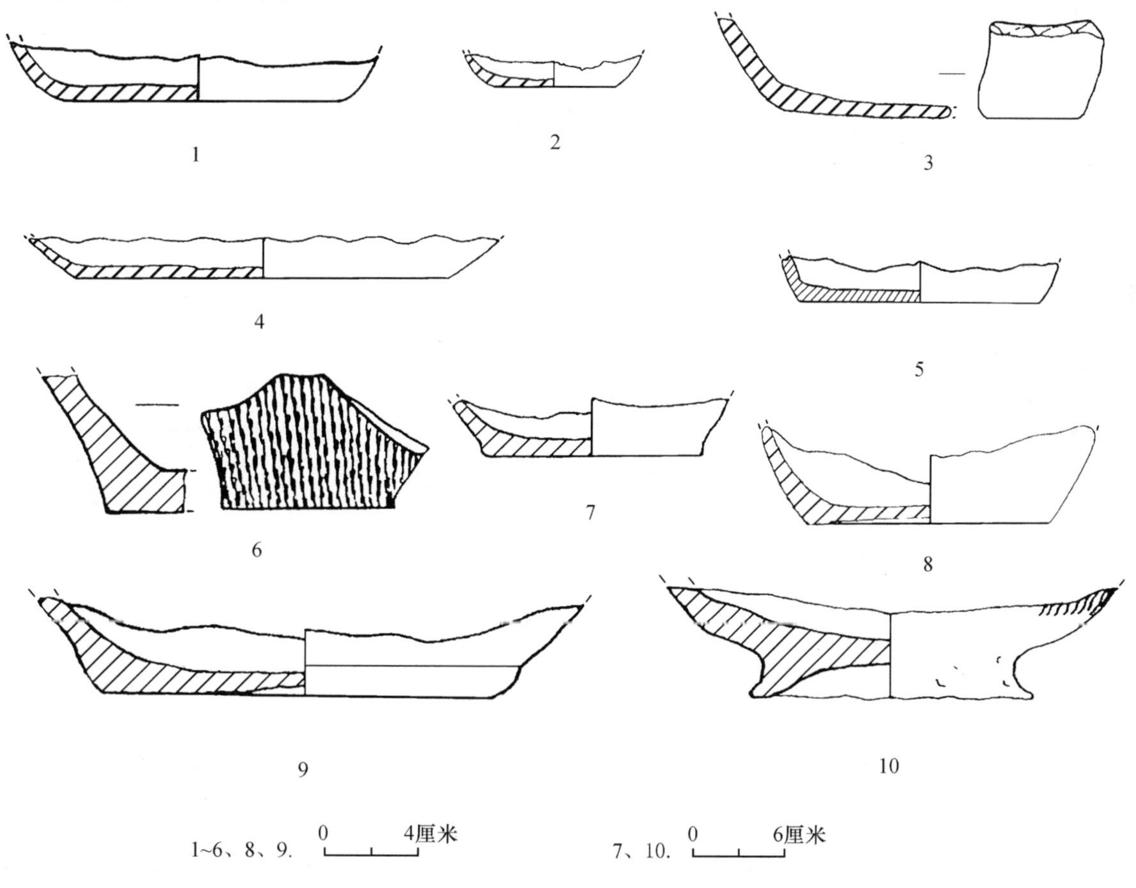

图一六　新浦下层器底

1～3. Aa 型（T329⑦: 5、T422⑤: 10、T346④: 14）　4、5. Ab 型（T346④: 53、T424⑤: 10）　6、7. Ac 型（T329⑤: 34、T346④: 17）　8. Ba 型（T349⑦: 1）　9. Bb 型（T346④: 13）　10. C 型（T424⑥: 9）

Bb 型　底部略加厚呈台状。4 件。标本 T346④:13，泥质灰陶。残壁斜直。底径 15、残高 3 厘米（图一六，9）。

C 型　圈足。1 件。T424⑥:9，夹砂黑褐陶。厚重粗糙，弧壁，外壁及圈足内外均有明显指捺痕迹，圈足外撇。底径 12.4、残高 6.4 厘米（图一六，10）。

澄滤器　2 件。标本 T6008⑦:2，夹细砂灰褐陶。敛口，尖圆唇，口沿下饰一周凸弦纹，内壁刻有纵向凹槽。口径 22、残高 4 厘米（图一七，1）。

瓮　5 件。无完整器。根据口部的不同分为二型。

A 型　斜直高领。1 件。T329⑦:2，夹砂红褐陶。敞口，圆唇。残高 8.2 厘米（图一七，2）。

B 型　矮领。4 件。标本 T329⑥:2，夹砂灰褐陶。局部泛黄，表面砂粒脱落。敛口，沿外卷，圆唇，溜肩。残高 6.1 厘米（图一七，3）。标本 T6008⑦:3，夹细砂灰褐陶。敛口，沿微外卷，圆唇，广肩。口径 16、残高 3.2 厘米（图一七，4）。

壶　67 件。无完整器。依其颈部的差别分为三型。

A 型　直颈。28 件。依其口部的差别分为四亚型。

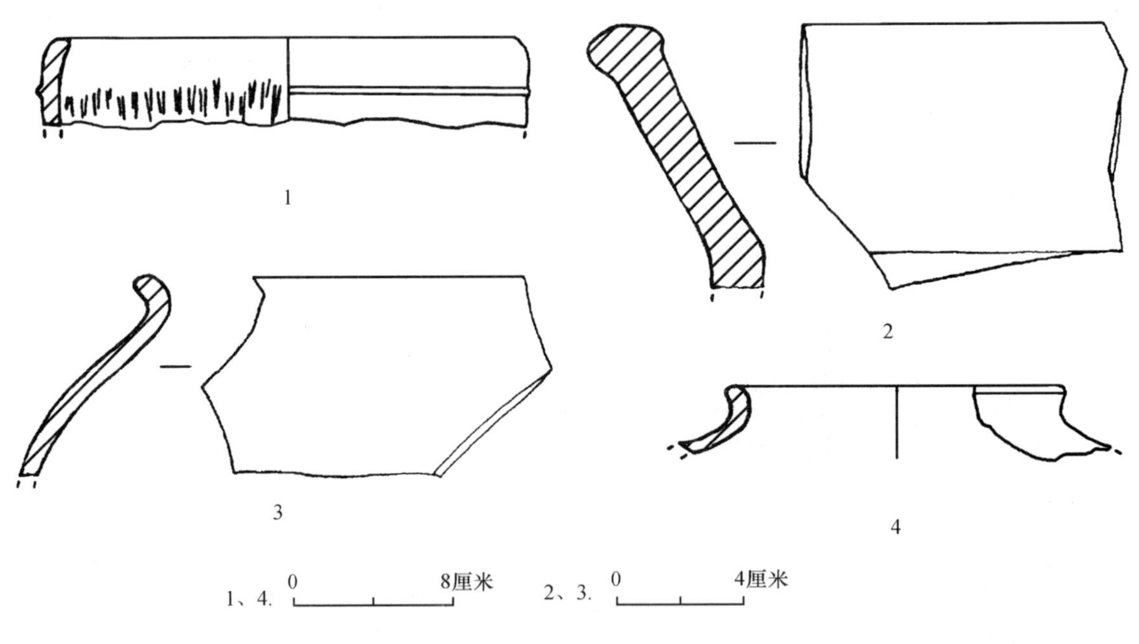

图一七　新浦下层陶器

1. 澄滤器（T6008⑦:2）　2. A 型瓮（T329⑦:2）　3、4. B 型瓮（T329⑥:2、T6008⑦:3）

Aa 型　盘形口。13 件。标本 T329⑥:4，泥质灰陶。轮制。圆唇，唇内有一周凹痕。颈部施三道凹弦纹。残高 5.2 厘米（图一八，1）。

Ab 型　敞口。8 件。标本 T329⑤:30，泥质灰陶。轮制。尖唇，唇外侧较直，下端向外凸起并形成一周突棱，颈部施三道凹弦纹。口径 13、残高 4.8（图一八，2）。

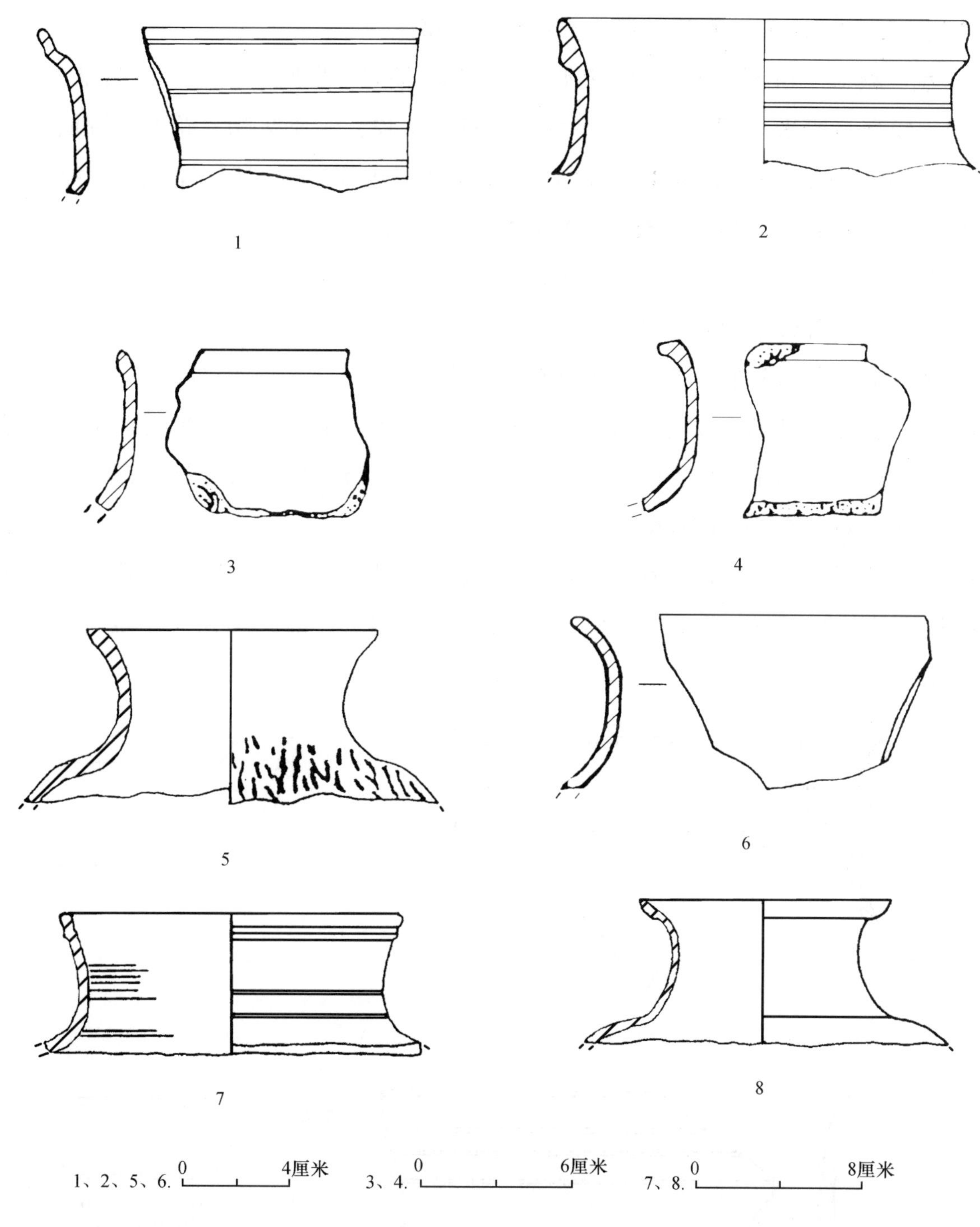

图一八 新浦下层陶壶

1. Aa型（T329⑥: 4） 2. Ab 型（T329⑤: 30） 3. Ac 型（T5007③: 1） 4. Ad 型（T5008⑧: 1）
5～7. Ba型壶（T339④: 11、T329⑤: 32、T421⑤: 12） 8. Bb型（T425⑦: 11）

Ac型 微侈口。4件。标本T5007③: 1，泥质灰褐陶。尖圆唇，唇部加厚。残高5.4厘米（图一八，3）。

Ad型 侈口。4件。标本T5008⑧: 1，泥质黑皮红陶。平沿，方圆唇。残高5.6厘米（图一八，4）。

B 型 弧颈。26 件。依其口部的差别分为二型。

Ba 型 敞口。14 件。标本 T339④: 11，夹砂黑陶。尖唇。鼓肩，肩腹部施绳纹。口径 10、残高 6 厘米（图一八，5）。标本 T329⑤: 32，泥质灰陶。轮制。圆唇。残高 5.3 厘米（图一八，6）。标本 T421⑤: 12，夹细砂黑皮陶。方圆唇，沿下有一周突棱，颈部有两周凹弦纹。口径 16、残高 6.4 厘米（图一八，7）。

Bb 型 大敞口。12 件。标本 T425⑦: 11，泥质灰褐陶。尖唇，沿外侧略加厚，鼓肩。口径 12、残高 6.6 厘米（图一八，8）。

C 型 斜直颈。13 件。依其口部的差别分为二亚型。

Ca 型 侈沿。11 件。标本 T329⑤: 29，泥质灰陶。轮制。器表平滑，圆唇，颈部施阴弦纹，鼓腹。残高 8.4 厘米（图一九，1）。标本 T5053⑥: 5，泥质灰陶。尖圆唇，沿下有一周凸棱。残高 4.4 厘米（图一九，2）。

Cb 型 卷沿。2 件。T329⑥: 5，泥质灰陶。轮制。鼓腹，颈腹均施阴弦纹。残高 8.2 厘米（图一九，3）。T329⑤: 33，泥质灰陶。轮制。颈部施阴弦纹。残高 6.1 厘米（图一九，4）。

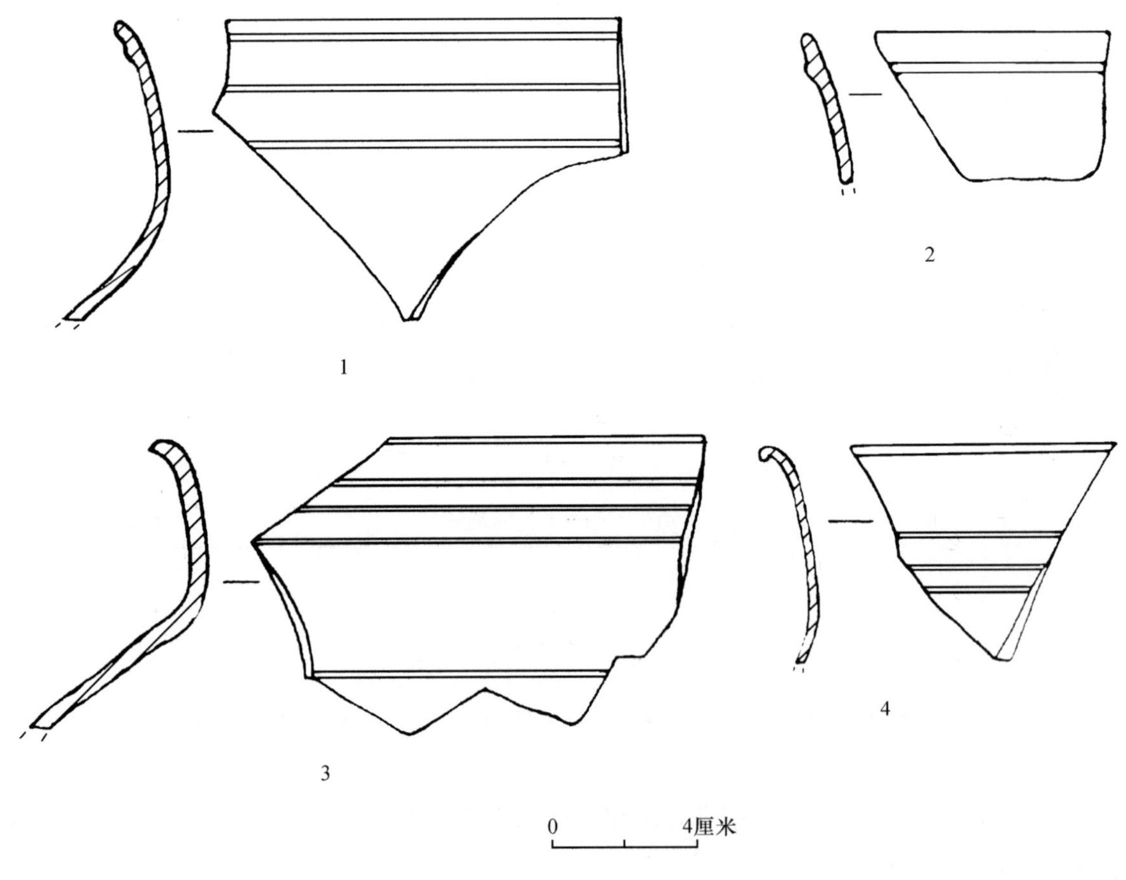

图一九 新浦下层陶壶

1、2. Ca 型（T329⑤: 29、T5053⑥: 5） 3、4. Cb 型（T329⑥: 5、T329⑤: 33）

钵　完整2件。口部残片18件。依其形制的差别分为三型。

A型　微敛口。完整1件。口沿5件。标本T337⑤:2，夹砂黑褐陶。器表斑驳不平，圆唇、弧收腹，底略残。口径11.6、残高5.8厘米（图二〇，1）。

B型　敛口。完整1件。口沿2件。标本ⅢT2⑤:2，夹砂黑陶。尖唇，敛口，半球形腹，圜底。口径13.8、高7厘米（图二〇，2）。

C型　直口。11件。依其腹部的差别分为二亚型。

Ca型　弧曲腹。8件。标本T301⑥:1，泥质灰陶。轮制。圆唇，下腹内收。残高4.2厘米（图二〇，3）。

Cb型　折腹。3件。标本T329⑦:3，泥质灰黑陶。轮制。圆唇，上腹微曲，下腹折收。表面施较浅的阴弦纹。残高4.2厘米（图二〇，4）。标本T329⑤:20，泥质灰陶。轮制。表面轮痕明显，尖圆唇。上腹较直，下腹斜收。残高3.6厘米（图二〇，5）。

碗　1件。T329⑦:4，泥质黄褐陶。轮制。平唇，壁斜直。残高3厘米（图二〇，6）。

釜　1件。T329⑥:6，夹砂灰褐陶。手制。形状不甚规整，圜底。残高4.8厘米（图二〇，7）。

器盖　6件。无完整器。标本T329⑤:35，夹细砂红褐陶，局部泛黄。手制。圈足状捉手，素面保留有按压痕迹。残高4.1厘米（图二〇，8）。

纺轮　3件。根据其形状的不同分二型。

A型　圆饼状。1件。T307⑥:1，残半，泥质灰褐。中心有一对钻圆孔。直径6.8、厚0.7厘米（图二〇，9）。

B型　圆台状。2件。ⅢT1⑤:2，泥质灰陶。中心有一圆孔。底径3.5、顶径2.3、高2.5厘米（图二〇，10）。ⅢT2⑦:1，泥质灰陶。中心有一圆孔。底径3、顶径2.2、高3.5厘米（图二〇，11）。

纺轮坯　1件。T343⑥:1，泥质红褐陶。略呈算珠状，中心对穿未透。直径3.8、厚1.4厘米（图二〇，12）。

盆　8件。无完整器。依其腹部的差别分为三型。

A型　鼓腹。3件。标本T329⑤:16，泥质灰褐陶。轮制。侈口，圆唇，器表施一周阴弦纹。残高7厘米（图二一，1）。

B型　斜弧腹。4件。依其口部的差别分为二亚型。

Ba型　侈沿。3件。标本T329⑤:1，泥质灰褐陶。轮制。尖圆唇。残高5.3厘米（图二一，2）。

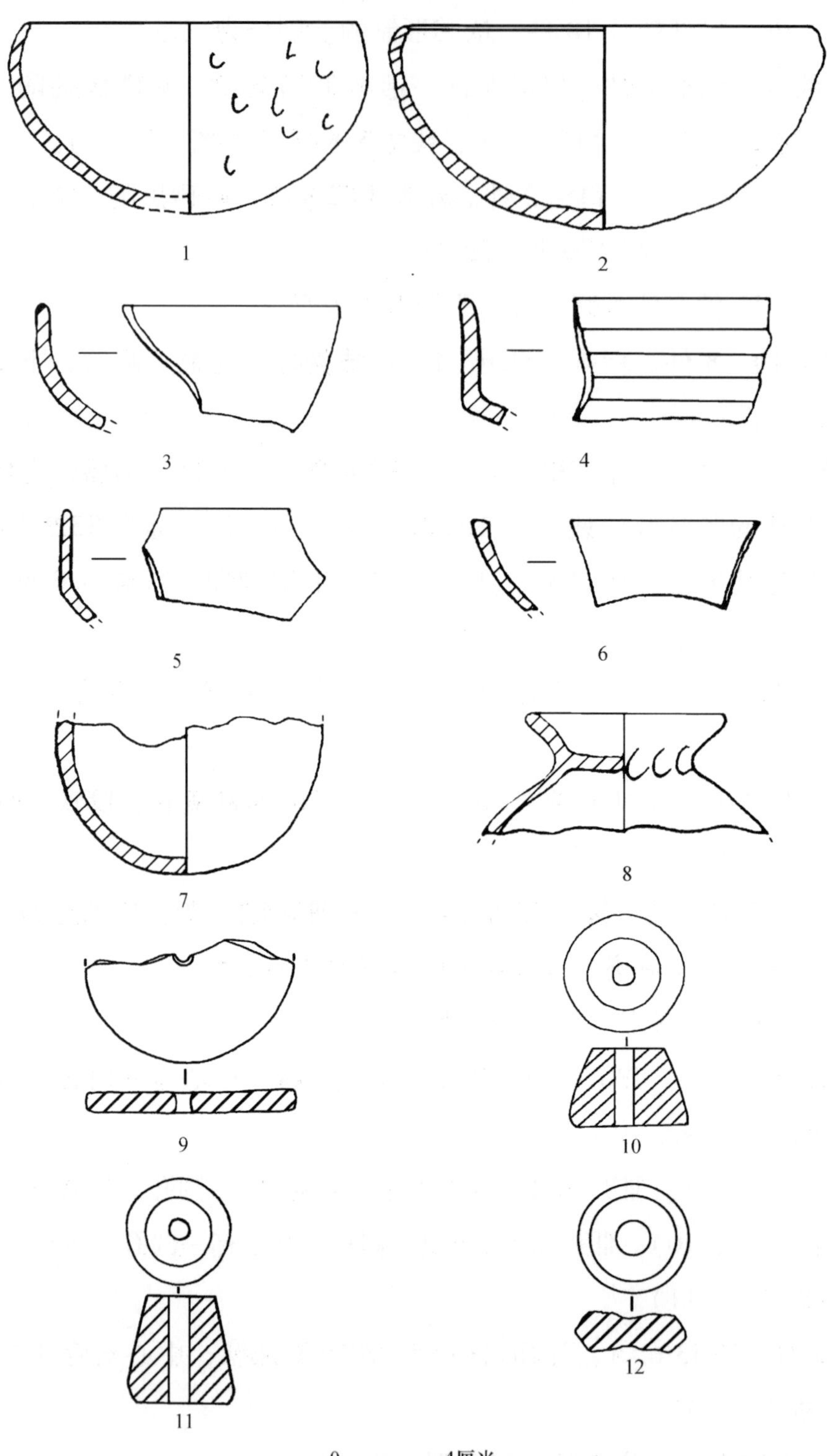

图二〇 新浦下层陶器

1. A 型钵（T337⑤:2） 2. B 型钵（ⅢT2⑤:2） 3. Ca 型钵（T301⑥:1） 4、5. Cb 型钵（T329⑦:3、T329⑤:20） 6. 碗（T329⑦:4） 7. 釜（T329⑥:6） 8. 器盖（T329⑤:35） 9. A 型纺轮（T307⑥:1） 10、11. B 型纺轮（ⅢT1⑤:2、ⅢT2⑦:1） 12. 纺轮坯（T343⑥:1）

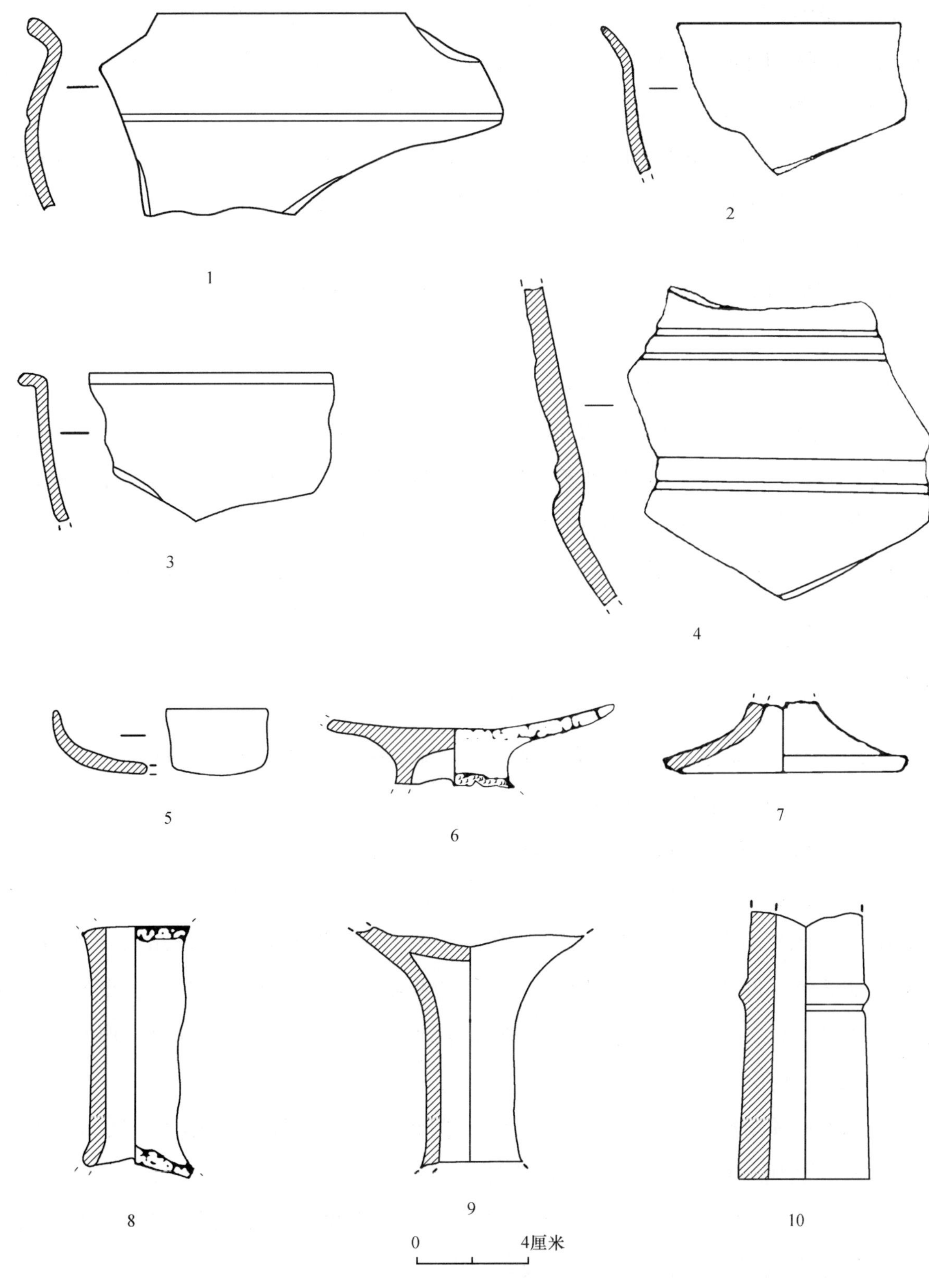

图二一　新浦下层陶器

1. A型盆（T329⑤:16）　2. Ba型盆（T329⑤:1）　3. Bb型盆（T329⑤:18）　4. C型盆（T329⑤:19）　5、6. 豆盘（T5010⑥:22、T5010⑥:13）　7. 豆座（T5008⑥:6）　8、9. A型豆柄（T5053⑤:6、T306⑦:2）　10. B型豆柄（T342④:17）

Bb 型　折沿。1 件。T329⑤:18，夹砂灰陶。轮制。圆唇。残高 5.2 厘米（图二一，3）。

C 型　双腹。1 件。T329⑤:19，口底均残，泥质灰褐陶。轮制。器表施凹凸弦纹。残高11 厘米（图二一，4）。

豆盘　3 件。标本 T5010⑥:22，夹砂黑褐陶。微敞口，圆唇，弧壁，盘底较为宽平。残高 2.3 厘米（图二一，5）。标本 T5010⑥:13，泥质黑皮红陶。口部残，盘底较为宽平。残高3.8 厘米（图二一，6）。

豆座　2 件。标本 T5008⑥:6，泥质黑陶。底座呈喇叭状。底径 8.4、残高 3.2 厘米（图二一，7）。

豆柄　38 件。依其形制的差别分为二型。

A 型　细柄。18 件。标本 T5053⑤:6，豆盘和底座均残，泥质黑皮红陶。柄部细高，外壁波鼓，空心。残高 9.2 厘米（图二一，8）。标本 T306⑦:2，豆盘和底座均残，泥质红褐陶。轮制。细高柄。残高 8.2 厘米（图二一，9）。

B 型　20 件。标本 T342④:17，泥质红陶，柄部有一周竹节状突棱，底沿平齐。残高 10 厘米（图二一，10）。

2. 石器

共发现 11 件，种类有斧、砺石、刀、铲、锤、有肩石器、锛、网坠等。

斧　4 件。依其形制的不同分为三型。

A 型　梯形。1 件。T329⑤:36，磨制，表面光滑。正锋，弧刃，两侧平直，斧面微鼓，刃端有崩疤。长 7.8、宽 5.4、厚 1.6 厘米（图二二，1；图版二，2）。

B 型　长条形。2 件。T329⑦:1，磨制。斧体残损严重，仅局部保留磨面。残长 8.1、宽 3.6、厚 1.4 厘米（图二二，2；图版二，3）。T338④:1，磨制。表面光滑，斧面微鼓，正锋，斜弧刃，刃端有崩疤。残长 12.2、宽 5.2、厚 1.8 厘米（图二二，3；图版二，4）。

C 型　略呈圆角梯形。1 件。T340④:1，打制，斧体扁平，一面为自然光滑石面，弧刃，刃部有崩疤。长 7.8、宽 10、厚 3 厘米（图二二，4）。

砺石　1 件。T422⑤:1，残体略呈长方形，器体扁薄，正面平滑，背面保留自然层理。残长 11、残宽 13.2、厚 2 ~ 2.6 厘米（图二二，5）。

刀　1 件。T306⑦:1，一端残，长条形，扁薄体，磨制，直背弧刃。残长 8.1、宽 5.5、厚 0.8 厘米（图二二，6）。

铲　1 件。T422⑤:2，长椭圆形，磨制，器体扁薄，仅加工刃部，正锋、弧刃，侧缘有疤痕。长 8.4、宽 5.7、厚 0.9 厘米（图二二，7）。

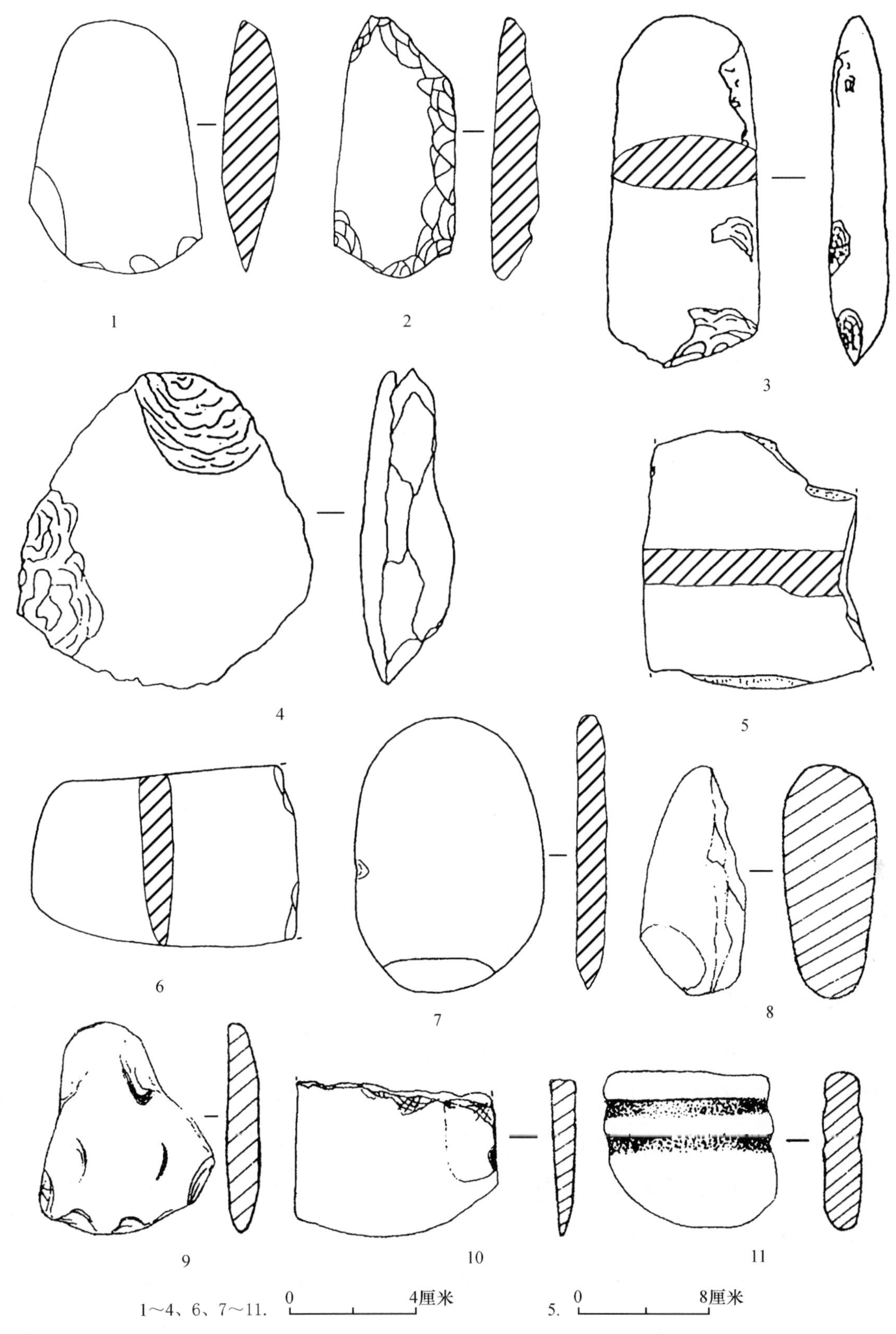

图二二 新浦下层石器

1. A 型斧（T329⑤:36） 2、3. B 型斧（T329⑦:1、T338④:1） 4. C 型斧（T340④:1） 5. 砺石（T422⑤:1） 6. 石刀（T306⑦:1） 7. 石铲（T422⑤:2） 8. 锤（ⅢT2⑥:2） 9. 有肩石器（ⅢT2⑥:4） 10. 锛（ⅢT2⑥:3） 11. 网坠（ⅢT2⑥:5）

锤　1件。ⅢT2⑥:2，整体呈不规则状，柄部稍窄，刃端有因打击而形成的脱落疤。长7.5、宽3.2、厚3厘米（图二二，8）。

有肩石器　1件。ⅢT2⑥:4，整体略呈梯形，肩部不明显，刃呈弧形。长6.8、刃宽5.6、厚1厘米（图二二，9）。

锛　1件。ⅢT2⑥:3，上部已残，磨制，单面刃。残长4.8、宽6.2、厚0.8厘米（图二二，10）。

网坠　1件。ⅢT2⑥:5，整体呈不规则状，一端平直，一端呈弧形，中部及靠近平端处各有一周因长期摩擦形成的凹槽。残长5、宽5.4、厚1.2厘米（图二二，11）。

四、新浦上层遗存

（一）遗　　迹

新浦上层遗存发现的遗迹有灰坑44个、房址1座、陶窑1个、灰沟2条、灶址5个和石墙1道。

1. 灰坑

共发现44个，灰坑的平面一般为不规则圆形、圆形、椭圆形和不规则形几种，多呈锅底状，少数为平底。

H6001　位于T6006东部偏南。开口于第5层下，打破第6层。平面呈椭圆形，整体呈锅底状，直径104~164、深60厘米。坑内填土呈灰黑色，土质松软，杂有大量红烧土块和炭渣，出土陶片较多，主要是夹砂红陶，少量泥质灰陶，纹饰以绳纹和方格纹为主，可辨器形有罐、壶、豆、鬲等（图二三）。

H6014　位于T6040西北角，开口于第3层下，打破第4层。圆形锅底状，直径100、深40厘米。坑内土呈黑灰色，土质较硬，杂有较多红烧土块、炭渣和陶片等。以夹砂红褐陶为主，有少量夹砂灰褐陶和泥质灰陶。纹饰有绳纹、方格纹和拍印纹等。发现有较多鬲足和壶、盆、罐的口沿（图二四）。

H1　位于T5004中部，进入T5001北隔梁。开口于第5层下，打破第6层和生土。进入探沟部分平面略呈半圆形，坑口直径约80厘米，剖面整体呈靴状，西半部壁线弧曲，东半部呈袋形，底部略呈锅底状，深约60厘米。坑内填土呈黑色，土质疏松，夹杂炭粒和红烧土块。陶片较多，以泥质灰陶为主，多饰有绳纹（图二五）。

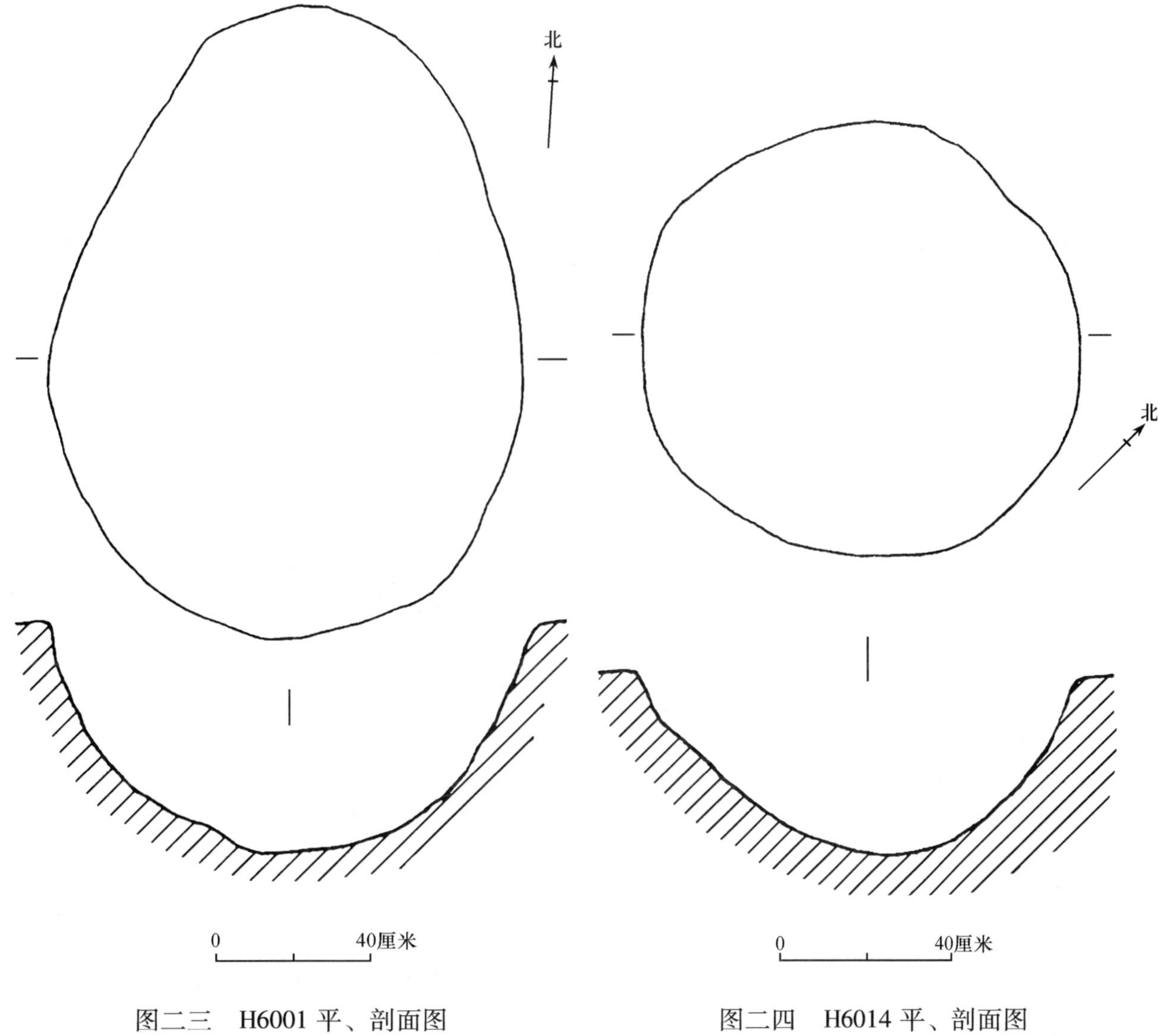

图二三 H6001 平、剖面图

图二四 H6014 平、剖面图

H2 位于T5004东北角，进入北隔梁和东隔梁。开口于第4层下，打破第5层和第6层。进入探沟部分平面呈连体半圆状，坑口长约140厘米，最宽约40厘米，剖面整体呈鞍脊状，突起部分的左、右方向均呈锅底状，最深约25厘米。坑内填土呈黑色，土质疏松，夹杂炭粒、红烧土块等。陶片较多，以饰有绳纹的泥质灰陶为主。

H3 位于T5009东北角，进入T5009东隔梁。开口于第6层下，打破第7层。进入探方部分平面呈不规则椭圆形，坑口南北最长约100厘米，东西最宽约90厘米，坑壁不规则内收，坑底较平，深约50厘米。坑内填土呈黑色，土质疏松，夹杂炭粒和红烧土块，陶片较多，以饰有绳纹的夹砂红陶和夹砂黑陶为主。

H4 位于T5002东部，进入T5001东隔梁。开口于第3层，打破第4层及生土。进入探方以内部分略呈半圆形，直径约150厘米，坑壁弧曲，底部略平，整体略呈锅底状，深约50厘米。坑内填土呈灰黑色，夹杂黄土和石块，土质疏松。陶片较多，以泥质灰陶为主，亦有泥质红陶和夹砂灰陶，多饰有绳纹。

2. 灶址

共发现 5 个，多为圆形或不规则椭圆形，保存不好。灶内均发现有大量红烧土块、炭渣、鬲足及鬲残片等。

Z1　位于 T5007 西北部，开口于第 3 层下，打破第 4 层。整体略呈圆形，灶口的圈状红烧土断续成形，外径约 47、内径约 20 厘米，红烧土灶壁、底部有数块平坦石板，上有炭火痕迹，深约 22 厘米。灶内黑土较为致密，夹有炭粒，未出土遗物（图二六）。

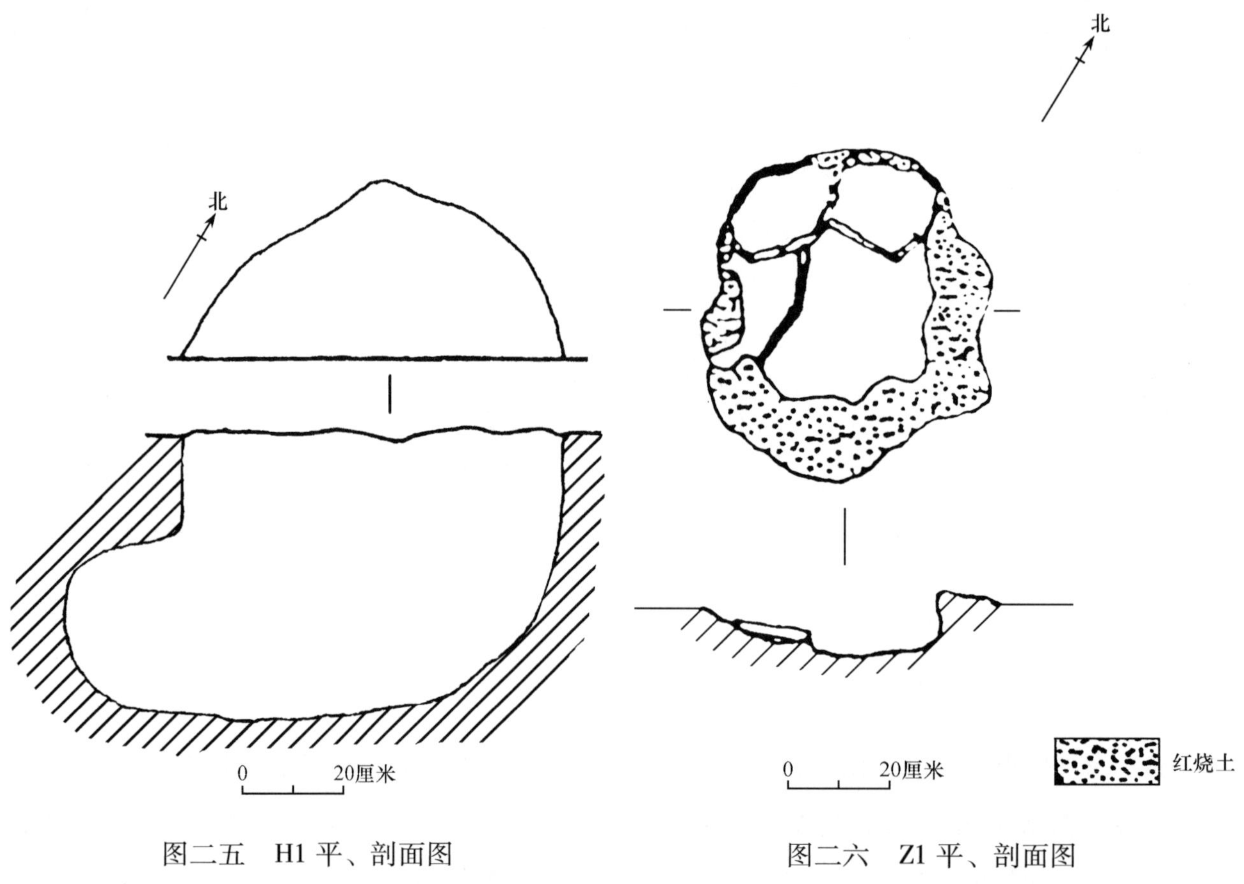

图二五　H1 平、剖面图　　图二六　Z1 平、剖面图

3. 灰沟

2 条，均不完整，已发掘部分呈长条状。

G1　位于 T5009 东部，进入北隔梁，开口于第 6 层下，打破第 7 层。进入探方部分平面呈条状，长约 320、宽约 40 厘米。底部较平缓，自北向南倾斜，深 10 ~ 20 厘米。坑内填土呈黑色，土质疏松，夹杂炭粒、红烧土块、石块等。出有少许陶片，以饰有绳纹的夹砂红陶和夹砂黑陶为主（图二七）。

4. 石墙

仅发现1道。1号石墙位于T5009南部，叠压在第6层上。石墙呈东西走向，仅保存一层石块，断续相连，石材为砾石（东部第2块建材为半块灰砖），长约320、宽10～20厘米。未发现基槽、垫土、泥口等迹象（图二八）。

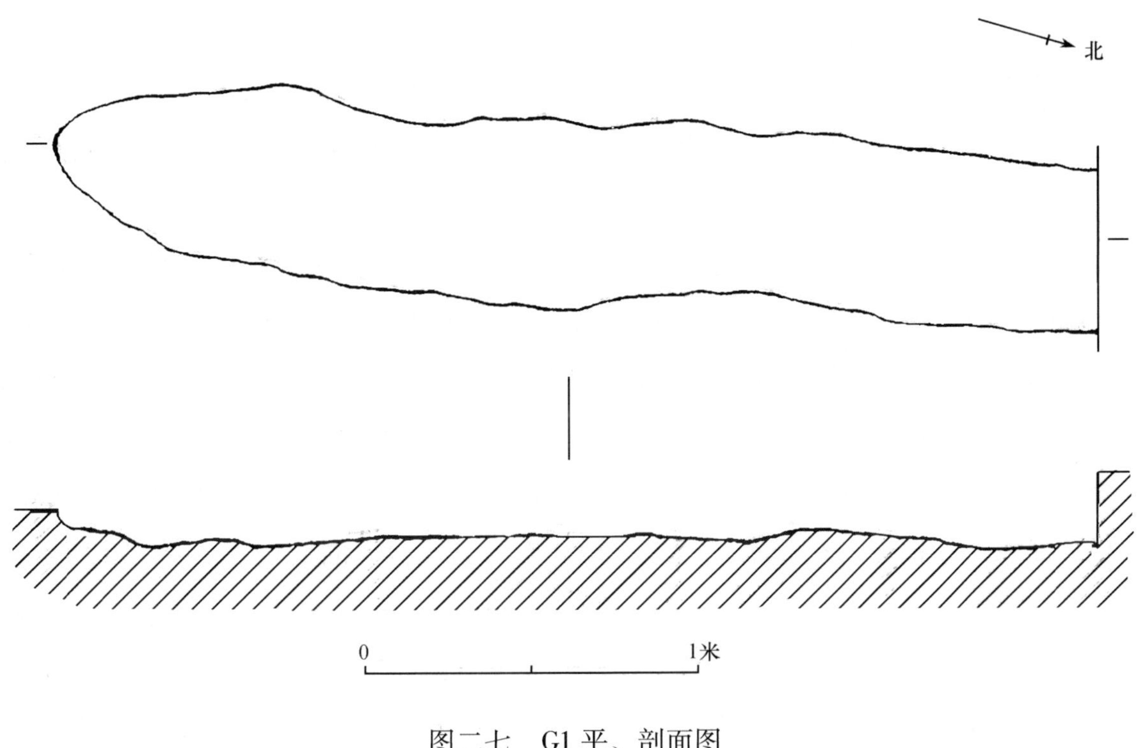

图二七　G1平、剖面图

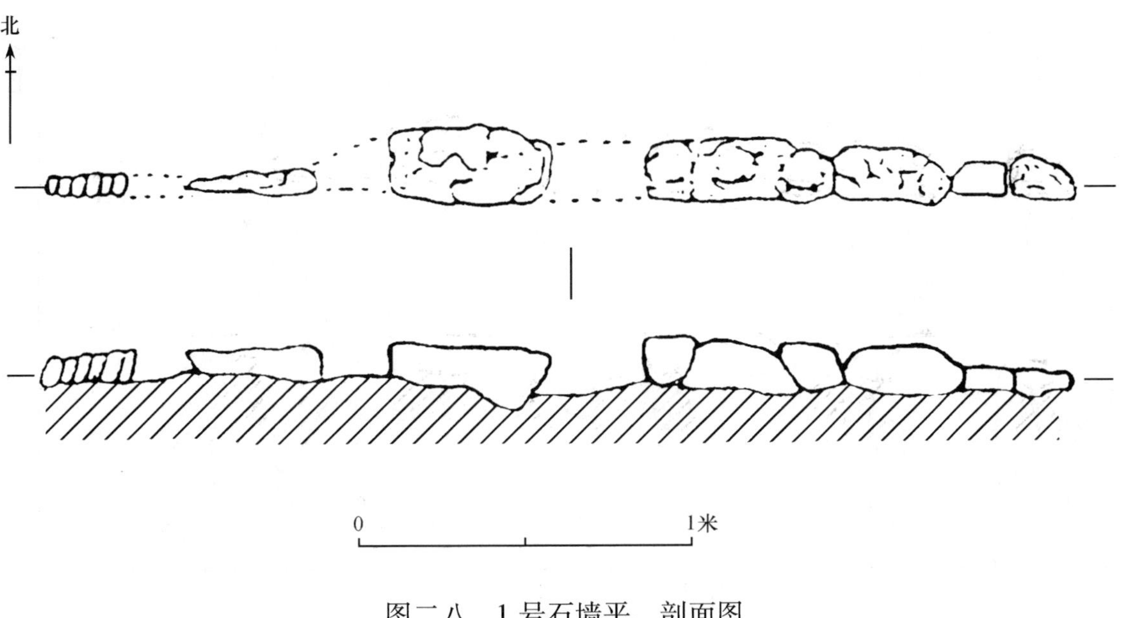

图二八　1号石墙平、剖面图

5. 房址

仅发现1座。

F1 北半部位于T337和T339，南半部被覆压在现代民居之下，暂未发掘。

F1的主体部分为高约10厘米的黄土台面，台面东、西两侧较为平直，北部略为圆弧（前端较为突出）。台面东西长约535厘米，南北（已发掘部分最突出处）宽约320厘米。台面上发现前后两排柱洞（编号分别为2～5号柱洞和9～12号柱洞，其中4号柱洞迹象不明显），基本平行（行距为90～120厘米），均略呈东西向排列。柱洞间距最小为60厘米，最大为130厘米。

台面以西即为1号灰沟（G1），G1南北纵贯T337，进入T337南壁和T338，宽约120厘米，横剖面呈半弧状，最深处约为50厘米。在G1东部近边缘处发现柱洞三个（1号、8号和15号），开口水平高度均低于台面。其中1号柱洞与后排柱洞成行（与2号柱洞间距80厘米），8号柱洞与前排柱洞成行（与9号柱洞间距70厘米），1号柱洞与8号柱洞行距为60厘米，15号柱洞靠近G1与黄土台面的交汇处，与8号柱洞间距约110厘米。

在台面以东，地势向东倾斜成两级低地平面，紧连台面的低地宽75～150厘米，其上发现柱洞两个（6号和13号）。6号柱洞向北突出于后排柱洞的东西向连线，13号柱洞向北突出于前排柱洞的东西向连线，南北相距170厘米，分别与G1东侧的1号和15号柱洞位置对应。在更东更低的平面上亦发现柱洞2个（7号和14号），其中7号柱洞和后排柱洞基本成行（与5号柱洞间距约220厘米），14号柱洞与前排柱洞基本成行（与12号柱洞间距约170厘米）。

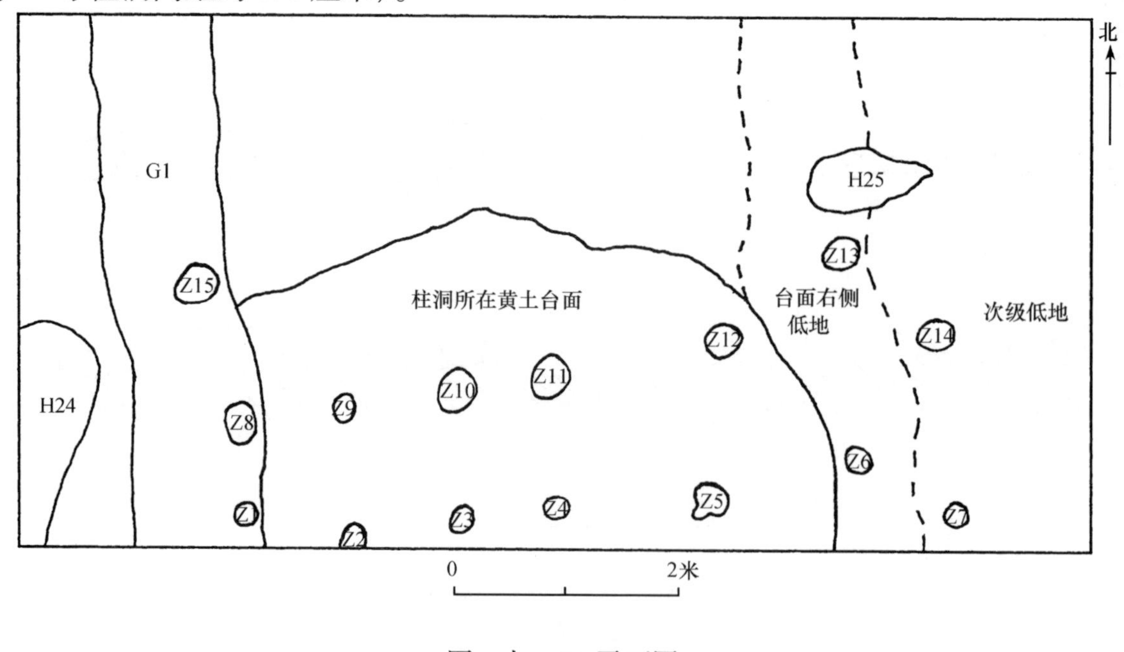

图二九 F1平面图

柱洞平面多数呈不规则圆形，直径 26～40 厘米，少数呈不规则椭圆形，直径 26～32 厘米。剖面多数呈直壁，少数呈斜壁，深 14～34 厘米，底部基本平齐。5 号柱洞形制略为特殊，似由两个相连的圆形柱洞组成，直径分别为 18 厘米和 48 厘米（图二九）。

F1 柱洞排列规则有序，主体部分位于黄土台面上，可以判断为房址。鉴于柱洞密集，且未发现居住面，因此推测其为干栏式建筑，由于 F1 的南半部尚未发掘，所以整体布局情况还有待于研究。F1 被叠压在属于新浦上层的第 5 层之下，大部分柱洞所在的黄土台面经观察（尚未解剖）并非垫土，而是与其他柱洞所在的黄土面以及相邻各探方的黄土层（新浦下层）土质、颜色相同，属于同一层位。因此 F1 的相关层位关系为第 5 层（新浦上层）→F1→第 6 层（新浦下层），根据 9 号柱洞出有铁器的情况，我们将 F1 的年代暂定为属于新浦上层。

6. 陶窑

仅发现 1 座。

Y1　位于 T331 的西北部，向西壁和北隔梁扩方后全部揭露。由窑壁、窑床台面、火膛三部分组成。窑壁内侧和窑床台面呈青灰色，坚硬纯净。窑壁中间和外侧呈灰黄色

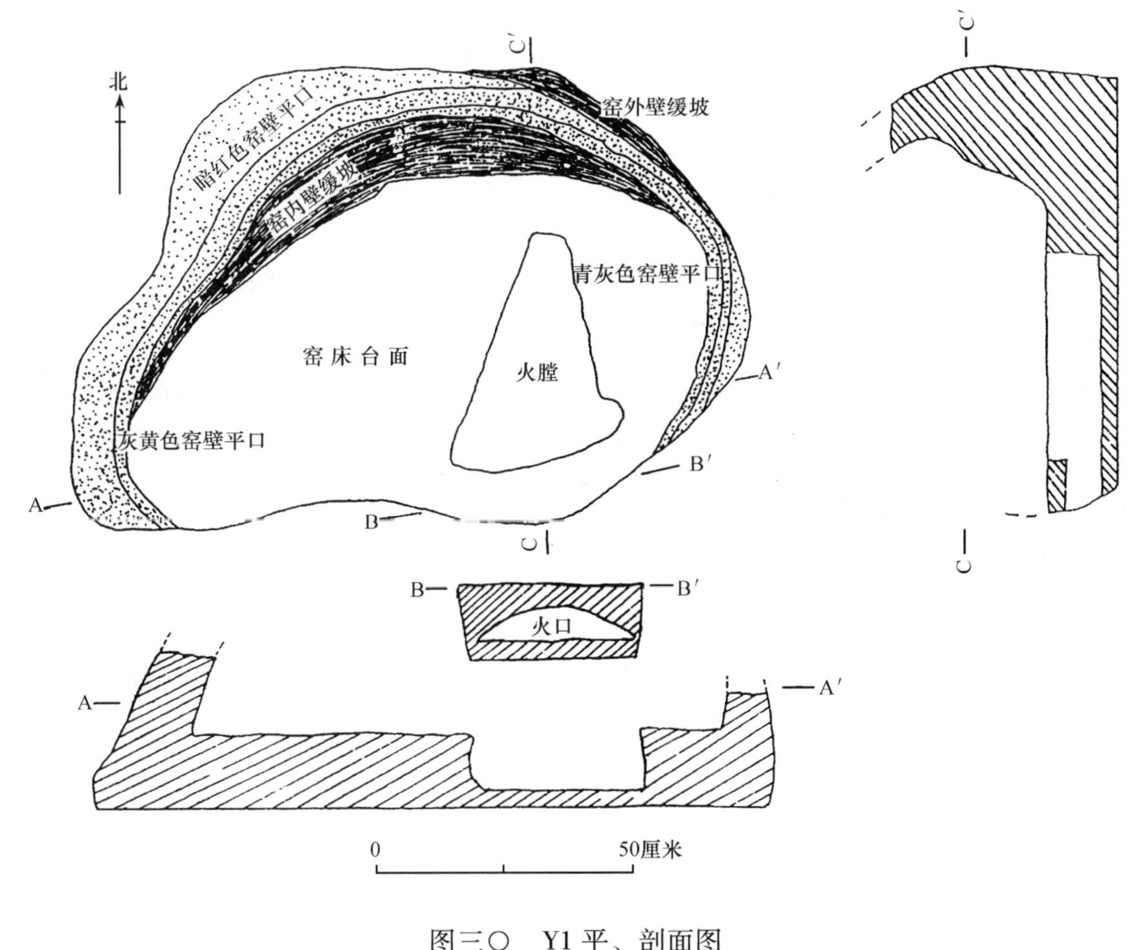

图三〇　Y1 平、剖面图

和暗红色。窑壁仅残存底部，厚10～30厘米，呈向内倾斜的弧收状，推测原来应为拱圆体。窑床台面平整，略呈椭圆形，长径为122、短径约为75厘米。窑床台面西部为火膛，略呈圆头直角三角形，底边宽约35、斜边长约49、深约10厘米。火膛口略呈半圆形，底边长约32、高约7厘米（图三〇；图版三，1）。

（二）遗　　物

1. 陶器

陶器多为残片，完整和复原陶器较少。陶质分夹砂和泥质两种。以夹砂陶为主，泥质陶次之。夹砂陶器胎较厚。内含砂粒较粗，多为红褐色，少量为灰褐色和灰黑色。以手制为主，有一定数量的轮制陶器。泥质陶主要为灰色、灰褐色，少量为红色或红褐色。泥质陶多为轮制，器胎厚薄均匀，表面轮痕清晰。可辨器形主要有罐、盆、壶、豆、鬲、瓮、釜、盘、钵、碗、杯、甑、纺轮、饼、瓦、器盖等，以罐为主。夹砂陶器表多施粗绳纹。泥质陶多数为素面，少数施绳纹、弦断绳纹或绳纹+附加堆纹。陶器纹饰以绳纹为主，此外还见有凹弦纹、凸弦纹、戳印纹、弦断绳纹、方格纹、绳纹+附加堆纹、压印纹、附加堆纹+压印纹、圆圈纹、涡旋纹、戳点水滴纹等（图三一，1～10）。

罐　428件。仅1件完整器。根据颈部的不同分二型。

A型　短颈。256件。依据其口部的差别细分为五亚型。

Aa型　微敛口。完整1件，口沿62件。标本T337⑤:3，泥质红褐陶。平沿，圆唇。弧肩，鼓腹。平底略内凹，外底中央部分略为突鼓，内壁和内底有数周圆圈突棱。口径12、底径8、高8.4厘米（图三二，1）。

Ab型　敞口。128件。标本T346③:3，夹砂黑褐陶。圆尖唇，颈部施绳纹。口径28、残高6.2厘米（图三二，2）。标本T349④:3，夹砂黑陶。花边口沿，尖唇，颈部施绳纹。口径31、残高4.5厘米（图三二，3）。

Ac型　直口。33件。标本T422④:12，黄褐色泥质陶。尖圆唇，广肩，鼓腹，颈部以下施方格纹。残高5厘米（图三二，4）。

Ad型　直口微敛。22件。标本T345③:13，夹砂黑陶。花边口沿，圆唇，鼓腹，腹部施绳纹。口径24.5、残高7.5厘米（图三二，5）。

Ae型　敛口。10件。标本T5010⑤:13，泥质红褐陶。平沿，方唇。溜肩，鼓腹，腹部饰绳纹。残高5.4厘米（图三二，6）。

图三一 新浦上层陶片纹饰拓本

1、2、4. 绳纹（T329④、T323③、T329③） 3、5、6. 弦断绳纹（T301⑤、T301④、T311⑤） 7. 绳纹 + 附加堆纹（T306⑤） 8. 方格纹（H6007） 9. 压印纹（H6004） 10. 附加堆纹 + 压印纹（H6004）

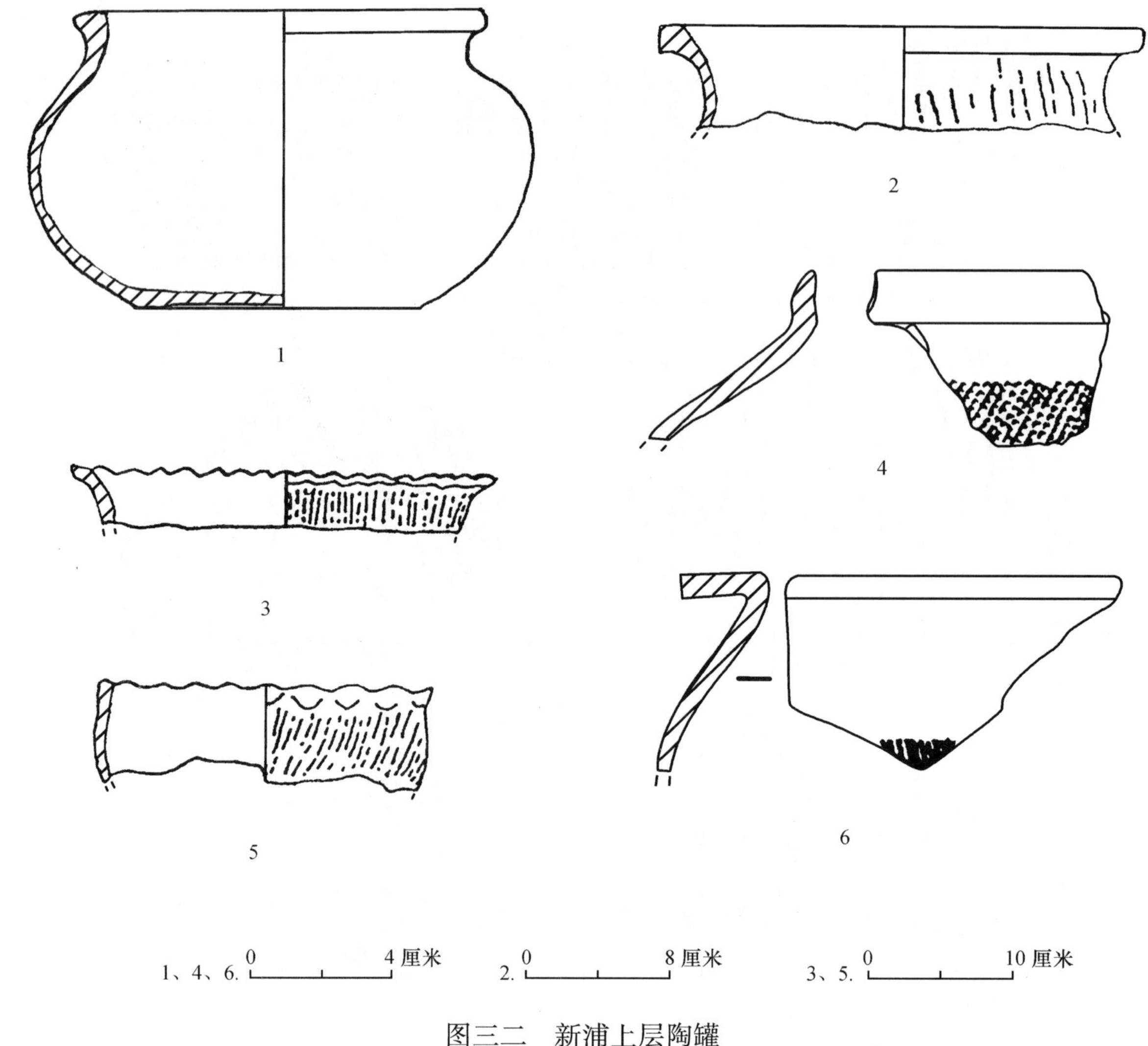

图三二 新浦上层陶罐

1. Aa 型（T337⑤：3） 2、3. Ab 型（T346③：3、T349④：3） 4. Ac 型（T422④：12） 5. Ad 型（T345③：13） 6. Ae 型（T5010⑤：13）

B 型 长颈。173 件。依据其颈部的不同细分为四亚型。

Ba 型 敞颈。45 件。标本 T329③：17，泥质灰陶。敞口，方唇，肩部外鼓明显。鼓腹，腹施规整的弦断绳纹。残高 8 厘米（图三三，1）。

Bb 型 微敞颈。32 件。标本 T329③：13，泥质红陶。敞口，方唇，沿内抹斜。溜肩，鼓腹，腹施竖绳纹。颈部纹饰经刮抹。残高 8.2 厘米（图三三，2）。

Bc 型 直颈。62 件。标本 H6008：5，泥质灰陶。敞口，厚叠唇，唇沿下有一周突棱，口沿下饰抹断绳纹，微鼓腹。口径 22.4、残高 5.2 厘米（图三三，3）。标本 H6007：2，泥质灰陶，敞口，厚沿，圆唇，鼓腹。口径 23.2、残高 6.8 厘米（图三三，4）。

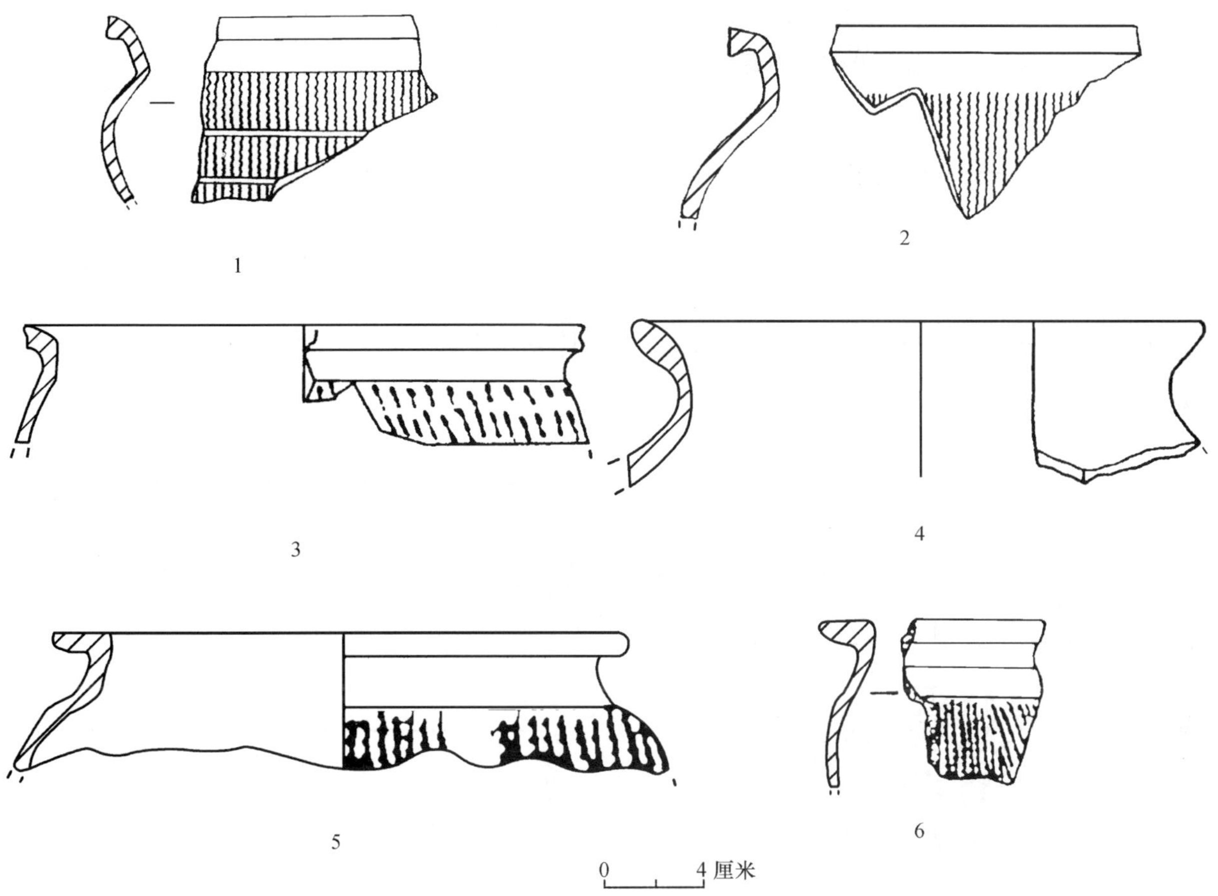

图三三 新浦上层陶罐

1. Ba型（T329③:17） 2. Bb型（T329③:13） 3、4. Bc型（H6008:5、H6007:2） 5、6. Bd型（T5010⑤:21、T5008⑥:1）

Bd型 敛颈。34件。标本T5010⑤:21，泥质灰陶。敛口，平沿，圆唇，鼓肩。鼓腹，腹部饰绳纹。口径23.4、残高5.7厘米（图三三，5）。标本T5008⑥:1，泥质灰褐陶。敛口，平沿，尖圆唇，沿面有数周弦线。溜肩，微鼓腹，腹部饰绳纹。残高6.7厘米（图三三，6）。

盆 131件。无完整器。依其口沿外侧的不同分二型。

A型 口沿外侧较平滑。76件。依据其口部的差别细分为三亚型。

Aa型 敞口。29件。标本T342③:4，夹砂黑褐陶。平沿，卷唇，鼓肩。微鼓腹，腹部施绳纹。口径39.6、残高5.8厘米（图三四，1）。

Ab型 直口。27件。标本T346③:11，夹砂黑褐陶。平沿，圆唇，溜肩，肩部有一周突棱，鼓腹。口径26.8、残高7.2厘米（图三四，2）。标本T5001④:2，泥质红陶。平沿，方唇，折腹。口径22.8、残高6厘米（图三四，3）。

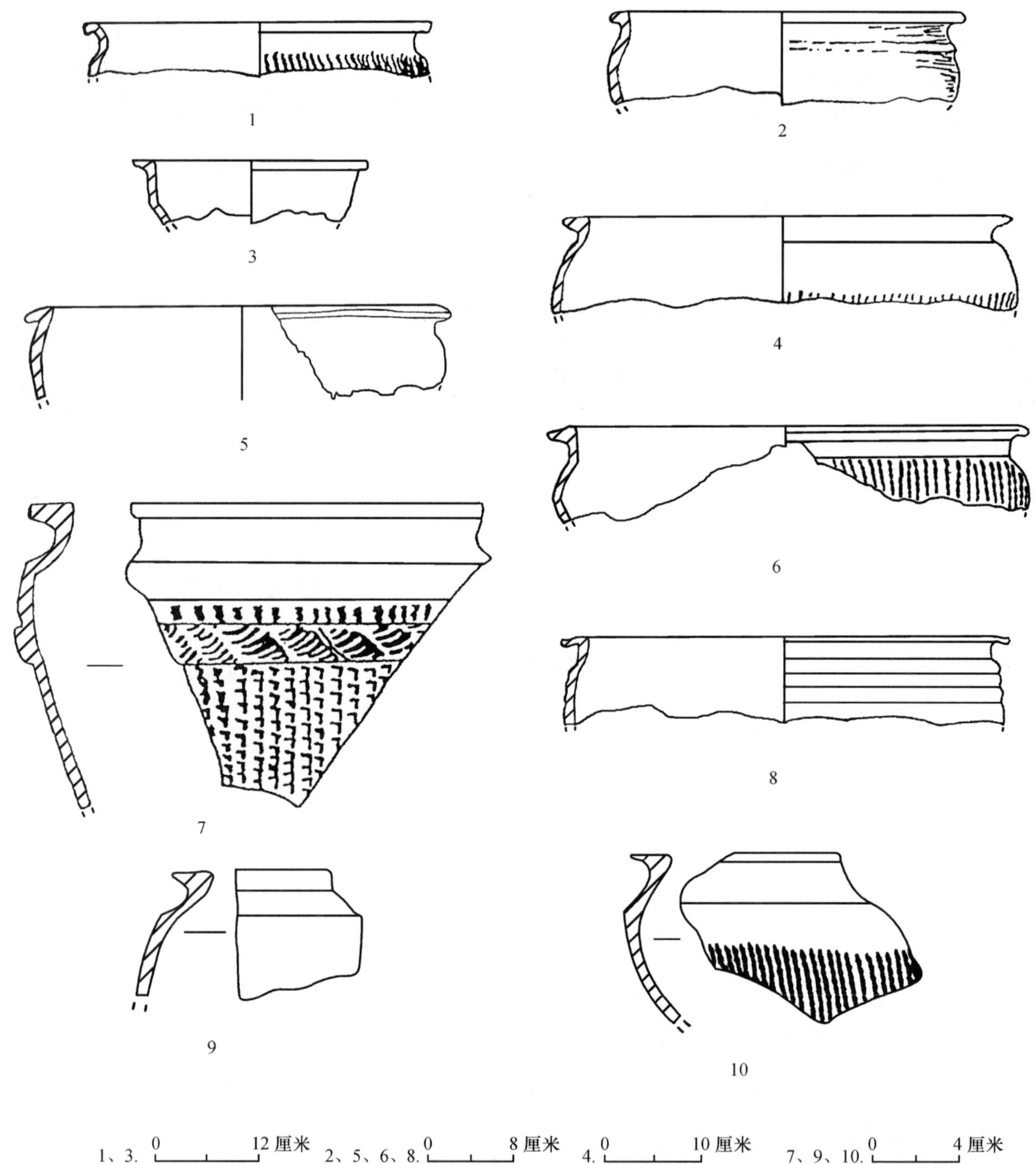

图三四　新浦上层陶盆

1. Aa 型（T342③:4）　2、3. Ab 型（T346③:11、T5001④:2）　4、5. Ac 型（T345③:21、T6002④:6）　6. Ba 型（T6012④:7）　7. Bb 型（H1:1）　8. Bc 型（T306⑤:5）　9、10. Bd 型（T5010⑤:23、T5007⑤:4）

Ac 型　敛口。20 件。标本 T345③:21，夹砂黑褐陶。平沿，圆唇，溜肩。鼓腹，腹部施绳纹。口径 40、残高 8.5 厘米（图三四，4）。标本 T6002④:6，泥质灰陶。斜折沿，圆唇，鼓腹。口径 32、残高 8.8 厘米（图三四，5）。

B 型　口沿外侧内凹。55 件。依据其口部的差别细分为四亚型。

Ba 型　微侈口。17 件。标本 T6012④:7，泥质灰褐陶。斜折沿，圆唇，口沿外侧经刮抹，其下饰绳纹，鼓腹。口径 33.2、残高 8 厘米（图三四，6）。

Bb 型　敛口。16 件。标本 H1:1，泥质灰褐陶。轮制，平沿，方圆唇，小束颈口沿外侧经刮抹形成沿下凹槽。折肩，斜直腹，上腹部有一周附加堆纹，腹部饰方格纹。残高 15.3 厘米（图三四，7）。

Bc 型　微敛口。12 件。标本 T306⑤:5，泥质灰陶。斜沿外翻，圆唇，小束颈口沿外侧经刮抹形成沿下凹槽。微鼓腹，腹部施凸弦纹。口径 40、残高 7.2 厘米（图三四，8）。

Bd 型　大敛口。10 件。标本 T5010⑤:23，夹砂灰陶。平沿，尖唇。小束颈经刮抹形成沿下弧形凹槽，溜肩，微鼓腹。残高 5.2 厘米（图三四，9）。标本 T5007⑤:4，泥质灰褐陶，平沿，尖唇。小束颈口沿外侧经刮抹形成沿下弧形凹槽，折肩，斜弧腹，腹部饰绳纹。残高 6.7 厘米（图三四，10）。

壶　54 件。无完整器，均为口部残片。根据其颈部的不同分三型。

A 型　弧颈。29 件。根据其唇部差别细分为三亚型。

Aa 型　圆唇。3 件。标本 Y1:2，夹细砂灰陶。波浪状花边口沿，敞口，肩部施网格纹。口径 13.7、残高 10.2 厘米（图三五，1）。

Ab 型　厚叠唇。18 件。标本 T5054④:3，夹细砂灰陶。敞口，口沿以下饰绳纹。口径 19.8、残高 6.3 厘米（图三五，2）。标本 T5059④:1，夹细砂灰陶。敞口，厚叠唇。口径 16.2、残高 7.2 厘米（图三五，3）。

Ac 型　尖圆唇。8 件。标本 T342④:7，泥质红褐陶。敞口。口径 15.6、残高 6 厘米（图三五，4）。

B 型　直颈。18 件。根据其唇部差别细分为三亚型。

Ba 型　尖唇。8 件。标本 T321⑤:3，泥质灰陶。直口，平沿略外弧。残高 5.8 厘米（图三五，5）。

Bb 型　方唇。6 件。标本 T302⑤:1，泥质红褐陶。微侈口，平沿略内凹。残高 4.9 厘米（图三五，6）。

Bc 型　尖圆唇。4 件。标本 T5032②:2，泥质灰陶。微敛口，平沿。口径 20.1、残高 6.3 厘米（图三五，7）。

C 型　斜颈。7 件。根据其唇部差别细分为二亚型。

Ca 型　圆唇。6 件。标本 T342③:12，泥质灰褐陶。敞口，唇部加厚，溜肩。口径 10、残高 9.4 厘米（图三五，8）。

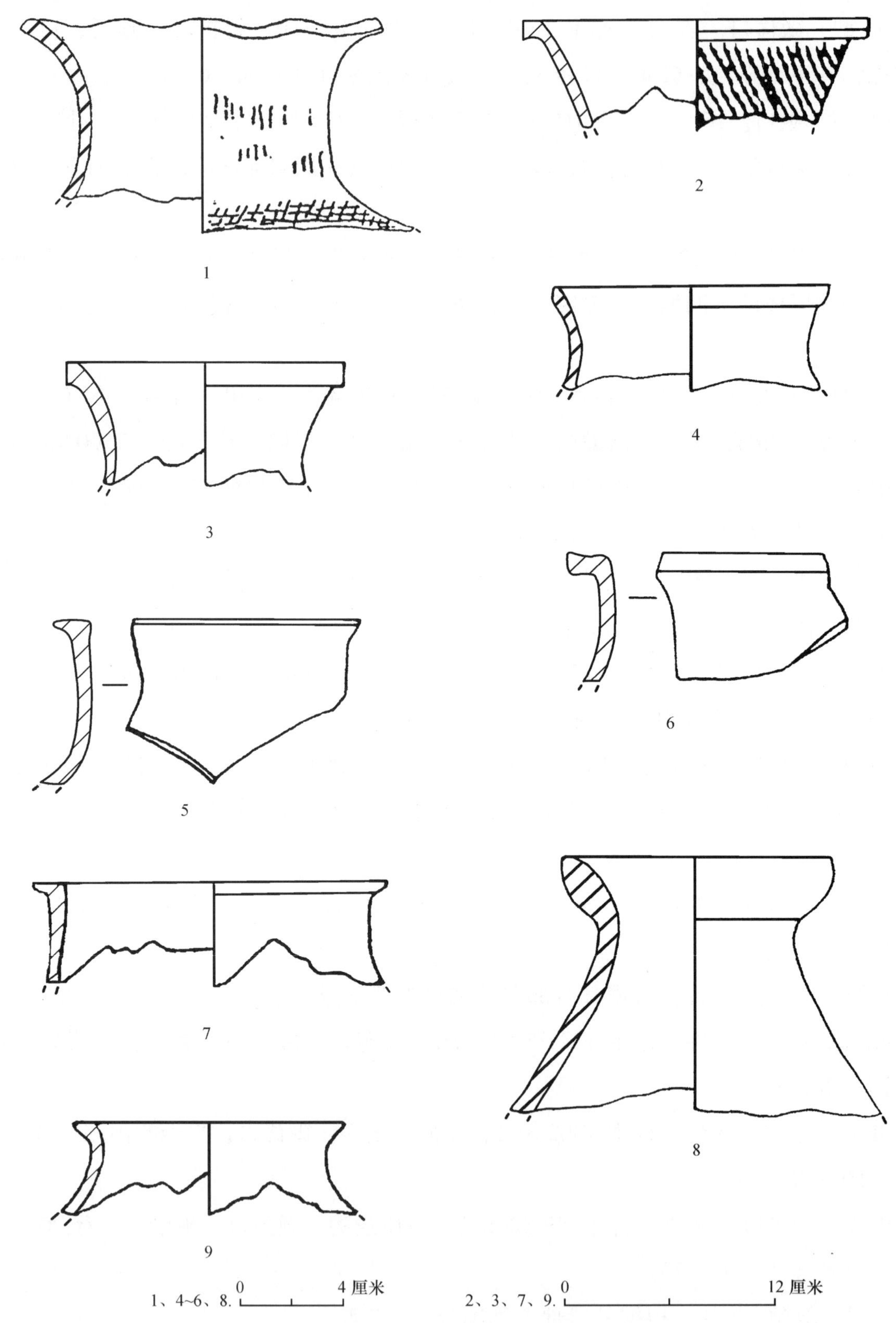

图三五　新浦上层陶壶

1. Aa型（Y1∶2）　2、3. Ab型（T5054④∶3、T5059④∶1）　4. Ac型（T342④∶7）　5. Ba型（T321⑤∶3）　6. Bb型（T302⑤∶1）　7. Bc型（T5032②∶2）　8. Ca型（T342③∶12）　9. Cb型（T5041③∶2）

Cb 型　尖唇。1 件。T5041③: 2，夹细砂灰褐陶。微敛口，鼓肩。口径 15.6、残高 5.4 厘米（图三五，9）。

豆　仅有 1 件可复原。豆柄 177 件。根据其柄部的差别分为二型。

A 型　矮柄。120 件。依据其柄部的差别细分为二亚型。

Aa 型　柄略高。79 件。标本 T346③: 1，泥质灰陶。豆盘弧壁呈钵状，空心柄，喇叭形座。口径 13.3、底径 8.2、高 10 厘米（图三六，1）。标本 T423④: 10，泥质灰陶。柄部略有波鼓，空心柄，喇叭形座。底径 10、残高 5.6 厘米（图三六，2）。标本 T422④: 21，泥质灰褐陶。柄部略有波鼓，空心柄，喇叭形座。底径 10、残高 6.8 厘米（图三六，3）。

Ab 型　柄略矮。41 件。标本 H18: 2，夹砂灰陶。空心柄，喇叭形座。底径 8.4、残高 4.2 厘米（图三六，4）。

B 型　高柄。58 件。依据其柄部的差别细分为二亚型。

Ba 型　柄略细。34 件。标本 T331③: 6，夹砂黑褐陶。空心柄，喇叭形座。底径 8、残高 9.8 厘米（图三六，5）。

Bb 型　柄部略粗。24 件。标本 T337④: 11，夹砂黑褐陶。空心柄，中部弧鼓。残高 7.4 厘米（图三六，6）。

豆盘　73 件。依据其腹部的差别细分为三型。

A 型　鼓腹。36 件。标本 T5010⑤: 3，夹细砂灰褐陶。圆唇，内壁有数周凸棱。残高 3.1 厘米（图三六，7）。

B 型　弧腹。32 件。标本 T424④: 16，泥质灰陶。平唇。口径 19.6、残高 3.6 厘米（图三六，8）。

C 型　斜直腹。5 件。标本 T5056④: 1，泥质灰陶。尖圆唇。口径 6.1、残高 4.1 厘米（图三六，9）。

鬲　353 件。无完整器。依据其口部的差别分为二型。

A 型　无花边口沿。188 件。标本 T5010⑤: 7，夹粗砂红褐陶。敞口，尖圆唇。颈部以下饰绳纹。口径 20.4、残高 6.9 厘米（图三七，1）。标本 T346④: 7，夹粗砂黑褐陶。敞口，圆唇。鼓腹，腹部施方格纹。口径 17.6、残高 8 厘米（图三七，2）。

B 型　花边口沿。165 件。标本 T346④: 12，夹粗砂红褐陶。敞口，圆唇。口沿上的圆窝为纵向用力戳印出圆窝。鼓腹，腹部施绳纹。口径 19.8、残高 7.6 厘米（图三七，3）。标本T424④: 21，夹粗砂红褐陶。敞口，尖唇。口沿上戳印有稀疏的凹窝，颈部以下施绳纹。口径 24、残高 7.2 厘米（图三七，4）。

鬲足　635 件。依据其形制的差别分为四型。

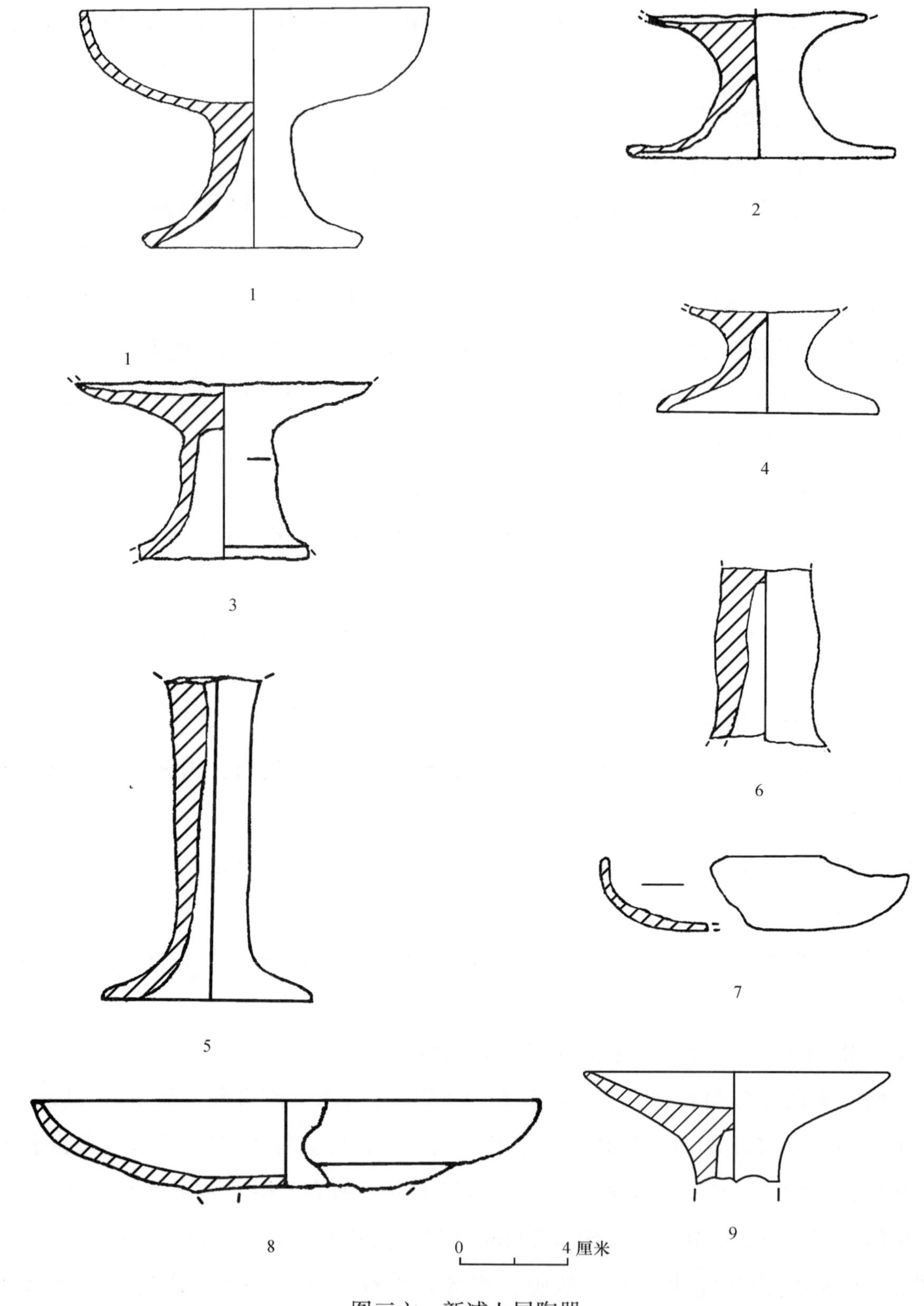

图三六　新浦上层陶器

1～3. Aa 型豆（T346③：1、T423④：10、T422④：21）　4. Ab 型豆（H18：2）　5. Ba 型豆柄（T331③：6）
6. Bb 型豆柄（T337④：11）　7. A 型豆盘（T5010⑤：3）　8. B 型豆盘（T424④：16）　9. C 型豆盘（T5056④：1）

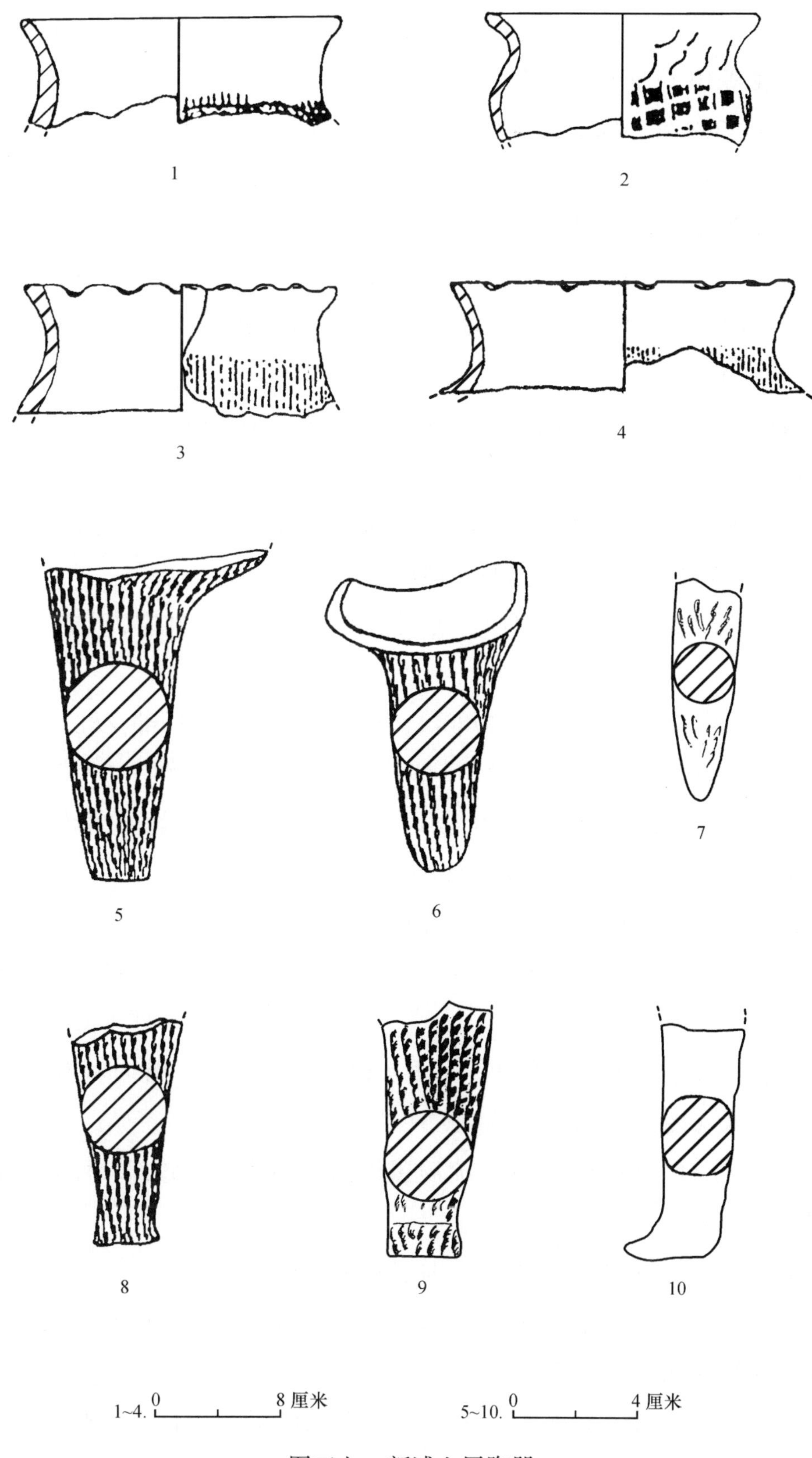

图三七　新浦上层陶器

1、2. A型鬲（T5010⑤：7、T346④：7）　3、4. B型鬲（T346④：12、T424④：21）　5. A型鬲足（T329③：9）　6、7. B型鬲足（T106③：1、T342③：11）　8、9. C型鬲足（T329③：10、T332④：9）　10. D型鬲足（H6011：3）

A 型　柱状。312 件。标本 T329③:9，夹砂红褐陶。腔壁弧圆。横剖面呈圆形，表面施竖绳纹。残高 10.6 厘米（图三七，5）。

B 型　锥状。289 件。标本 T106③:1，夹砂红褐陶。腔壁弧圆，横剖面呈圆形，表面施绳纹。残高 9.8 厘米（图三七，6）。标本 T342③:11，夹粗砂红褐陶，横剖面呈圆形，施绳纹。残高 6.6 厘米（图三七，7）。

C 型　蹄状。31 件。标本 T329③:10，夹砂红褐陶。横剖面呈圆形，表面施绳纹。残高 7.1 厘米（图三七，8）。标本 T332④:9，夹粗砂红褐陶。横剖面呈圆形。残高 7.7 厘米（图三七，9）。

D 型　靴状。3 件。标本 H6011:3，夹砂红褐陶。横剖面呈圆形。残高 7.4 厘米（图三七，10）。

瓮　无完整器，均为口部残片，13 件。依据其口部的差别分为三型。

A 型　敛口。5 件。依据其口沿的差别细分为三亚型。

Aa 型　小平沿。2 件。标本 Y1:1，泥质黑陶。小束颈，鼓肩，方唇。残高 3 厘米（图三八，1）。

Ab 型　微侈沿。2 件。标本 T5049③:1，夹细砂黑褐陶。局部泛红。尖唇，沿外有一周突棱。溜肩，肩腹部饰方格纹。口径 29、残高 9.5 厘米（图三八，2）。

Ac 型　大平沿。1 件。标本 T5010③:1，泥质黑褐陶。方圆唇，沿外下侧有一周突棱，内侧有数周凹弦纹。残高 2.6 厘米（图三八，3）。

B 型　直口。3 件。依据其领部的差别细分为二亚型。

Ba 型　矮领。2 件。标本 H25:1，夹砂黑陶。平沿，方唇，广肩。口径 16.8、残高 3.9 厘米（图三八，4）。

Bb 型　高领。1 件。T5010③:2，泥质灰褐陶。平方唇，唇内侧有一周凹槽，广肩。残高 6.4 厘米（图三八，5）。

C 型　侈口。1 件。T5009⑥:26，泥质黑褐陶。尖圆唇，唇部较厚重。口径 34.5、残高 6 厘米（图三八，6）。

D 型　敞口。4 件。依据其唇部的差别细分为二亚型。

Da 型　圆唇。2 件。标本 T5057⑤:8，泥质灰褐陶。沿下外侧有一周刮抹痕，广肩。残高 4.1 厘米（图三八，7）。

Db 型　尖圆唇。2 件。标本 T5009⑥:25，泥质红褐陶。唇部外侧加厚。残高 6.3 厘米（图三八，8）。

釜　无完整器。7 件。依据其口部的差别分为三型。

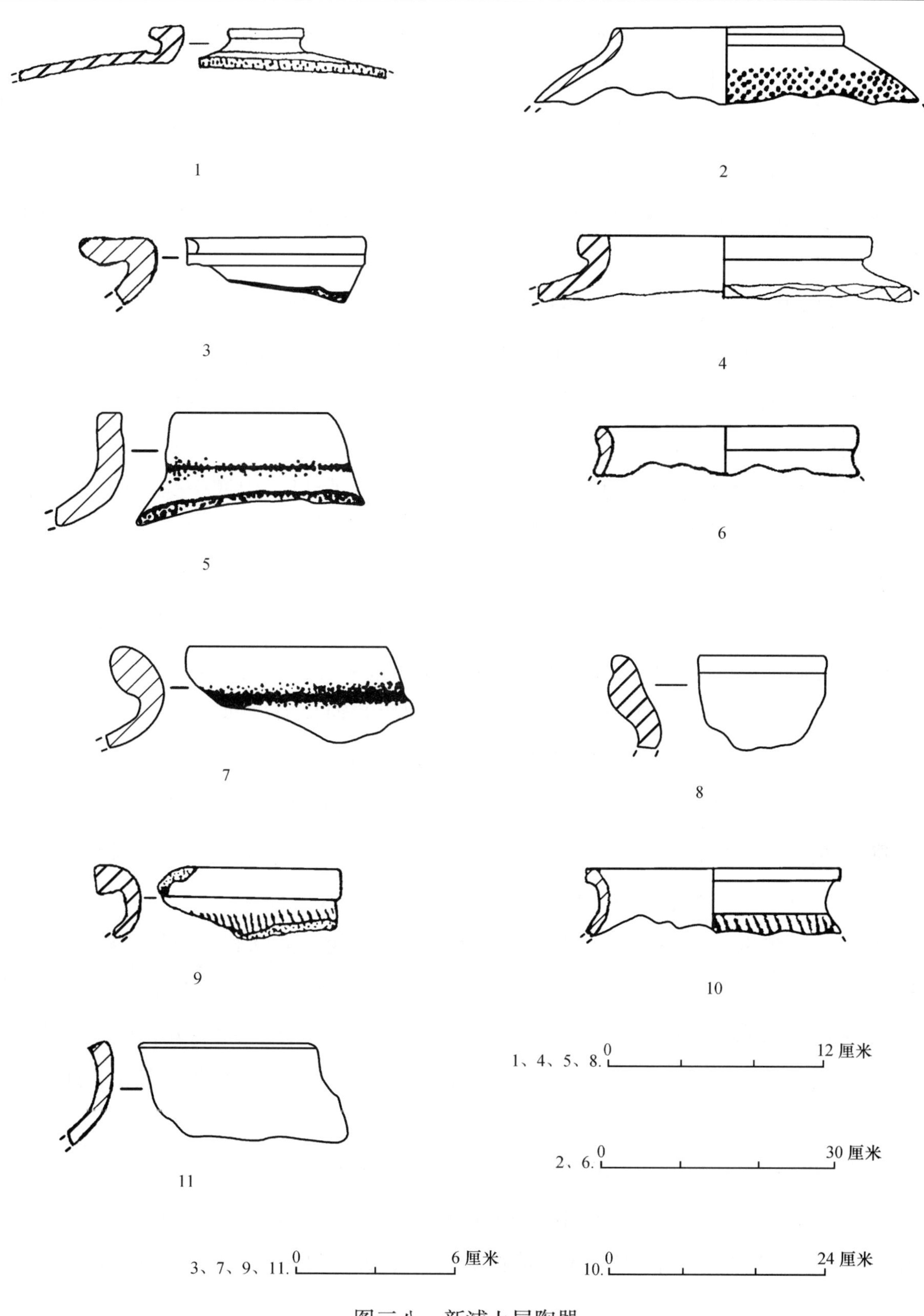

图三八　新浦上层陶器

1. Aa型瓮（Y1∶1）　2. Ab型瓮（T5049③∶1）　3. Ac型瓮（T5010③∶1）　4. Ba型瓮（H25∶1）　5. Bb型瓮（T5010③∶2）　6. C型瓮（T5009⑥∶26）　7. Da型瓮（T5057⑤∶8）　8. Db型瓮（T5009⑥∶25）　9. A型釜（T5008⑥∶13）　10. B型釜（T5009⑥∶15）　11. C型釜（T5009⑥∶16）

A 型　敞口。3 件。标本 T5008⑥:13，夹粗砂红陶。胎土细腻，方唇。束颈，肩部饰绳纹。残高 2.7 厘米（图三八，9）。

B 型　侈口。2 件。标本 T5009⑥:15，夹粗砂红陶。胎土细腻，方唇。弧颈，肩部饰绳纹。口径 28、残高 6.8 厘米（图三八，10）。

C 型　微侈口。2 件。标本 T5009⑥:16，夹粗砂红陶。直颈，方唇。残高 4 厘米（图三八，11）。

盘　口沿 18 件，复原 4 件。依据其腹部的差别分为二型。

A 型　腹壁波曲。13 件。依据其唇部的差别细分为二亚型。

Aa 型　尖圆唇。7 件。标本 T337③:11，夹砂灰褐陶。敞口，凹底。口径 10、底径 6、高 2.4 厘米（图三九，1；图版三，2）。

Ab 型　尖唇。6 件。标本 T340③:13，泥质红陶。敞口，内底中央凸鼓，凹底。口径 11.7、底径 5.7、高 2 厘米（图三九，2；图版三，3）。

B 型　腹壁斜直，9 件。标本 T334③:7，夹砂灰陶。敞口，尖圆唇，平底。口径 10.2、底径 7.7、高 1.8 厘米（图三九，3）。标本 T338③:8，泥质红褐陶。敞口，尖圆唇，器身略高，平底。口径 12.2、底径 5.6、高 3 厘米（图三九，4；图版四，1）。

钵　复原 3 件，口部残片 84 件。依据其口部的差别分为三型。

A 型　敞口。36 件。依据其口部的差别分为二亚型。

Aa 型　敞口。19 件。标本 H20:1，泥质灰褐陶。圆唇，腹壁斜直，略有波曲。口径 14.4、残高 4.4 厘米（图三九，5）。标本 T5032②:1，夹细砂黑皮陶。弧收腹，腹部有数周凸、凹弦纹。口径 18.6、残高 6.6 厘米（图三九，6）。

Ab 型　微敞口。17 件。标本 T5031③:1，泥质红陶。尖圆唇，直壁，收腹，平底，外壁有轮制痕。口径 14.6、底径 6、高 5.4 厘米（图三九，7；图版四，2）。标本 T424④:17，夹砂黑灰陶。尖唇，弧腹。口径 16.8、残高 4.8 厘米（图三九，8）。标本 T342③:14，夹砂红陶。尖唇，下腹弧收，台状底。口径 15、底径 6.3、高 6.2 厘米（图三九，9）。

B 型　直口。28 件。依据其口部的差别分为二亚型。

Ba 型　下腹弧收。15 件。标本 T343③:2，泥质灰陶。圆唇。口径 14.7、残高 4.5 厘米（图三九，10）。标本 H18:3，泥质灰陶，平唇。口径 12.6、残高 3.6 厘米（图三九，11）。

Bb 型　折腹。13 件。标本 T422④:16，泥质灰陶。平唇，腹部施有凹弦纹。口径 16.8、残高 4.8 厘米（图三九，12）。

C 型　敛口。23 件。依据其腹部的差别分为三亚型。

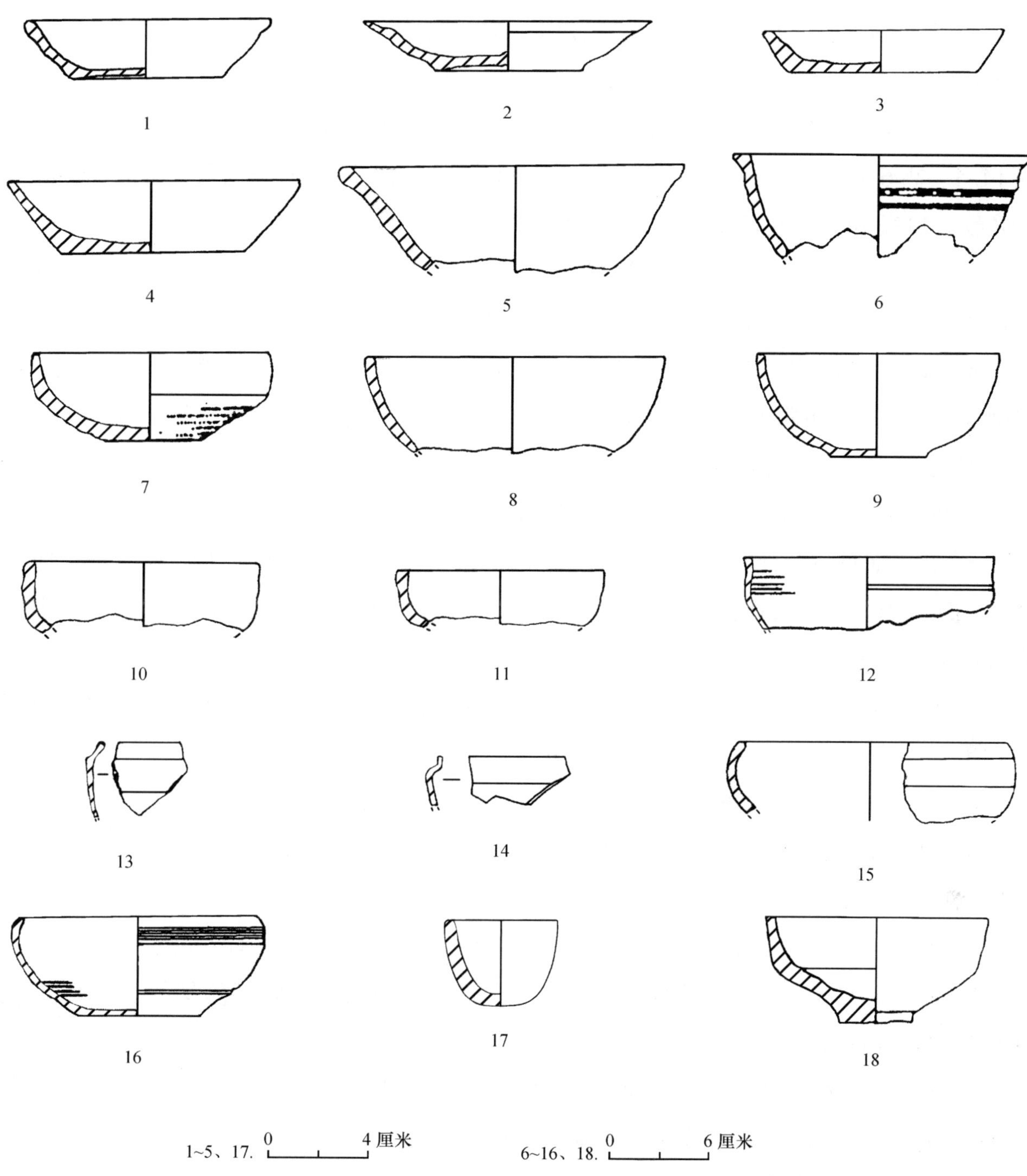

图三九　新浦上层陶器

1. Aa型盘（T337③: 11）　2. Ab型盘（T340③: 13）　3、4. B型盘（T334③: 7、T338③: 8）　5、6. Aa型钵（H20: 1、T5032②: 1）　7～9. Ab型钵（T5031③: 1、T424④: 17、T342③: 14）　10、11. Ba型钵（T343③: 2、H18: 3）　12. Bb型钵（T422④: 16）　13. Ca型钵（T5008⑥: 5）　14. Cb型钵（T311⑤: 1）　15、16. Cc型钵（H6014: 1、T424④: 24）　17. 杯（T6004④: 1）　18. 碗（T422④: 24）

Ca型　直腹。11件。标本T5008⑥: 5，泥质红褐陶。子母口，方圆唇。弧收腹，腹部施有凸弦纹。残高4.5厘米（图三九，13）。

Cb 型　斜直腹。7 件。标本 T311⑤: 1，泥质灰陶。局部泛红，子母口，平唇，唇上有一浅槽，壁斜直。残高 3.9 厘米（图三九，14）。

Cc 型　弧腹。5 件。标本 H6014: 1，泥质灰陶。圆唇，腹部有数周凹、凸弦纹。口径 14.4、高 6 厘米（图三九，15）。标本 T424④: 24，泥质灰陶。圆唇，腹部有数周凹、凸弦纹。口径 14.4、底径 8.1、高 6 厘米（图三九，16）。

杯　1 件。T6004④: 1，泥质灰褐陶。器壁较厚，微敞口，圆唇，弧腹，小平底。口径 4.6、底径 1.6、高 3.5 厘米（图三九，17）。

碗　1 件。T422④: 24，泥质灰黑陶。局部泛黄，系将豆盘断柄处磨平改制而成。直口微外敞，平唇，折腹内收，底磨平。口径 14、底径 4.2、高 6.4 厘米（图三九，18）。

器底　146 件。根据其底部的不同分三型。

A 型　平底。83 件。根据其底部的差别可细分为二亚型。

Aa 型　壁底结合处斜方折。61 件。标本 T5056④: 9，泥质灰褐陶。较厚重。底径 15.5、残高 1.9 厘米（图四〇，1）。标本 T403③: 20，泥质红褐陶。轮制，底内侧中央有乳状突起。底径 6.8、残高 4.4 厘米（图四〇，2）。

Ab 型　壁底结合处弧折。22 件。标本 T5059⑤: 2，夹砂红褐陶。底径 12、残高 2.8 厘米（图四〇，3）。

B 型　凹底。59 件。根据其底部的差别可细分为三亚型。

Ba 型　浅凹底。42 件。标本 T5008⑥: 7，泥质黑褐陶。底径 7.6、残高 2.2 厘米（图四〇，4）。

Bb 型　凹底。11 件。标本 T5059⑤: 3，泥质红褐陶。残高 3 厘米（图四〇，5）。

Bc 型　大凹底。6 件。标本 T332④: 17，泥质红褐陶。下腹部施绳纹。残高 2.2、底径 7 厘米（图四〇，6）。

C 型　台状底。4 件。标本 T403③: 21，泥质红褐陶。轮制。内壁有明显轮痕，台状平底略内凹。底径 14、残高 4.4 厘米（图四〇，7）。

甑　均为底部残片，14 件。标本 T424④: 15，夹细砂黑皮陶。斜腹，壁底结合处弧折，底略内凹，残留有 3 个圆孔。底径 10.6、残高 4.3、孔径 0.8 ~ 1 厘米（图四〇，8）。

器盖　8 件。根据其形制的不同可分为三型。

A 型　平台状纽。1 件。T334③: 9，泥质灰褐陶。覆盘式盖，顶部内侧中心内凹。顶径 2.8、口径 11.2、高 3.6 厘米（图四〇，9）。

B 型　捉手状纽。5 件。标本 H16: 1，泥质红褐陶。平顶。顶径 4.1、残高 3.6 厘米（图四〇，10）。

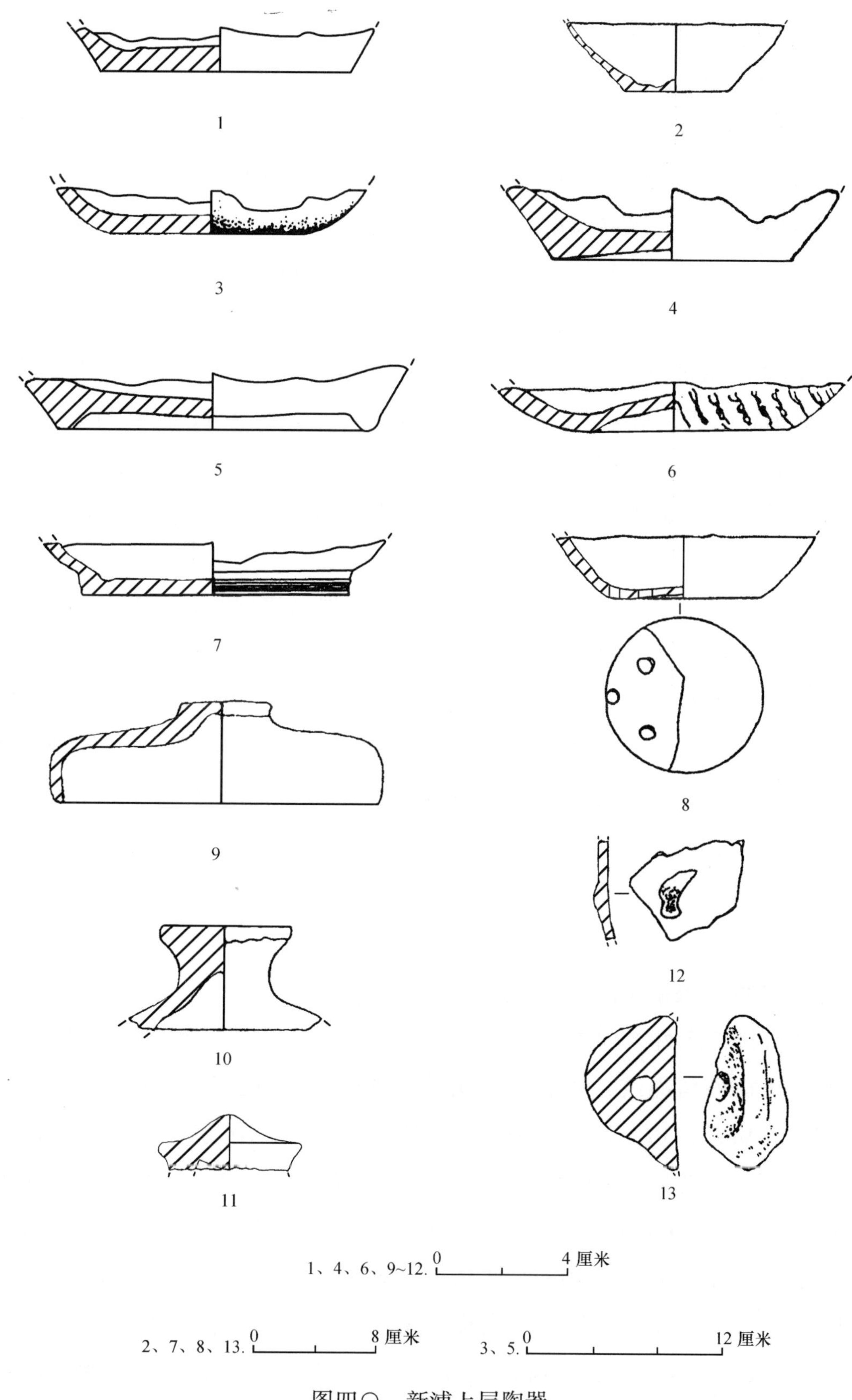

图四〇 新浦上层陶器

1、2. Aa 型器底（T5056④: 9、T403③: 20） 3. Ab 型器底（T5059⑤: 2） 4. Ba 型器底（T5008⑥: 7） 5. Bb 型器底（T5059⑤: 3） 6. Bc 型器底（T332④: 17） 7. C 型器底（T403③: 21） 8. 甑（T424④: 15） 9. A 型器盖（T334③: 9） 10. B 型器盖（H16: 1） 11. C 型器盖（T340③: 6） 12、13. 器耳（T425⑤: 11、T425③: 10）

C型　扣状纽。2件。标本T340③:6，夹砂黑陶。仅存纽部，尖突顶。顶径4.4、残高1.8厘米（图四〇，11）。

器耳　2件。T425⑤:11，夹细砂红褐陶。耳部呈瘤状。残长3、厚0.4厘米（图四〇，12）。T425③:10，泥质红陶。残长9.5、孔径0.9厘米（图四〇，13）。

瓦片　187块。均为泥质灰陶。表面施斜向或交错绳纹，内侧为分布十分密集的不规则形凸点纹。器形较大。手制，器表不甚平滑。分板瓦和筒瓦两种。其中板瓦残片121块，筒瓦残片66块，另有大量残片因较小而无法判断是筒瓦还是板瓦。

板瓦　121块。标本T5007⑤:3，夹细砂红褐陶。手制，不甚规整，瓦头部分有数周凸棱，表面饰斜向或交错绳纹，内侧分布密集乳突。残长9.8、残宽11、厚0.9～1.3厘米（图四一，1）。标本T5057⑤:9，泥质灰陶。手制，不甚平整，瓦头部分有数周凸棱，表面饰纵向绳纹，内侧素面。残长10.8、残宽13.2、厚1～1.5厘米（图四一，2）。

筒瓦　66块。标本H13:1，泥质灰陶。表面施斜向粗绳纹，前端约有3.6厘米低折，不施绳纹。残长9.8、残宽8、厚1厘米（图四一，3）。标本T330②:5，泥质灰陶。表面施纵向粗绳纹，瓦片上有一圆孔。残长9.2、残宽6.8、厚0.8～0.9、孔径1.4厘米（图四一，4）。标本T5010⑤:17，夹细砂红褐陶。手制，不甚规整，瓦头部分有数周凸棱，表面饰纵向绳纹，内侧素面。残长10、残宽10.4、厚0.9厘米（图四一,5）。标本T5010⑤:18，泥质灰黑陶。手制，不甚平整，表面施斜向绳纹，内侧分布密集乳突，尾端面上亦饰斜向绳纹。残长8、残宽9.4、厚1～1.5厘米（图四一，6）。

陶纺轮　42件。根据其形状的不同分五型。

A型　圆饼状。33件。标本T332④:6，泥质红褐陶。系用陶器腹片磨制而成，中间有一圆孔，表面残留绳纹，绳纹面略弧鼓。直径4.7、孔径0.4～0.6、厚0.7厘米（图四二，1；图版四，3）。标本H6011:1，泥质红陶。利用残陶片制成，边缘磨制光滑，中间有一圆孔，表面饰方格纹。直径5.8、孔径0.7～0.8、厚0.6厘米（图四二，2；图版四，4）。标本T5010⑥:2，夹砂红褐陶。外壁饰方格纹，中心有一斜向穿孔，其侧有一圆孔。直径3.3、孔径0.3、厚0.5厘米（图四二，3）。标本T5009⑥:12，夹砂灰褐陶。外壁方格纹饰已磨平，尚依稀可辨，中心有一圆孔。直径4.4、孔径0.3、厚0.5厘米（图四二，4）。标本T403③:1，夹细砂灰陶。系利用陶器腹片改制而成，凸面残留绳纹。直径5.7～5.9、孔径0.4、厚0.6厘米（图四二，5）。

B型　圆台状。6件。标本T426①:1，泥质红陶。下半部外撇呈喇叭状。台面直径2.5、台底直径4.6、高1.6、孔径1厘米（图四二，6；图版五，1）。标本T423④:4，

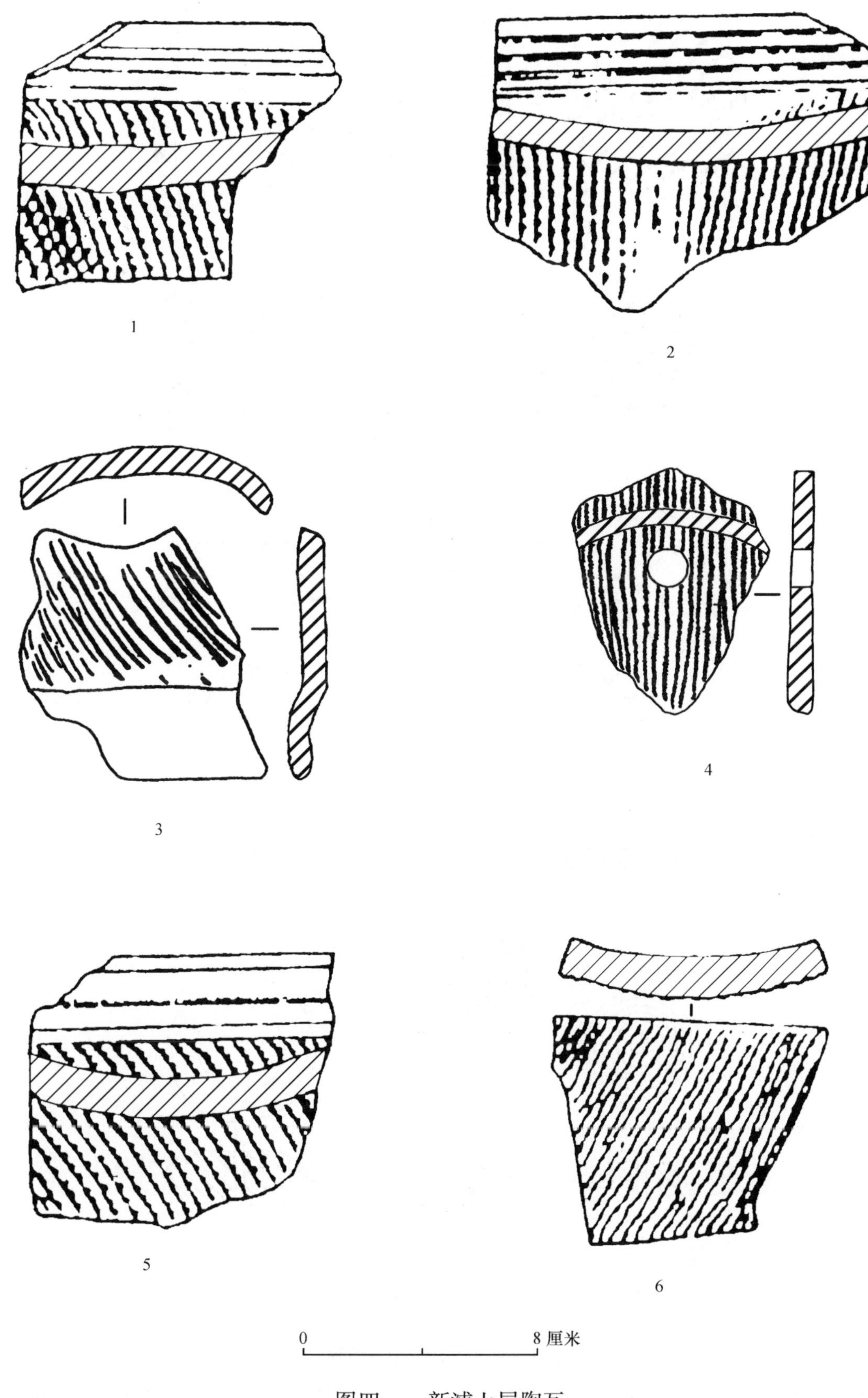

图四一　新浦上层陶瓦

1、2. 板瓦（T5007⑤:3、T5057⑤:9）　3～6. 筒瓦（H13:1、T330②:5、T5010⑤:17、T5010⑤:18）

图四二　新浦上层陶纺轮

1～5. A型（T332④:6、H6011:1、T5010⑥:2、T5009⑥:12、T403③:1）　6～9. B型（T426①:1、T423④:4、T342③:7、H17:2）　10. C型（T339③:12）　11. D型（T345③:20）　12. E型（T6011③:1）

泥质红褐陶。呈台阶状逐级上收。台面直径1.4、台底直径3.3、高3.1、孔径0.3厘米（图四二，7；图版五，2）。标本T342③:7，夹砂红褐陶。圆形台阶状，底面内收。台面直径1.9、台底直径2.4、最大腹径3.4、高1.9、孔径0.4厘米（图四二，8；图版五，3）。标本H17:2，泥质红陶。呈台阶状逐级上收。台面直径1.1、台底直径2.8、高1.3、孔径0.4厘米（图四二，9；图版五，4）。

C型　圆台形柱状。1件。T339③:12，泥质黑褐陶。厚重，剖面壁线斜直。台面直径3.6、台底直径4.5、高2.3、孔径0.4厘米（图四二，10）。

D型　半球状。1件。T345③:20，夹砂红褐陶。底部平直，侧面及顶部弧圆。底径2.3、高2.1、孔径0.4厘米（图四二，11）。

E型　算珠状。1件。T6011③:1，夹细砂红褐陶。制作规整，表面光滑，中间有一圆孔。直径4.3、厚1.5、孔径0.3~0.4厘米（图四二，12）。

饼　18件。圆饼状。利用残陶片制成。标本H12:4，泥质红陶。边缘不整齐，表面残留绳纹。直径4.3~5、厚0.6~0.8厘米（图四三，1）。标本H6011:2，泥质红陶。边缘整齐，表面饰有方格纹。直径3.7、厚0.8厘米（图四三，2）。标本T333④:2，泥质红褐陶。边缘整齐，表面残留绳纹。直径约2.3厘米（图四三，3）。标本T303④:1，夹砂灰褐陶。边缘整齐，表面施绳纹。直径3.1、厚0.6厘米（图四三，4）。T403③:23，泥质灰褐。凸面有绳纹和磨痕，周缘不整齐。直径8.8~10、厚1.2厘米（图四三，5）。

纺轮坯　25件。均为圆饼状，系用陶器腹片磨制而成。标本T5009⑥:13，夹砂黑褐陶。略呈圆角方形，外壁饰有方格纹，内壁略凹，中心处有一未钻透圆孔。直径3.7~4、厚0.6~0.8厘米（图四三，6）。标本T403③:22，泥质红陶。略有弧度，凸面有网格纹和磨痕。凹面有一未钻透的圆孔。直径8.7~10、厚1.1、孔径0.7厘米（图四三，7）。标本T340③:5，泥质红陶。两面略微鼓，中心对穿，穿孔未透。直径3.2、厚1.2厘米（图四三，8）。

陶管　1件。T426④:1，泥质灰陶。空心圆柱体，粗端残。残长3.3、细端直径1、粗端直径1.6、孔径1厘米（图四三，9）。

2. 石器

共发现33件，种类有斧、凿、刀、锤、锛、砍砸器、砺石、纺轮坯、刮削器、范、铲、球状器等。

斧　12件。依其形制的不同分为二型。

A型　平面呈长梯形。7件。依其形状的不同分为二亚型。

图四三　新浦上层陶器

1～5. 饼（H12∶4、H6011∶2、T333④∶2、T303④∶1、T403③∶23）　6～8. 纺轮坯（T5009⑥∶13、T403③∶22、T340③∶5）　9. 陶管（T426④∶1）

Aa 型　体扁薄。4 件。标本 T410③: 1，磨制，豆青色，顶斜直，侧缘平直。表面有数块崩疤，正锋，弧刃锋利。长 10.4、最宽处 6、最厚处 1.4 厘米（图四四，1；图版六，1）。标本 T308④: 1，斧体风化十分严重，顶端残，侧缘有崩痕，刃部有使用崩痕。残长 11.1、厚 1.1 厘米（图四四，2）。标本 T6007②: 1，顶微弧，磨制光滑，弧刃较钝。长 8.2、宽 3.5、厚 0.9 厘米（图四四，3；图版六，2）。

Ab 型　体厚重。3 件。标本 T339③: 7，磨制，顶较平，两侧打磨光滑平直，斜锋，弧刃略平，刃端一侧残。长 7.9、宽 4.3、厚 1.8 厘米（图四四，4）。

B 型　平面呈短梯形。5 件。依其形状的不同分为二亚型。

Ba 型　体较宽。3 件。标本 T335③: 1，磨制，弧顶，表面光滑。斧面略鼓，两侧略加修磨，正锋，弧刃，刃端有崩疤。长 5.4、宽 4.8、厚 1.4 厘米（图四四，5）。标本 H18: 1，磨制，弧顶，斧面略鼓，表面光滑，两侧略加修磨，斜锋，弧刃，刃端有崩疤。长 6.2、宽 4.8、厚 2.1 厘米（图四四，6；图版六，3）。

Bb 型　体较窄。2 件。标本 T5057⑤: 1，磨制，弧顶，表面有崩痕。正锋，弧刃，侧缘平直。长 7.4、宽 4.8、厚 1.2 厘米（图四四，7；图版六，4）。

凿　9 件。依据其形制的不同分为三型。

A 型　长条形。5 件。根据其形状的不同细分为二亚型。

Aa 型　体厚重。3 件。标本 T321④: 1，表面打磨光滑，顶端残，两侧光滑平直，正锋，刃弧直。残长 7.2、宽 1.7、厚 1.2 厘米（图四五，1；图版七，1）。

Ab 型　体扁薄。3 件。标本 T345②: 8，表面打磨光滑，弧形顶，上略宽向下渐窄，正锋、平刃，刃端有崩疤。长 5、宽 1.3 ~ 1.6、厚 0.5 厘米（图四五，2）。

B 型　不规则形。3 件。根据其形状的不同细分为二亚型。

Ba 型　不规则锥形。1 件。T304④: 1，利用石毛坯经简单加工而成，形状不甚规整，表面未经加工，仅刃部稍经加工，刃较钝。长 5.8、宽 1.8、厚 0.9 厘米（图四五，3）。

Bb 型　不规则铲形。1 件。T339③: 1，器表经简单磨制，平顶，两侧上端较直，器体扁平，斜锋，刃部残。残长 2.9、宽 1.8、厚 0.9 厘米（图四五，4）。

C 型　长椭圆形。1 件。T339③: 6，器表经简单磨制，上端边缘有打击崩痕，器体扁平，正锋，弧刃，刃端有使用崩疤。长 5、宽 3、厚 0.6 厘米（图四五，5）。

刀　1 件。T342③: 6，平面呈长条形，两端残，器表经简单磨制，刀背较厚，刀面平滑，直背，斜刃，刃部较薄。残长 5.7、宽 1.7、厚 0.5 厘米（图四五，6）。

锤　1 件。T342③: 5，整体呈上细下粗，横截面呈椭圆形，锤体厚重，顶端粗圆，略加修磨。长 13.3、直径 4 ~ 6 厘米（图四五，7）。

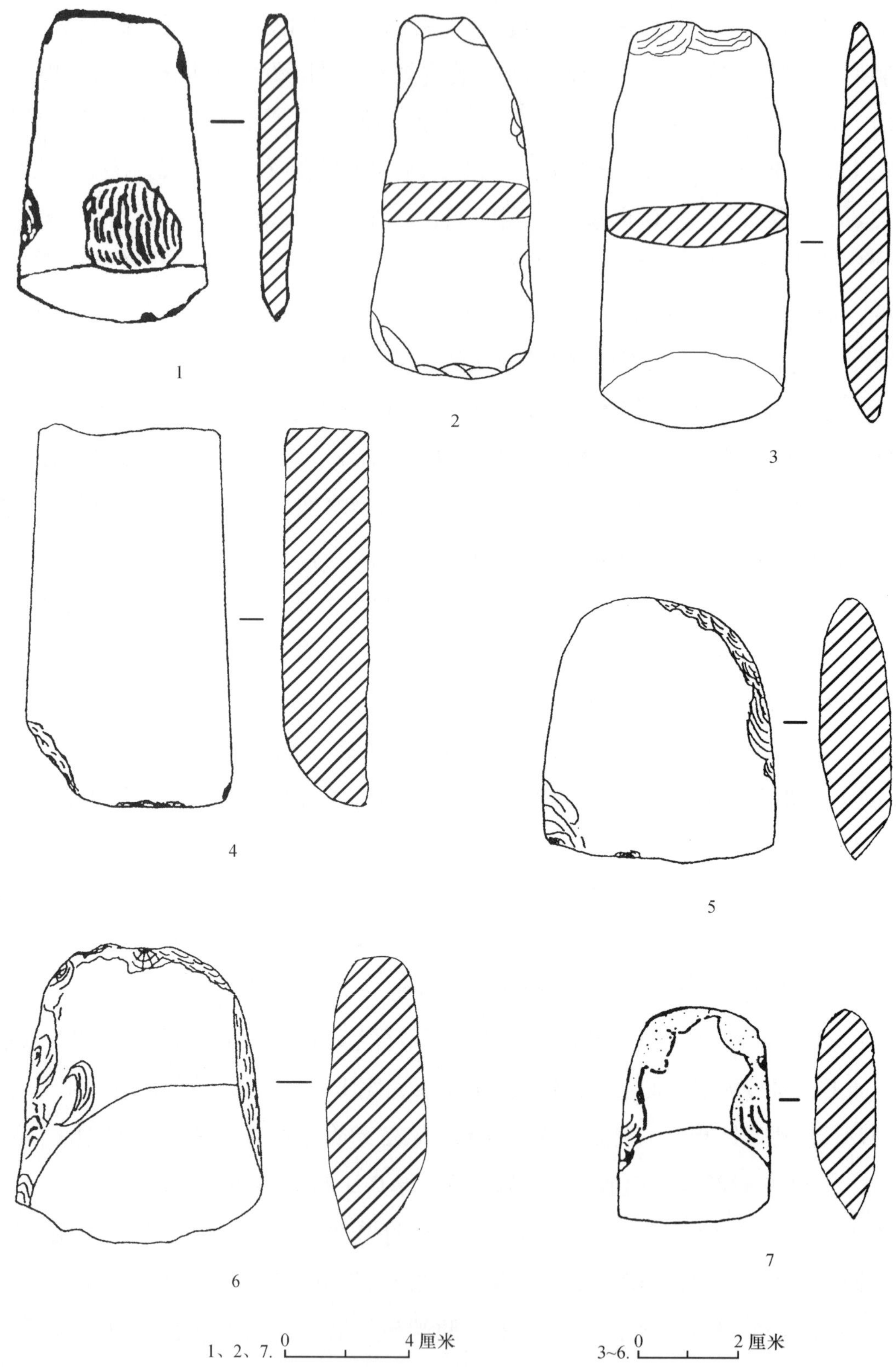

图四四　新浦上层石斧

1～3. Aa 型（T410③:1、T308④:1、T6007②:1）　4. Ab 型（T339③:7）　5、6. Ba 型（T335③:1、H18:1）
7. Bb 型（T5057⑤:1）

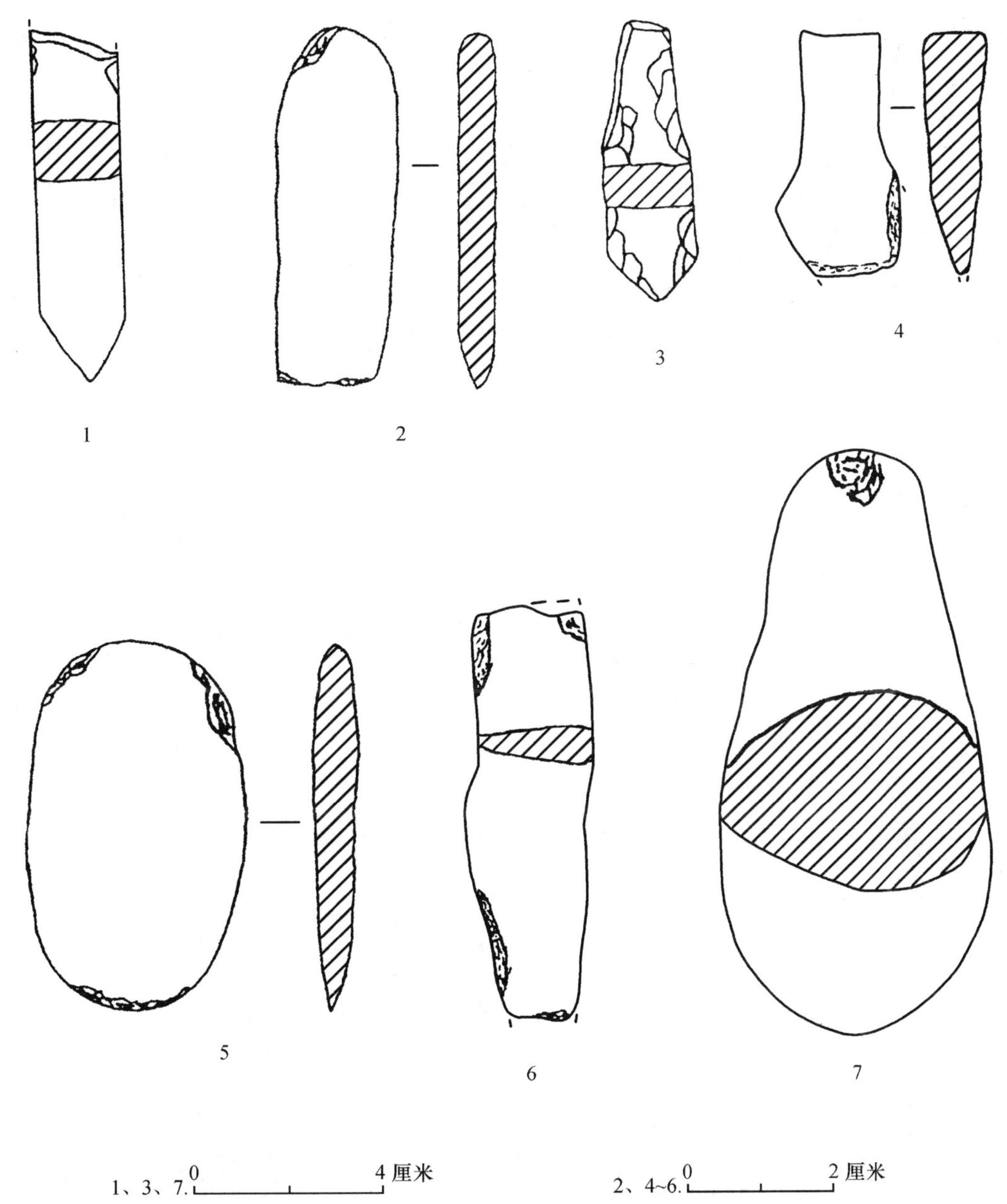

图四五　新浦上层石器

1. Aa 型凿（T321④: 1）　2. Ab 型凿（T345②: 8）　3. Ba 型凿（T304④: 1）　4. Bb 型凿（T339③: 1）　5. C 型凿（T339③: 6）　6. 刀（T342③: 6）　7. 锤（T342③: 5）

锛　1件。T428⑤: 1，扁平长方形，器表磨制光滑，弧顶，有锤击痕迹，侧锋，弧刃，刃较锋利。长10.2、宽5.4、厚1.6厘米（图四六，1）。

砍砸器　2件。T425④: 2，平面略呈圆头长方形，较厚重，侧锋，刃部残损严重，一面和顶端保留自然砾石面。残长12、宽8.4、厚3.8厘米（图四六，2）。T408③: 1，平面略呈尖头长方形，较扁薄，侧锋，刃部残损严重，一面保留自然砾石面。残长12、宽7.2、厚2.3厘米（图四六，3）。

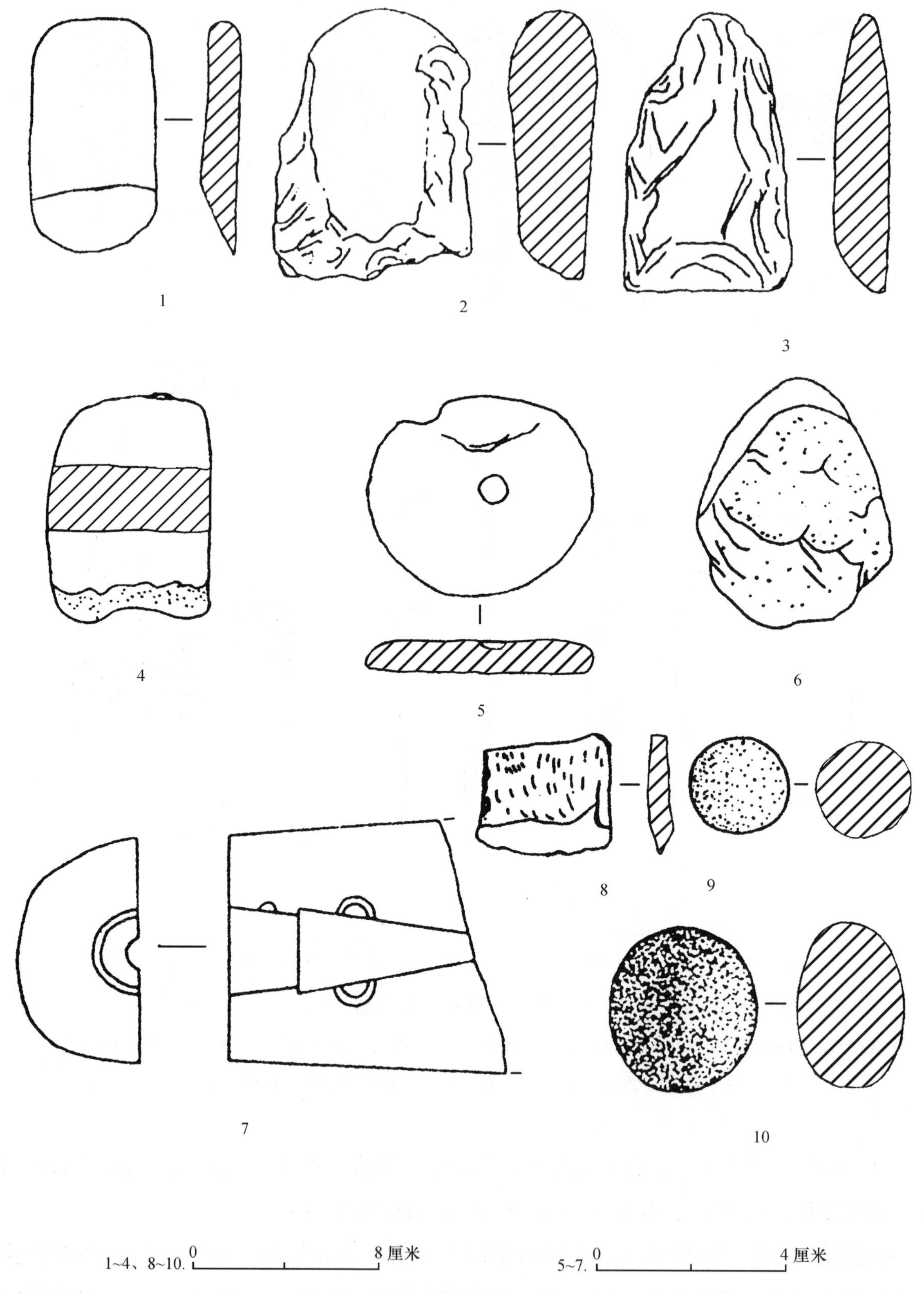

图四六 新浦上层石器

1. 锛（T428⑤:1） 2、3. 砍砸器（T425④:2、T408③:1） 4. 砺石（T428⑤:2） 5. 纺轮坯（T426④:2） 6. 刮削器（T425④:4） 7. 范（T425⑤:1） 8. 铲（T421④:4） 9、10. 球状器（T403②:1、T403②:2）

砺石 1件。T428⑤:2，近似长方体，正面磨制光滑。长10、宽6.8、厚3厘米（图四六，4）。

纺轮坯 1件。T426④:2，圆饼状，略残，中心有一未钻透圆孔。直径4.1～4.6、厚0.5厘米（图四六，5）。

刮削器 1件。T425④:4，一端为自然砾石面，劈裂面打击点和冲击线清晰，背面遍布修疤。长5.5、宽4.2厘米（图四六，6）。

范 1件。T425⑤:1，一端残，整体呈梯形，半圆柱体，中部有一圆锥状槽腔，槽腔中部两侧有对称半环状凹槽，槽腔后部略为凸起。石范前端残缺，后端打磨平齐。残长5.9、后端宽4.9、槽腔残长5.3、后端宽1.8、深0.3～0.9厘米（图四六，7；图版七，2）。

铲 1件。T421④:4，略呈梯形，两侧及顶端平直。器体扁薄，正锋，弧刃，刃部有崩疤。残长5.2、刃宽6.1、厚1厘米（图四六，8）。

球状器 2件。T403②:1，浅褐色天然砾石磨制，球状。直径4.4厘米（图四六，9；图版七，3）。T403②:2，灰褐色天然砾石磨制，椭球状，球面有崩疤。直径4.6～7厘米（图四六，10；图版七，4）。

3. 青铜器

共发现38件，种类有带钩、镞、剑、剑头、管状器、削、弧曲棒状器、棒状器、凿、鱼钩、管、铜块等。

带钩 6件。根据其形状的不同分为二型。

A型 琵琶状。5件。标本T421③:2，头端较宽，呈椭圆状，蘑菇状圆钮，尾端细长，头端正面饰卷涡纹。长7.7、宽0.58～1.2、厚0.3厘米（图四七，1；图版八）。标本T6002⑦:1，头端较宽，呈椭圆状，圆扣纽，纽端略厚，钩端残。长3.4、宽0.8、厚0.4厘米（图四七，2；图版九，1）。标本T6007④:1，头端较宽，呈椭圆状，圆扣纽，纽端宽厚，钩端窄薄，已残。残长4.1、宽0.9、厚0.6厘米（图四七，3；图版九，2）。

B型 长条形。1件。T424④:6，头端略宽，平顶，尾端略窄，两侧面略外弧，蘑菇状圆纽，尾端残，头端正面饰卷涡纹。残长3.3、宽1、厚0.3厘米（图四七，4）。

镞 18件。根据其形状的不同分为二型。

A型 双翼。13件。根据其形状的不同细分为三亚型。

Aa型 整体略呈长三角形。11件。标本T342③:3，中轴起脊，两侧略内凹形成浅凹槽，一侧后翼残，棱状铤。长6.8厘米（图四八，1）。标本T6002⑥:2，中脊突起，脊横截面呈菱形，两刃部分残，长铤，铤横截面呈椭圆形，铤端残。残长6.9厘米

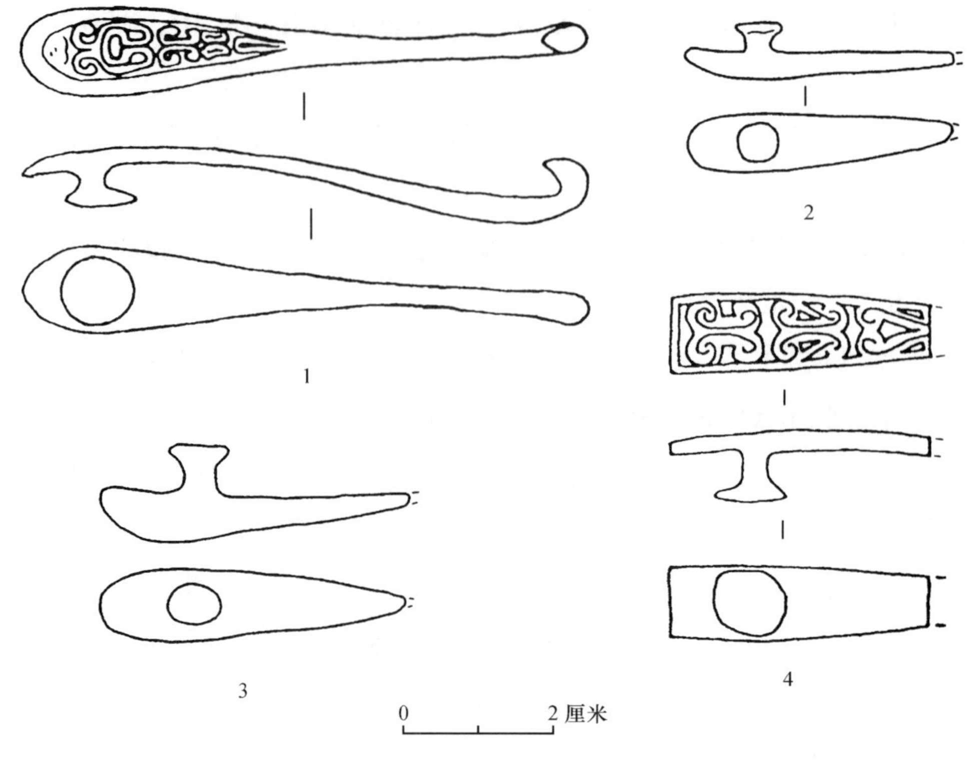

图四七　新浦上层铜带钩

1～3. A型（T421③:2、T6002⑦:1、T6007④:1）　4. B型（T424④:6）

（图四八，2；图版一〇，1）。标本T312④:1，中轴起脊，后翼残，有铤。长5.8厘米（图四八，3；图版一〇，2）。标本T342③:2，中轴起脊，两侧略内凹形成浅凹槽，銎孔，端部残断。残长4.6厘米（图四八，4；图版一〇，3）。标本T5009⑥:3，中央起脊，两侧略内凹形成浅凹槽，镞尖、翼尾及铤部均残，铤横截面呈椭圆形。残长3.3厘米（图四八，5；图版一〇，4）。标本T5010⑤:2，中央起脊，脊横截面呈菱形，双翼尾及铤部均残，铤横截面呈椭圆形。残长4.4厘米（图四八，6）。

Ab型　整体略呈三角形。1件。T332④:7，前端略起脊，两侧略内凹形成浅凹槽，銎孔，翼尾超出銎部。翼侧长4.9、翼尾两端距离4.3厘米（图四八，7；图版一一，3）。

Ac型　整体略呈柳叶形。1件。T104②:1，铤身扁薄，尖端上翘。镞铤较长，铤横截面呈长方形。长9.4厘米（图四八，8；图版一一，1）。

B型　三翼。5件。根据其形状的不同细分为二亚型。

Ba型　整体略呈长三角形。4件。标本T5009⑥:9，翼尾残，銎孔，翼间有一铆孔。残长4.1厘米（图四九，1；图版一一，4）。标本T5009⑥:7，銎孔，锈蚀严重，前端和翼尾残，翼间似有铆孔。残长4.2厘米（图四九，2）。标本T6008⑤:2，刃锋利，镞身中空，剖面呈管状。长4厘米（图四九，3；图版一一，5）。

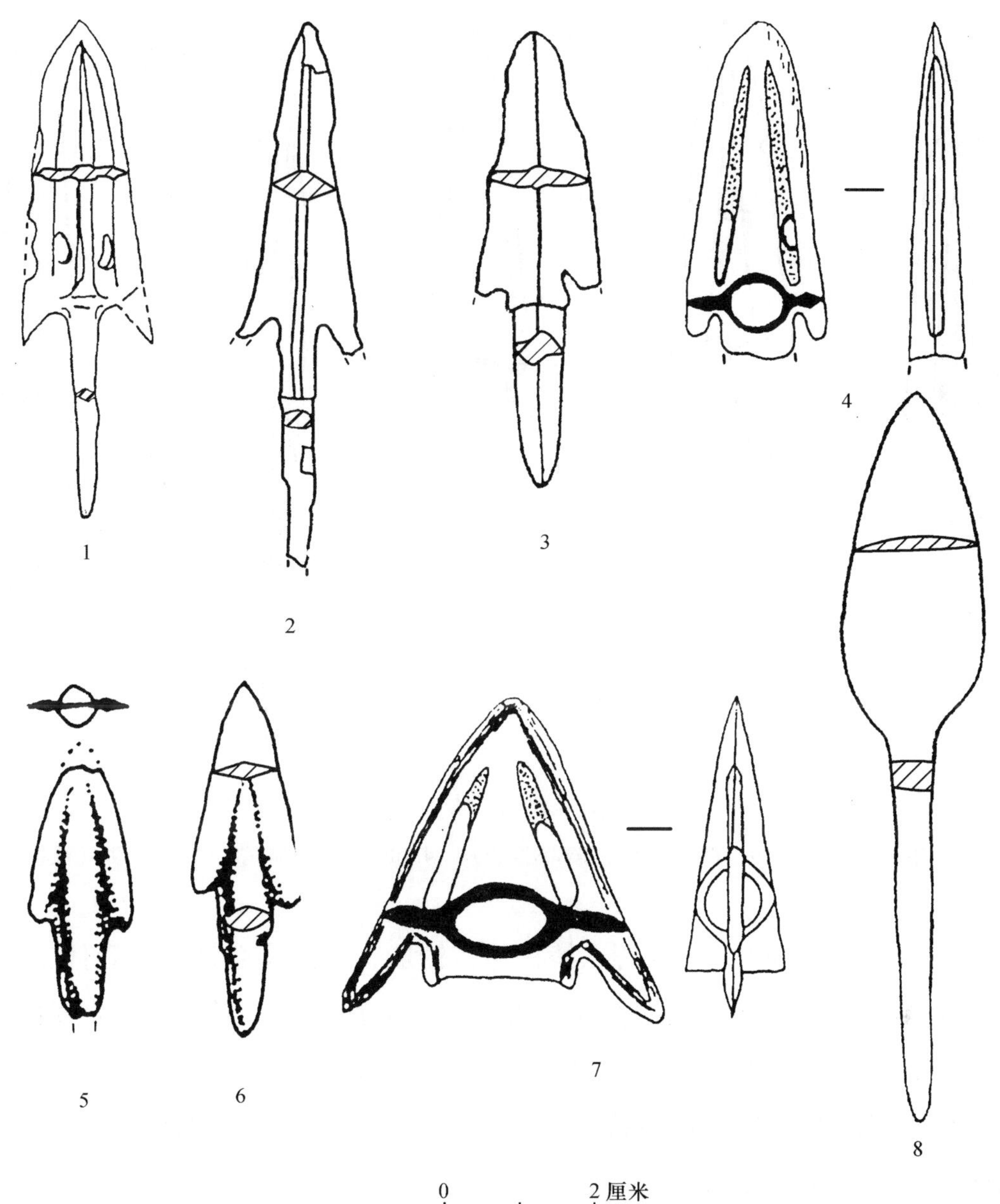

图四八 新浦上层铜镞

1～6. Aa 型（T342③:3、T6002⑥:2、T312④:1、T342③:2、T5009⑥:3、T5010⑤:2） 7. Ab 型（T332④:7）
8. Ac 型（T104②:1）

Bb 型 整体略呈柳叶形。1 件。T343③:5，前端残，圆棱状铤。残长 8.3、厘米（图四九，4；图版一一，2）。

剑 1 件。征集:1，两端残，柳叶形，两刃较锋利，横截面呈菱形。残长 28、宽 4 厘米（图四九，5；图版一二，1）。

剑头 1 件。T423④:1，仅残存头端，中间起脊，横截面呈菱形。锋刃锐利。残长 4、残断处宽 1.8 厘米（图五〇，2；图版一四，2）。

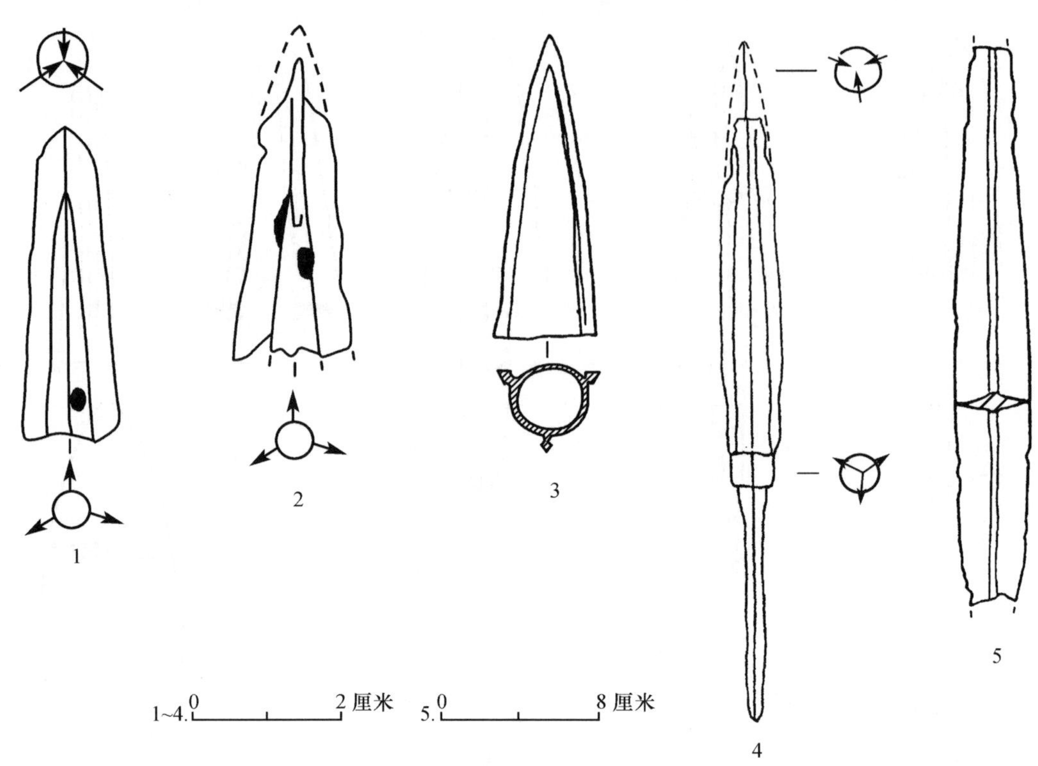

图四九　新浦上层青铜器

1～3. Ba 型镞（T5009⑥:9、T5009⑥:7、T6008⑤:2）　4. Bb 型镞（T343③:5）　5. 剑（征集:1）

管状器　1 件。T423④:2，空心八棱柱体，铸造，两侧有合范缝。管体上有六个不规则圆孔，粗端由一半圆孔。粗端截面平齐，细端截面内卷。长 7、粗端直径 1.8、细端直径 1.5、壁厚 0.2 厘米（图五〇，3；图版一二，3）。

削　1 件。T5009⑥:11，前端残，直背，斜直刃，直把，菱形环首。残长 15.8 厘米（图五〇，5；图版一二，2）。

弧曲棒状器　2 件。T5009⑥:5，两端均残，残断略呈弧状，横截面呈半圆形。残长 2.7 厘米（图五〇，6）。T414③:1，不能判断两端是否完整，截剖面呈椭圆形。长 5.5 厘米（图五〇，7）。

凿　2 件。T342③:1，四棱条状，顶端残，铲状平刃，正锋。残长 5、刃宽 0.6、厚 0.3 厘米（图五一，1；图版一三，1）。T6012③:1，扁薄长方体，平顶，刃部残。残长 3.8、宽 3、厚 0.4 厘米（图五一，4；图版一三，3）。

棒状器　2 件。标本 H5:1，方头圆柱体。通长 4 厘米，圆柱部分长 3.5 厘米。方头部分呈正方形，边长 1 厘米（图五一，2；图版一三，2）。

铜块　1 件。T306⑤:1，圆柱体，两端均残。残长 2.1 厘米（图五一，5）。

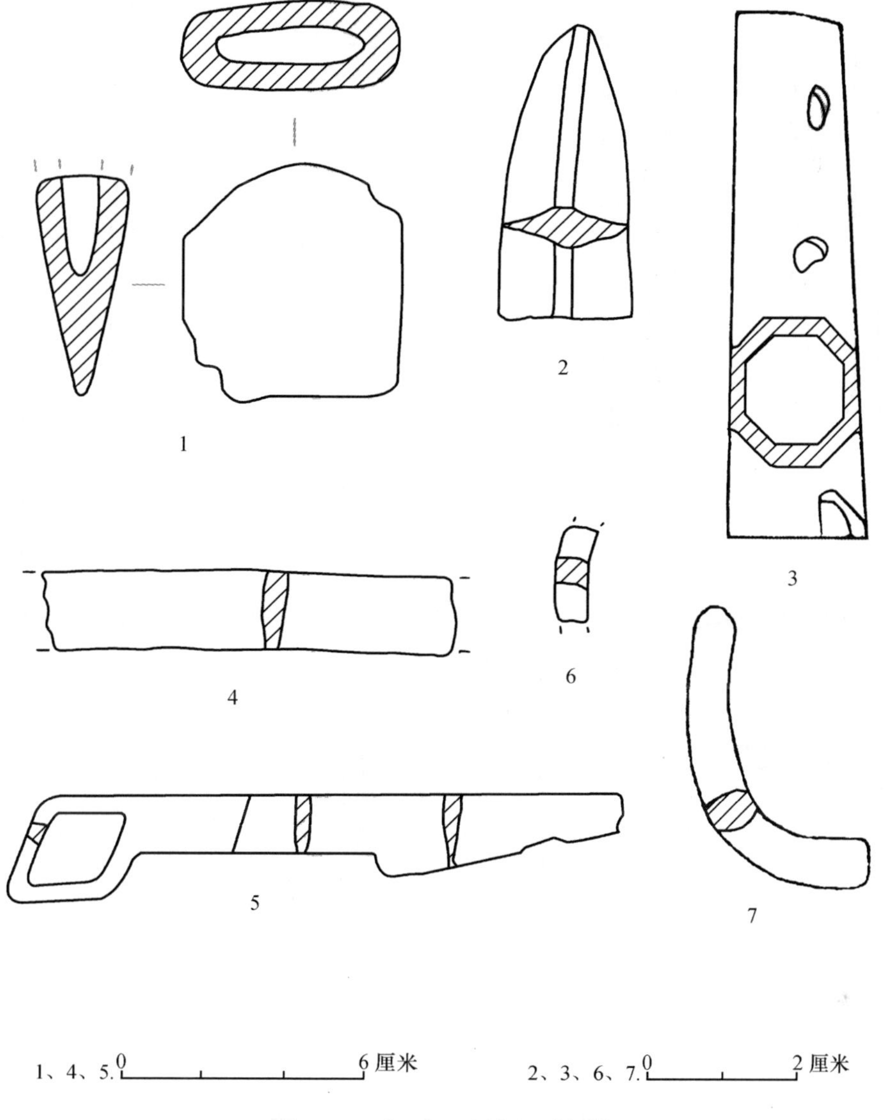

1、4、5. 0 6厘米　2、3、6、7. 0 2厘米

图五〇 新浦上层铜、铁器

1. 铁镬（T5005④:1） 2. 铜剑头（T423④:1） 3. 铜管状器（T432④:2） 4. 铁刀（T5008⑥:5） 5. 铜削（T5009⑥:11） 6、7. 铜弧曲棒状器（T5009⑥:5、T414③:1）

鱼钩 2件。T345③:2，尾端呈圆头状，钩端略残，有倒刺，横截面呈圆形。长3.3厘米（图五一，6；图版一四，1）。T346③:12，尾端呈圆头状，钩端尖锐，有倒刺，横截面呈长方形。长2.1厘米（图五一，7）。

管 1件。T329③:5，长条管状。一端侧面有孔。长12.6、直径1.85厘米（图五一，8；图版一三，4）。

4. 铁器

较完整者4件，种类有镬、刀和铁块等。另有较多碎块因严重锈蚀已无法辨认器型。

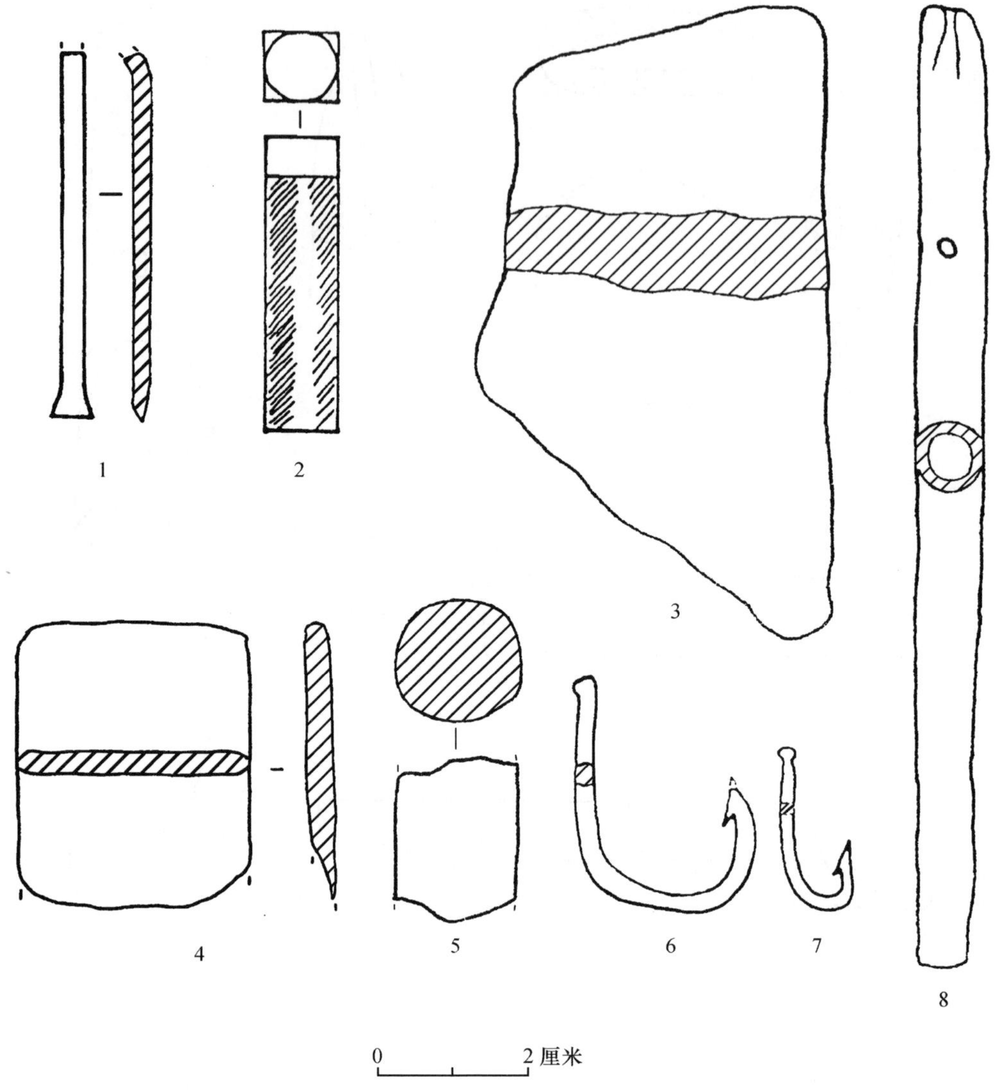

图五一　新浦上层铜、铁器

1、4. 铜凿（T342③：1、T6012③：1）　2. 铜棒形器（H5：1）　3. 铁块（T314④：1）　5. 铜块（T306⑤：1）　6、7. 铜鱼钩（T345③：2、T346③：12）　8. 铜管（T329③：5）

镬　1件。T5005④：1，锈损严重，顶端残，圆角长方形銎孔。正锋，平刃。残长7.6、宽6厘米（图五〇，1）。

刀　1件。T5008⑥：5，扁薄长条形，两端残，直背，直刃，刃较钝。残长10.4、宽2.2、厚0.4厘米（图五〇，4）。

铁块　2件。标本T314④：1，长条形，扁薄体。两端均残。表面锈蚀严重。残长8.2厘米（图五一，3）。

五、明清遗存

仅发现有瓷器和少量铜器、骨器。

1. 瓷器

可复原19件。种类有碗、盘、杯、碟和盆等，以青花瓷为主，少见白瓷和青瓷。

碗 6件。根据其口部的不同分为二型。

A型 侈口。5件。标本T6001⑤:4，尖圆唇，弧腹，敛圈足。胎呈灰白色，胎质疏松。器内外满釉，淡青色釉泛灰，釉下青花彩绘。器内底处饰弦纹，内底青花彩绘花草纹，外壁饰猫戏蝴蝶纹及花草纹，小猫猫头侧视，猫尾上翘，尚不多见。口径14.8、底径3.6、高6厘米（图五二，1）。标本T6002④:2，圆唇，鼓腹，圈足。胎体致密，器内外满釉，淡青色釉，釉下青花。器内口沿处有交叉三道线纹，内底二道弦纹，器内饰莲瓣纹，器外壁满饰河塘莲花纹。口径13、底径5、高6.8厘米（图五二，2）。

B型 直口。1件。T6031②:1，圆唇，斜弧腹，圈足。胎呈灰白色，胎质疏松。口唇部施淡青色釉，器内外壁施乳白色釉，足和外底未施釉，内底有一周涩圈无釉，内壁饰草叶纹。口径14.4、底径7、高6.2厘米（图五二，3）。

盘 5件。根据其口部的不同分为三型。

A型 敞口。2件。T6001⑤:12，花边口沿，斜腹，敛圈足。胎呈灰白色，胎体略厚重，釉呈青灰色，器外壁为单一的灰青色釉，釉色很不纯正。器内则为釉下青花，外底未施釉。器内壁唇下饰连弧纹，内底饰三周弦纹，弦纹内饰草兽纹。口径16、底径8.8、高4厘米（图五二，4）。T6001⑤:14，花边口沿，圆唇，斜腹，圈足。胎体厚重，呈灰白色，釉色青翠，玻璃质感很强，釉面光洁明亮，有开片。口沿花边突起，外略泛白，器内口沿处有四周暗花弦纹。口径14.2、底径8、高3厘米（图五二，5）。

B型 直口。1件。T6059③:1，圆唇，弧腹，圈足。胎质较紧密，呈灰白色，釉薄呈淡青色。器内外壁饰釉下青花彩绘草叶纹，内底饰青花弦纹数周，外底饰青花弦纹两周。口径14、底径8.8、高2.4厘米（图五二，6）。

C型 侈口。2件。T6001⑤:10，侈口，口沿外卷，尖圆唇，弧腹，敛圈足。胎质疏松，呈灰白色，施淡青色釉，釉下青花彩绘。器内壁口沿饰一周弦纹，内底有两周弦纹，内底主题纹饰为草叶纹，外壁亦饰草叶纹。口径12.8、底径7.2、高2.8厘米（图五二，7）。T6001⑤:11，口沿外卷，尖圆唇，弧腹，敛圈足。足端外缘稍削。胎呈白色，胎质较细，釉呈白色，釉面光洁。口径18、底径10.4、高3.2厘米（图五二，8）。

杯 7件。根据其底部的不同分为二型。

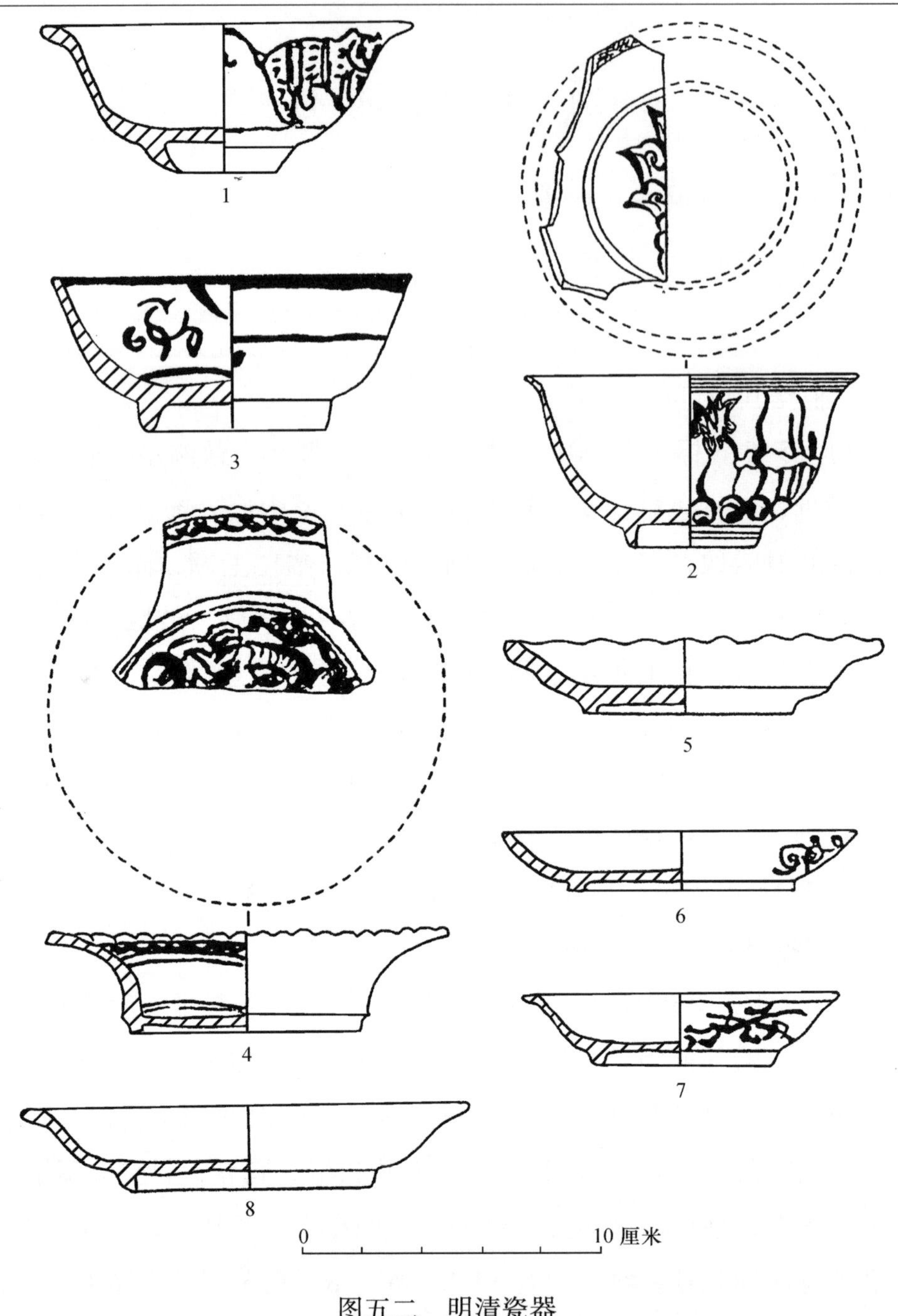

图五二　明清瓷器

1、2. A 型碗（T6001⑤: 4、T6002④: 2）　3. B 型碗（T6031②: 1）　4、5. A 型盘（T6001⑤: 12、T6001⑤: 14）　6. B 型盘（T6059③: 1）　7、8. C 型盘（T6001⑤: 10、T6001⑤: 11）

A 型　圈足。4 件。标本 T6019②: 1，敞口，尖圆唇，弧腹，平底，圈足向内斜削明显。胎质细腻致密，呈白色，施淡青色釉，釉下青花彩绘。圈足未施釉。器内下壁有两圈青花弦纹，线条上细下粗。内底有一字符式青花纹饰，外壁饰草叶纹。口径 6、底径 2.6、高 3.2 厘米（图五三，1）。标本 T6001⑤: 5，敛口，圆唇，弧腹，平底，圈端外缘斜削。胎质疏松呈灰白色，施淡青色釉，釉下青花彩绘。器内壁口沿处有一周弦纹，外壁饰草叶纹。口径 8、底径 3.2、高 4.4 厘米（图五三，2）。

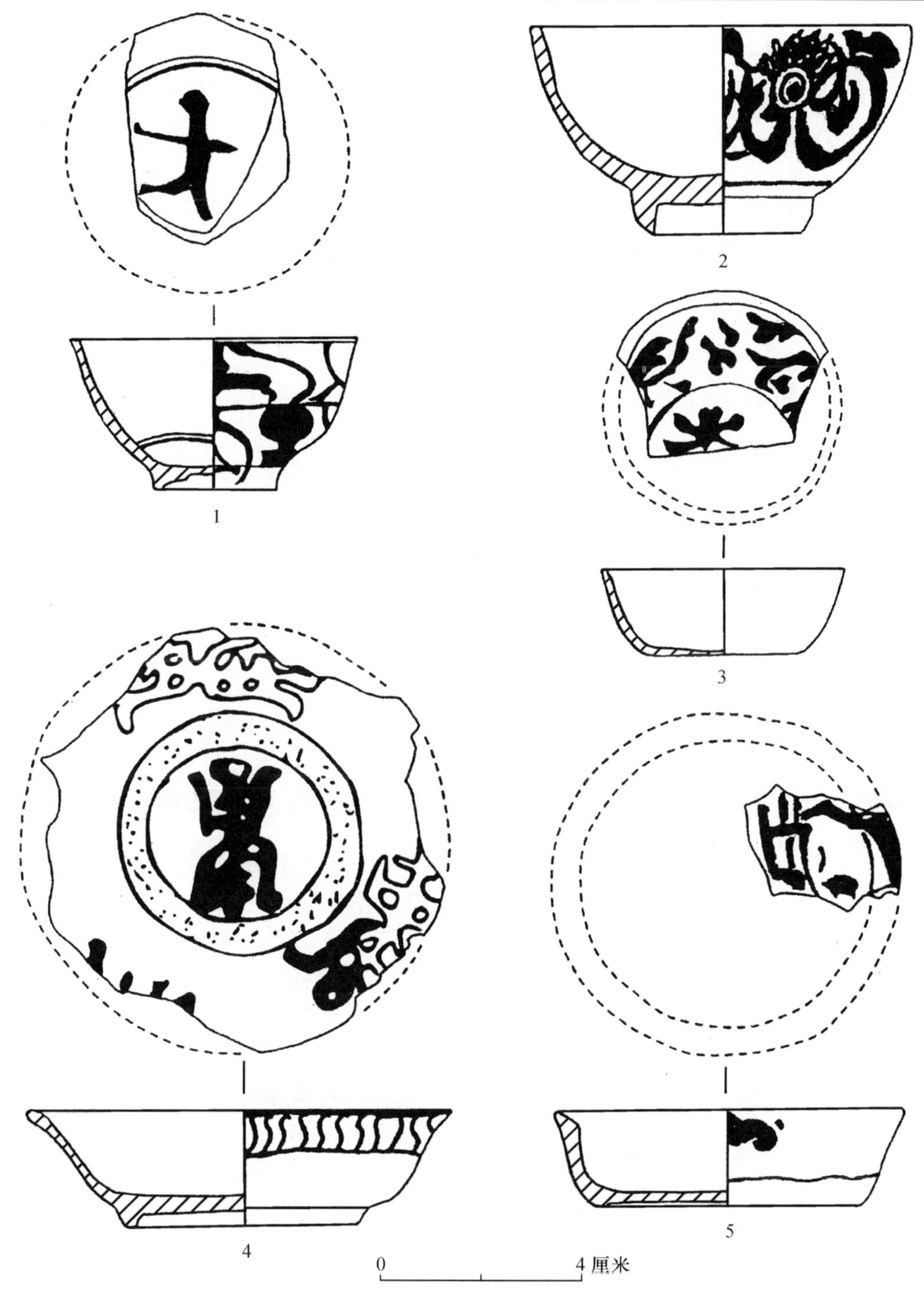

图五三　明清瓷器

1、2. A型杯（T6019②:1、T6001⑤:5）　3、5. B型杯（T6002④:1、T6026②:1）　4. 碟（T6029②:1）

B型　平底略内凹。3件。标本T6002④:1，敞口，尖圆唇，斜腹。胎质细腻致密，呈白色，施青釉，釉下青花彩绘。内外壁满釉，内底有涩圈。器内壁饰青花花草纹。口径5、底径3、高1.8厘米（图五三，3）。标本T6026②:1，敞口，尖圆唇，斜弧腹，胎呈白色，施青釉，釉下青花彩绘。内壁满釉，外壁施半截釉，内壁饰青花草叶纹。口径6、底径5.6、高2厘米（图五三，5）。

碟　1件。T6029②:1，侈口，口沿外卷，尖圆唇，弧腹，矮圈足，足墙内外削，足底呈鲤鱼脊状，外底略外凸。胎体较粗，器内满釉，器外下腹部及底足无釉，上腹施青釉，釉色泛灰，施釉不匀，内底可见垫圈刮痕（涩圈）。器内壁饰三个对称分布的青花“寿”字，内底心为一个青花寿字。外壁口沿下饰一周青花竖条纹。该器做工粗糙，器型不整，胎骨淘洗不精。青花色极深暗。口径9、底径4.5、高2.5厘米（图五三，4）。

2. 铜器

发现铜币、铜簪各1件。

“乾隆通宝”　1枚。T6006③:1，圆形方孔。直径2.5、孔边长0.5厘米（图五四，1）。

铜簪　1件。T6001③:1，顶端呈伞状梅花瓣形，下端呈锥状，尖部残。残长3.8厘米（图五四，3）。

3. 骨器

骨牌　1件。T6001②:1，长方形，表面光滑，正面有隶书“九品”二字，背面正中有一长条形凸起。长2.4、宽1.9、厚0.3厘米（图五四，2；图版一四，3）。

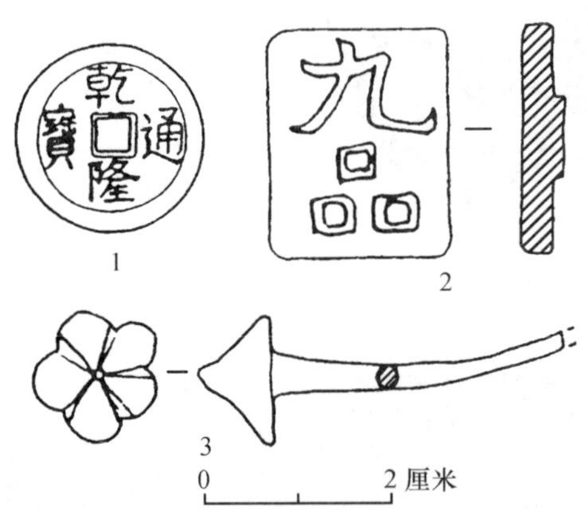

图五四　清代铜、骨器

1. 铜币（T6006③:1）　2. 骨牌（T6001②:1）　3. 铜簪（T6001③:1）

第三章　老油坊遗址

一、遗址概况、发掘经过及资料发表情况

（一）遗址概况

老油坊遗址位于重庆市奉节县境内，东经 109°20′43″，北纬 30°58′04″，隶属于朱衣仙乡仙女村，位于长江北岸，东北距奉节县城约 14.5 公里（图五五；图版一五）。

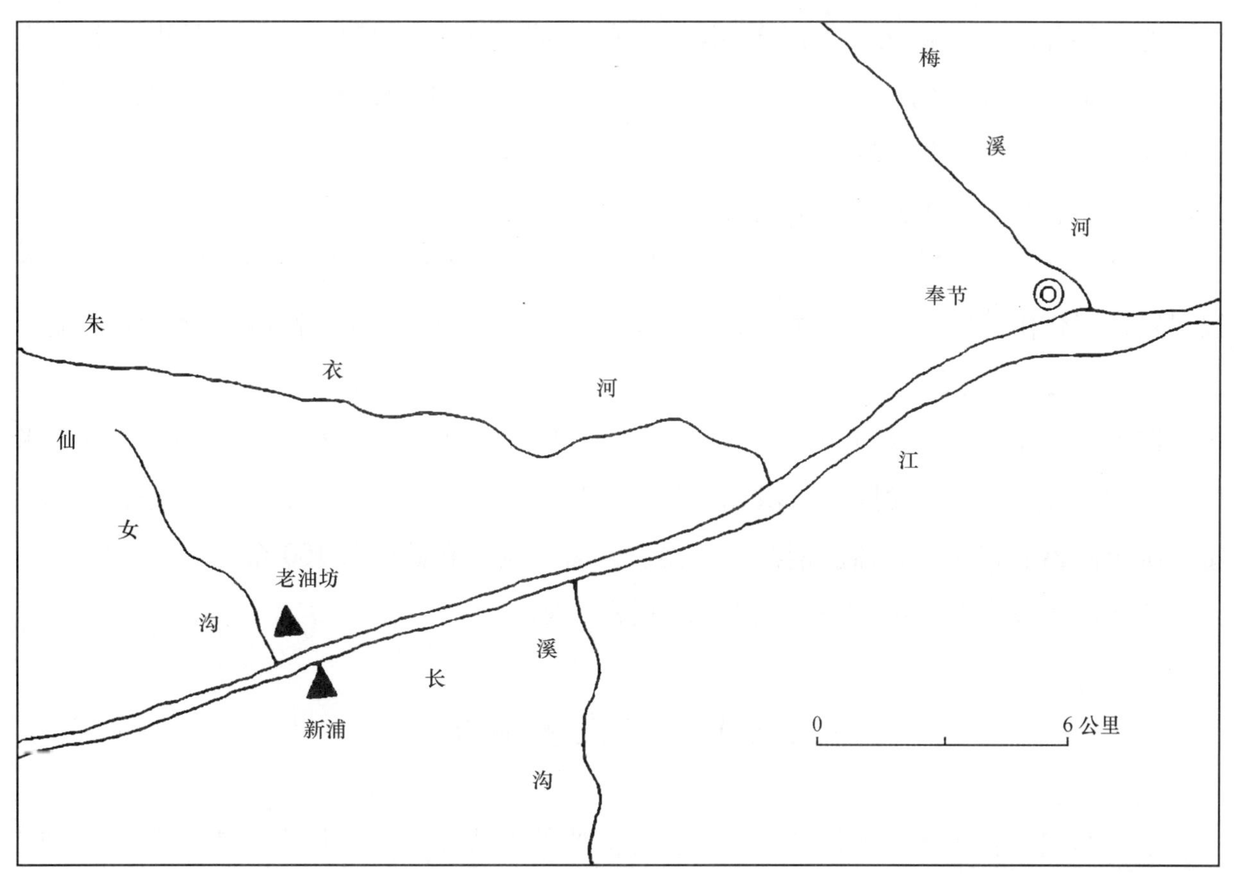

图五五　老油坊遗址位置图

遗址所在地位于长江北岸的二级台地上，二级台地破坏较为严重，除居民住宅占用部分保存较好以外，其余大部分在 20 世纪 80 年代初被辟为梯田，其西部为仙女沟，东部有冲击沟数条，另有少部分由于烧砖取土亦遭破坏，现存面积约为 2 万平方米，距江面高度为 135～140 米。

（二）发掘经过

1993 年，吉林大学边疆考古研究中心赵宾福、滕铭予、李言在奉节县三峡水库淹没区进行考古调查和复查时，首次发现了该遗址。

1994 年春赵宾福、滕铭予、李言和奉节县白帝城文物管理所姚炯、黄辉对该遗址进行了试掘，共布探沟 4 条，编号分别为 94T1 ~ T4，发掘面积 150 平方米。

1998 年 11 ~ 12 月，吉林大学边疆考古研究中心再次承担了对老油坊遗址进行较大规模的考古发掘任务。发掘工作由陈国庆、李言主持，参加人员有吉林大学考古学系 1996 级博物馆专业学生 9 人，1997 级考古专业研究生 1 人，奉节县白帝城文物管理所姚炯、邹伯乐、张勇。

遗址共分两个发掘区，Ⅰ区布探沟 11 条（编号ⅠT1 ~ T11），发掘面积 355 平方米；Ⅱ区布 5 米 ×5 米探方 6 个（编号ⅡT1 ~ T6），发掘面积 150 平方米，两区总发掘面积为 505 平方米。共发现灰坑 21 个，灰沟 2 条，墓葬 3 座，出土陶器、瓷器、铜器、铁器、石器、骨器、玉器和铜币、铁币等共 300 余件。

2001 年 10 ~ 11 月，吉林大学边疆考古研究中心对老油坊遗址进行了第三次考古发掘。发掘工作由陈国庆、吕军主持，参加人员有吉林大学考古学系 1999 级考古专业 8 人，研究生2 人，函授本科生 2 人，奉节县白帝城文物管理所雷庭军、张勇。

遗址第一地点编号为 T301 ~ T311；第二地点编号为 T312 ~ T318，共布 5 米 ×5 米探方11 个，探沟 7 条，发掘总面积 514. 5 平方米。共发掘灰坑 4 个，灰沟 3 条，陶窑 1 座。出土陶器、瓷器、石器、铜器、铁器、玉器、铜币和铁币共 100 余件。

三次考古发掘总面积 1169. 5 平方米（图五六）。

（三）资料发表情况

老油坊遗址自首次发掘以来，曾以各种简要的形式发表了本年度的考古资料，1994 年的考古发掘资料，由赵宾福、滕铭予、李言执笔的《四川奉节县老油坊遗址试掘报告》①，发表在《江汉考古》1999 年第 3 期。1998 年的考古发掘资料，由陈国庆执笔的

① 吉林大学考古系：《四川奉节老油坊遗址试掘报告》，《江汉考古》1999 年第 3 期。

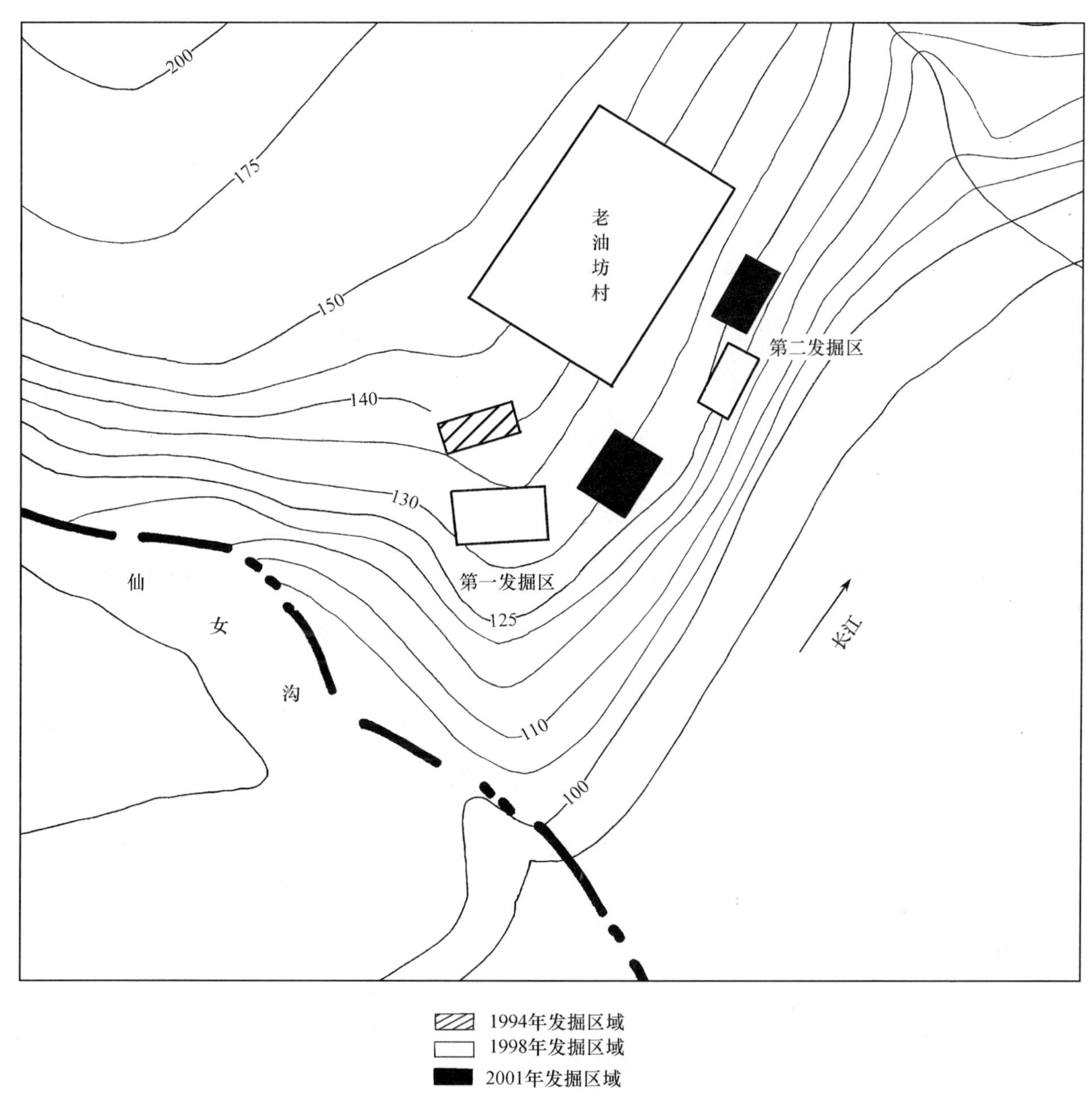

图五六　老油坊遗址发掘区域示意图

《奉节老油坊遗址考古发掘报告》①，发表在《重庆库区考古报告集·1998卷》。2001年的考古发掘资料，由陈国庆、吕军执笔的《奉节老油坊遗址2001年发掘报告》②，发表在《重庆库区考古报告集·2001卷》。

① 吉林大学考古系、重庆市文化局、白帝城博物馆：《奉节老油坊遗址考古发掘报告》，《重庆库区考古报告集·1998卷》，科学出版社，2003年。

② 吉林大学边疆考古研究中心、重庆市文化局、白帝城文物管理所：《奉节老油坊遗址2001年发掘报告》，《重庆库区考古报告集·2001卷·上》，科学出版社，2007年。

二、地层堆积和文化分期

（一）地 层 堆 积

遗址自北向南倾斜，大部分地方已无原生堆积，主要地层均经扰动。两区除部分探方临近长江，距江面较低，由于同治九年大洪水而形成的淤积有七、八层，出土遗物较杂外，多数探方堆积为四层。现以1998年发掘的Ⅰ区T6西壁和2001年发掘的T308北壁为例，说明如下。

1. Ⅰ区T6西壁

第1层：耕土层。灰褐色土，土质疏松。厚10～15厘米。见有少量陶片和瓷片等。

第2层：黑褐色土。土质黏重。厚5～15厘米。内含有少量的陶片、瓦片和瓷片等。

第3层：黄褐色土。土质较硬。厚10～25厘米。含有少量红烧土块和石块，见有陶片和瓷片等。

第4层：浅黄褐色土。土质细密。厚125～150厘米。内杂有石块、红烧土块和炭渣等。陶片以夹砂红褐陶为主，素面陶较少，主要为绳纹，可辨器类有釜、花边口沿鬲和豆等。

第4层下为黄色生土（图五七）。

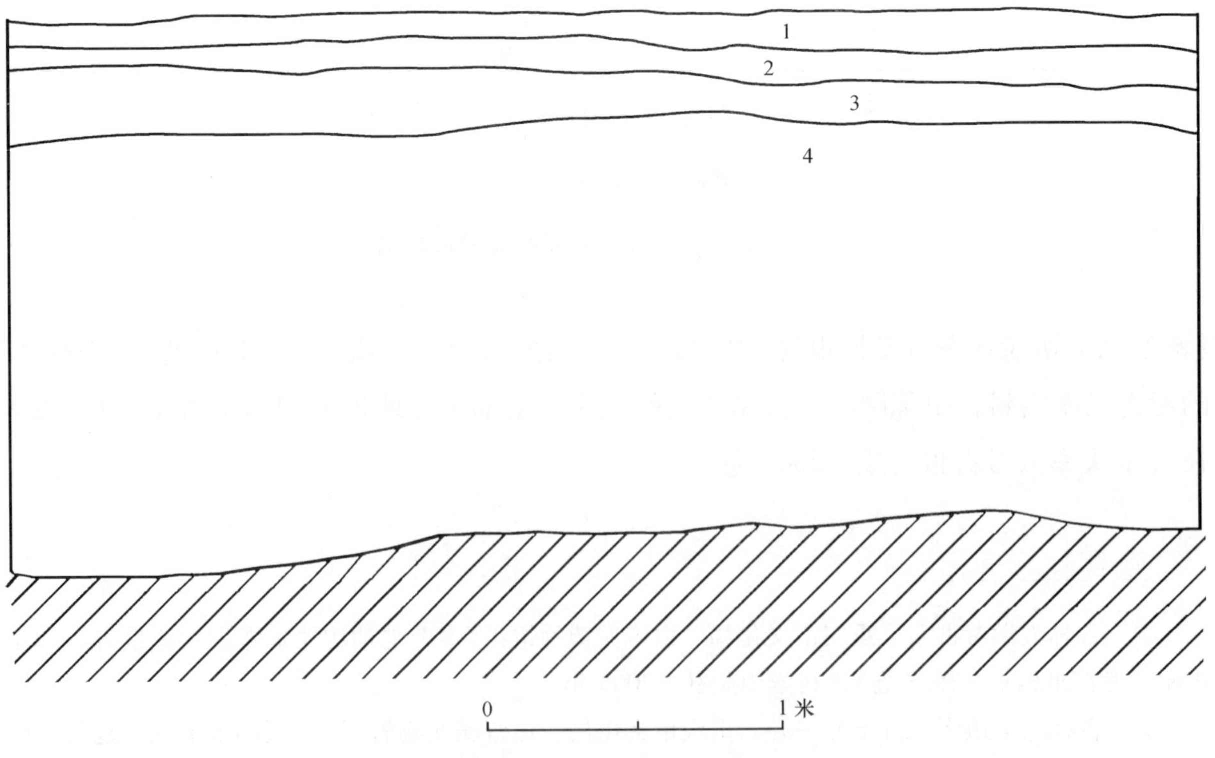

图五七　Ⅰ区T6西壁剖面图

2. T308 北壁

第 1 层：耕土层。灰褐色土，土质疏松。厚 25～35 厘米。见有少量陶片、瓷片和现代瓦片。

第 2 层：黑褐色土。土质较黏。厚 20～35 厘米。内含有小石块、少量陶片及青花瓷片。器形有碗和盘等。

第 3 层：黄褐色土。土质较硬。厚 35～55 厘米。含有少量红烧土块、石块、瓦片、陶片和瓷片等。器形有碗、罐、碟等。

第 4 层：浅黄褐色土。土质较软。厚 50～90 厘米。杂有较多红烧土块和炭屑，内含有少量泥质灰陶片。器形有盆、豆和罐等。瓷器为大宗。器形有碗、盘和碟等。G302 开口于此层下。

第 5 层：青灰色土。厚 150～225 厘米。土质较软。含沙量大，少见陶片。器类有鬲足和口沿等。

第 5 层下为黄色生土（图五八）。

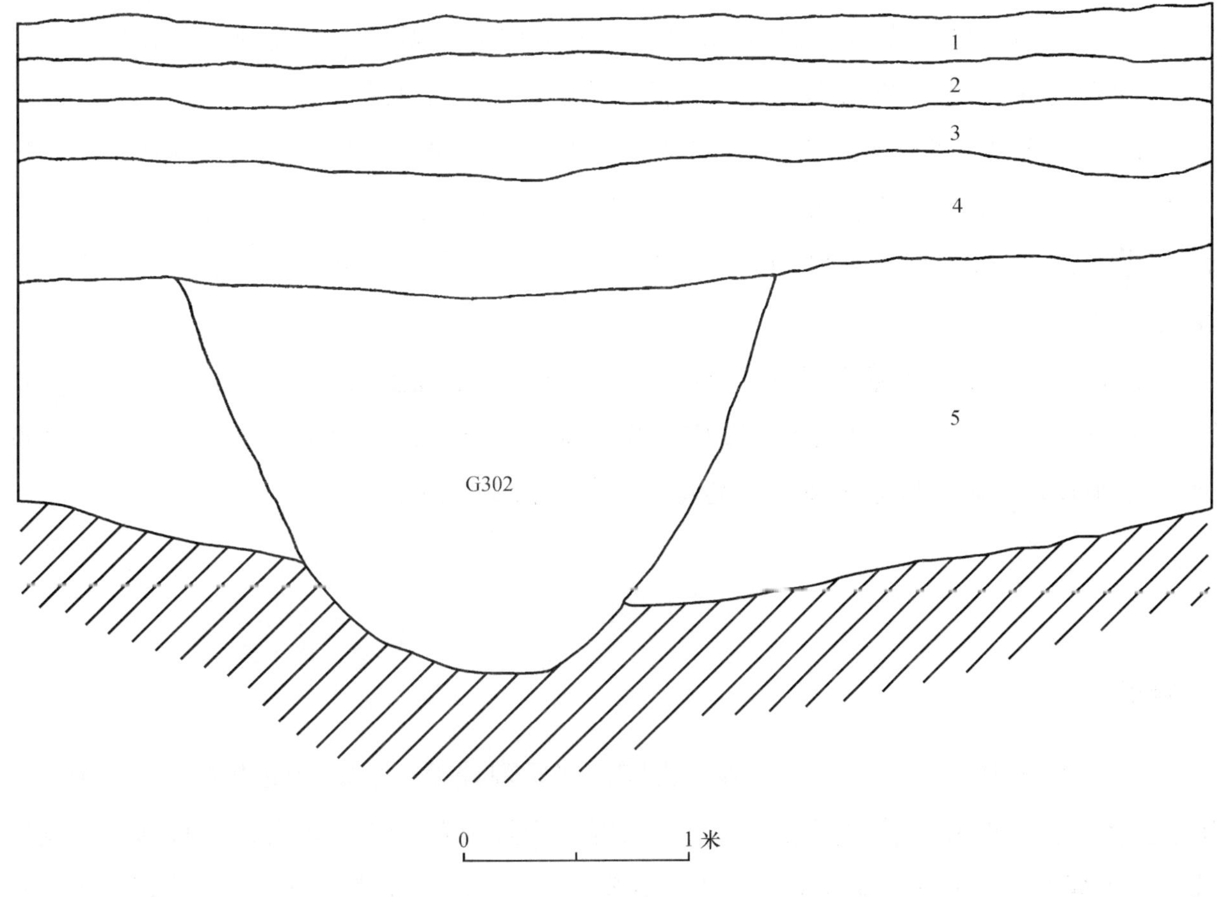

图五八　T308（探沟）北壁局部剖面图

（二）文化分期

依据地层和遗迹所包含的遗物特征，可将老油坊遗址分为四个文化时期：周代以Ⅰ区T6第4层为代表；汉代以Ⅰ区的G1为代表，G1内出土有汉代“半两”钱币；宋代以Ⅰ区的H13和H14为代表，灰坑内出土有宋代“祥符通宝”和“禧平元宝”钱币和瓷器等；清代以第1、2层为代表。

三、周代遗存

（一）遗　　迹

仅见墓葬，共3座，均发现于Ⅰ区T11探沟内的中南部。

ⅠM1　开口于T11第3层下，打破第4层。墓穴为长方形土坑竖穴（图五九；图版一六，1），长202、宽76、深20厘米，墓内堆积为灰褐色土。人骨保存较好，为仰身直肢葬，头向325°。在骨盆之上有一铁带钩，在下肢左侧有一铜块。

ⅠM2　开口于T11第3层下，打破第4层。长方形土坑竖穴墓（图六〇；图版一六，2），长190、宽90、深40厘米。墓内堆积为灰褐色土，内含有夹砂红褐陶片和大花边口沿。人骨为仰身直肢葬，不见头骨，头向330°，随葬品有陶釜、陶豆和陶纺轮共4件。

ⅠM3　开口于T11第6层下，打破生土。长方形土坑竖穴墓（图六一；图版一六，3），长188、宽100、深60厘米。墓内堆积为灰褐色土。人骨为仰身直肢，头骨仅存部分，头向325°，随葬品有铁镰、石敲砸器、陶饼和2件猪颌骨。

（二）遗　　物

1. 陶器

以夹砂红褐陶为主，有少量夹砂灰褐陶。泥质陶较少，主要为泥质灰陶，有少量红陶和黑陶。夹砂陶分厚胎和薄胎两种，厚胎者多为红褐色，器形较大，器身施竖向粗绳纹，很不规整。唇上按压深浅不一、宽窄不等的凹缺，形成花边状口沿，口沿以下大多经刮抹。泥质陶胎壁薄，以素面为主，少量施细密绳纹和方格纹。有少部分陶器为轮制。可辨器类有釜、鬲、罐、豆、盘、钵、壶、圈足碗、釜支座、尖底器、饼和纺轮等。

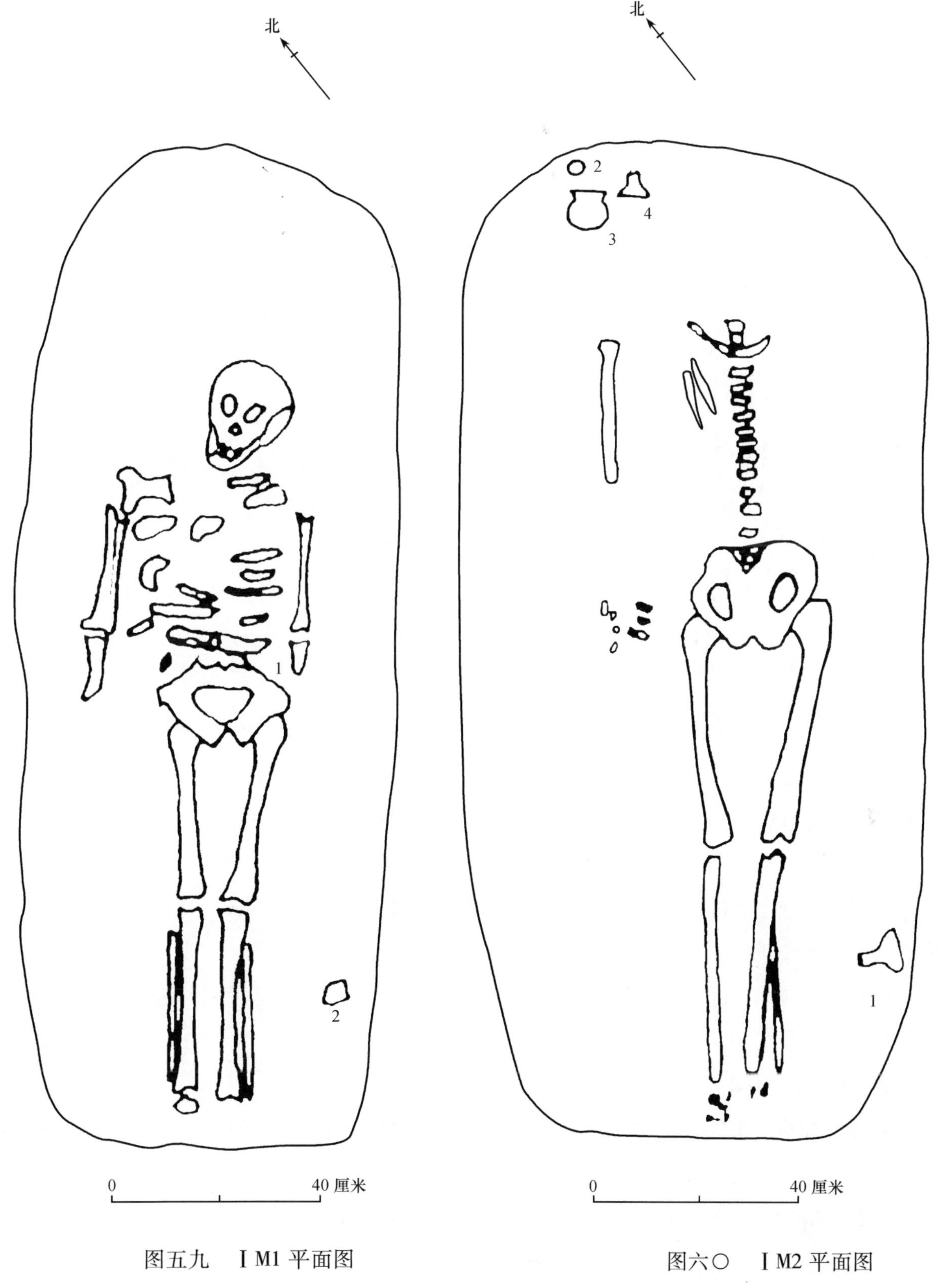

图五九　ⅠM1 平面图

1. 铁带钩　2. 铜块

图六〇　ⅠM2 平面图

1、4. 陶豆　2. 陶纺轮　3. 陶釜

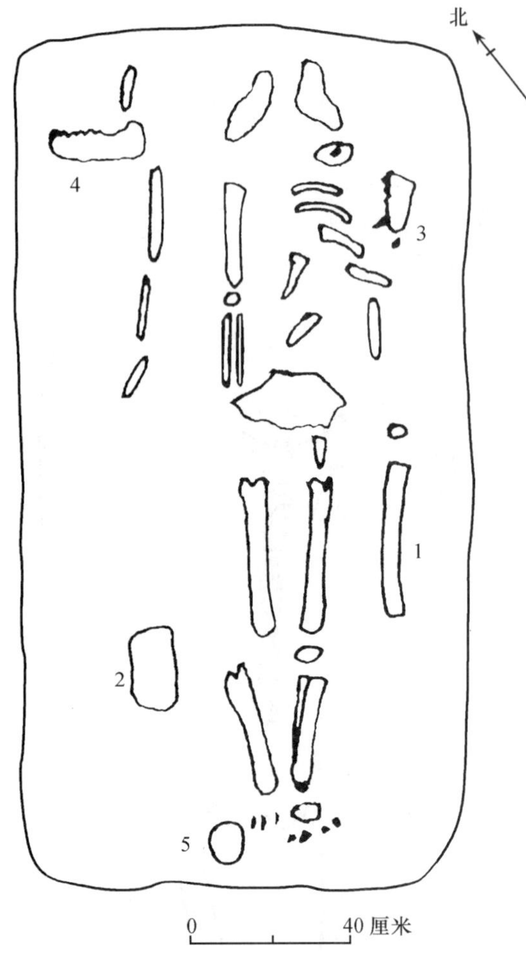

图六一　ⅠM3 平面图

1. 铁镰　2. 石敲砸器　3、4. 猪颌骨　5. 陶饼

釜　84 件。依其大小之别分二型。

A 型　小型釜　2 件。ⅠM2∶2，夹砂红褐陶。侈口，圆唇，口沿下经刮抹。通身饰竖向绳纹，圜底。口径 8.4、腹径 8.3、高 8 厘米（图六二，1；图版一七，1）。T11⑥∶1，夹砂红褐陶。直口，圆唇，鼓腹，圜底。通身饰绳纹，口沿下有 4 个对称圆孔。口径 5.6、腹径 6.8、高 6.4 厘米（图六二，2；图版一七，2）。

B 型　大型釜口沿　82 件。标本ⅠT6④∶16，夹砂灰褐陶。敞口，圆唇，口沿下经刮抹，其下饰绳纹。口径 32、残高 8.8 厘米（图六二，3）。

钵　4 件。根据其口部的不同分二型。

A 型　敞口。3 件。标本ⅠT6④∶11，夹砂灰褐陶。圆唇，弧形壁。口径 15.6、残高 6.6 厘米（图六二，4）。

B 型　口微敛。1 件。T11④∶12，夹砂灰褐陶。圆唇，弧形壁。口径 13.6、残高 5.7 厘米（图六二，5）。

壶　3 件。根据其颈部的不同分二型。

A 型　短颈。2 件。标本ⅠT6④∶12，泥质灰褐陶。敞口，圆唇。口径 16.8、残高 6 厘米（图六三，1）。

B 型　高颈。1 件。T11⑤∶6，泥质灰陶。侈口，圆唇。口径 15.6、残高 6.3 厘米（图六三,2）。

罐　6 件。根据其肩部的不同分二型。

A 型　溜肩。5 件。标本ⅠT6④∶13，夹砂灰褐陶。敞口，圆唇，鼓腹。口径 13.8、残高 7.5 厘米（图六三，3）。

B 型　折肩。1 件。T11⑤∶1，泥质黑陶。平沿，方唇，短颈，弧腹。肩之下有一周凹弦纹，下腹饰一周方格纹，其下饰横向绳纹，底内凹。口径 16、腹径 16.8、高 8.4 厘米（图六三,4；图版一七，3）。

豆　1 件。T11⑤∶2，泥质灰陶。豆盘为深腹钵形，直口，圆唇。弧壁，细柄，喇叭口形圈足。口径 13.6、底径 8.4、高 11.2 厘米（图六四，1；图版一七，4）。

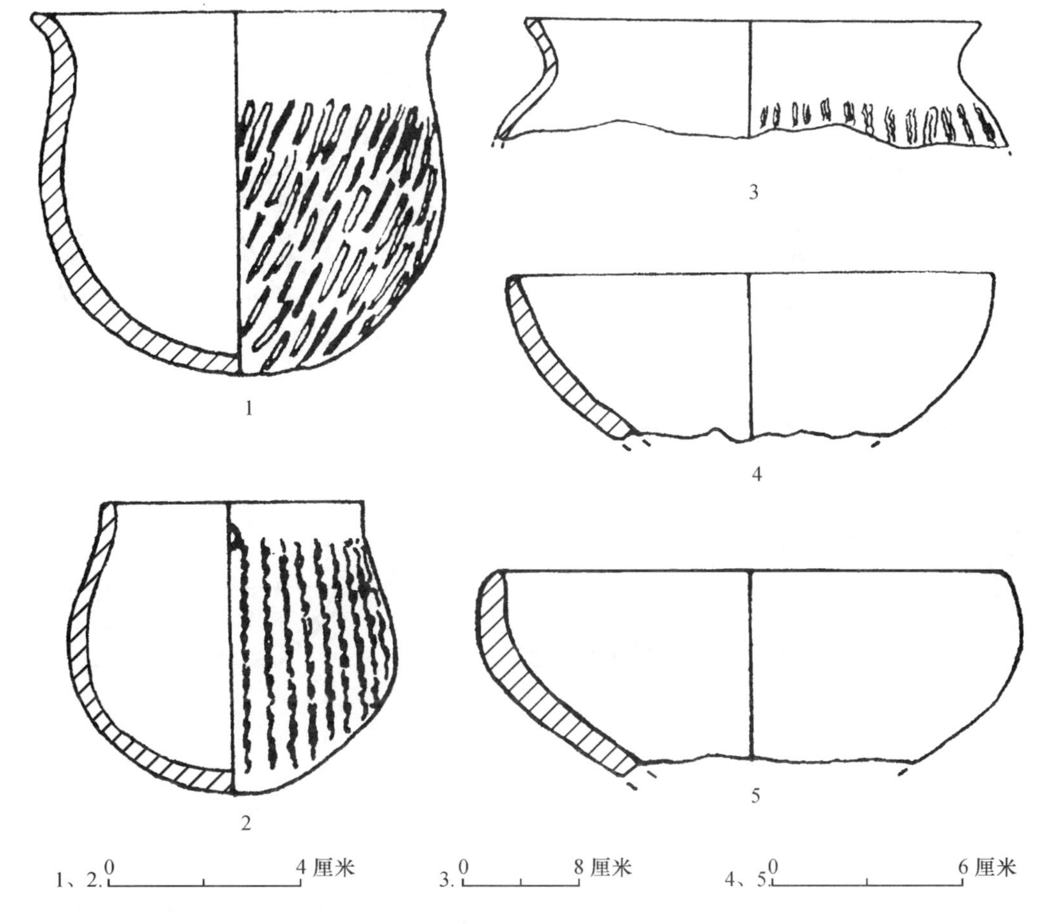

图六二　周代陶器

1、2. A 型釜（ⅠM2:2、T11⑥:1）　3. B 型釜（ⅠT6④:16）　4. A 型钵（ⅠT6④:11）　5. B 型钵（T11④:12）

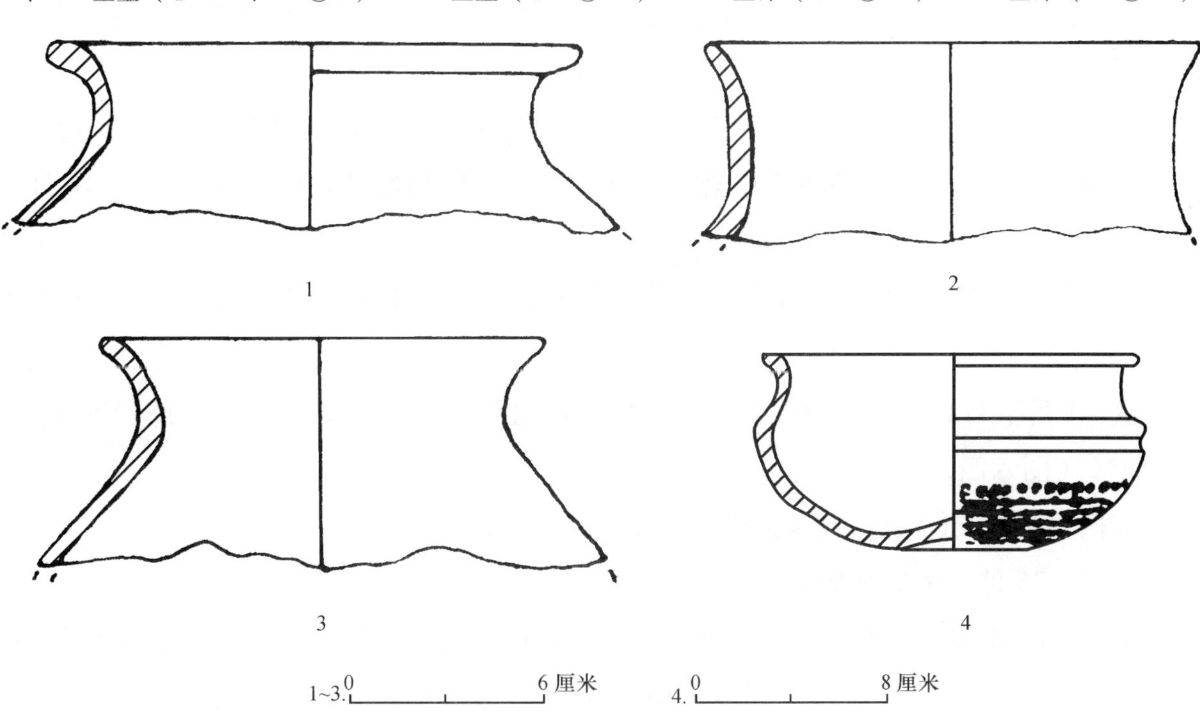

图六三　周代陶器

1. A 型壶（ⅠT6④:12）　2. B 型壶（T11⑤:6）　3. A 型罐（ⅠT6④:13）　4. B 型罐（T11⑤:1）

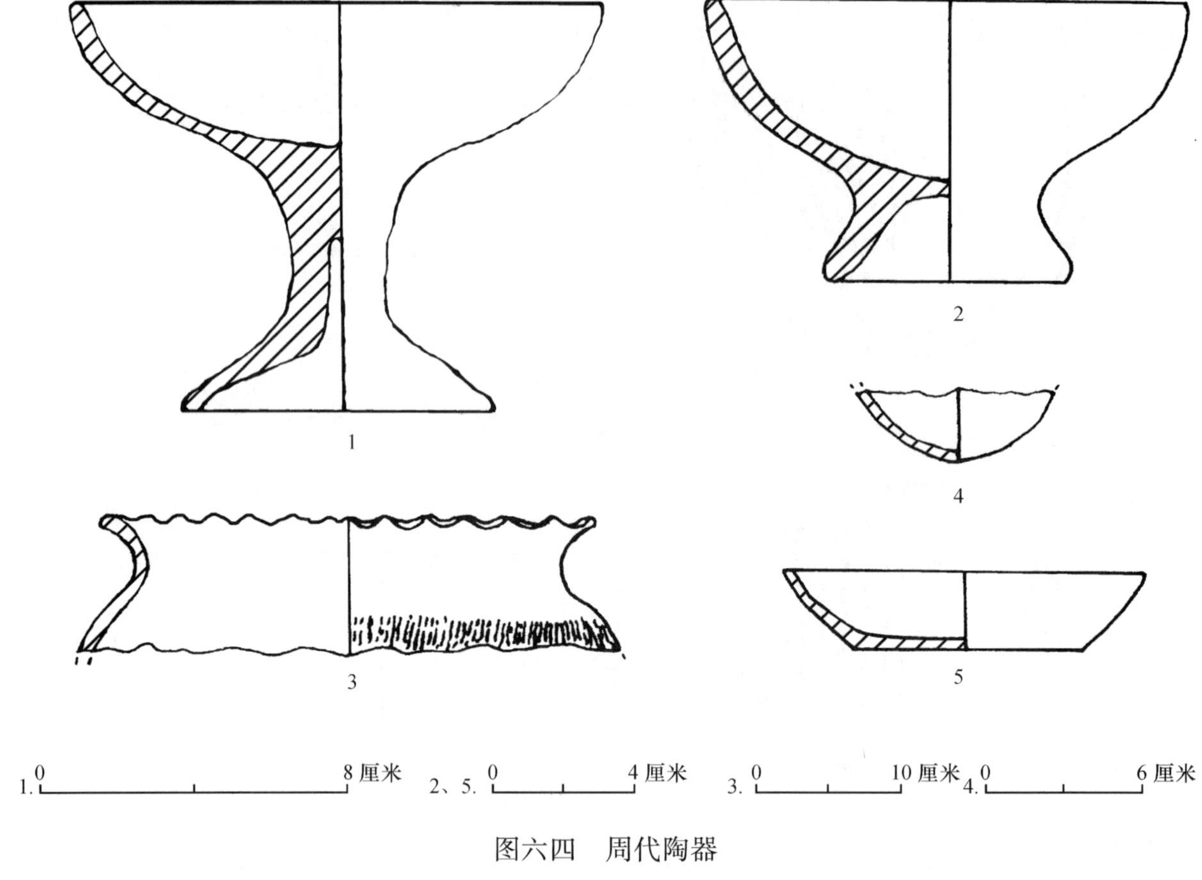

图六四 周代陶器

1. 豆（T11⑤:2） 2. 圈足碗（T11④:9） 3. 鬲（ⅠT6④:17） 4. 尖底杯底（T11⑤:7） 5. 盘（T11④:10）

圈足碗 1件。T11④:9，泥质灰褐陶。口微敞，圆唇，弧壁，高圈足外撇。口径13.2、底径6.8、高8厘米（图六四，2；图版一八，2）。

鬲花边口沿 43件。标本ⅠT6④:17，夹砂红褐陶。敞口，圆唇，鼓腹，花边形口沿，凹缺宽窄不一，深浅不等。口沿下经刮抹，其下饰粗绳纹。口径35、残高10厘米（图六四，3）。

尖底杯底 5件。标本T11⑤:7，泥质黑褐陶。尖圜状底。残高3厘米（图六四，4）。

盘 1件。T11④:10，泥质灰陶。圆唇，斜直腹，平底。口径10.2、底径6.8、高2.2厘米（图六四，5）。

豆柄 9件。形状与完整陶豆相同，均为泥质灰陶。

鬲足 35件。依据其形状的差别分二型。

A型 圆锥状。15件。标本T308⑤:1，夹砂红褐陶。足尖外撇，足饰交错绳纹。残长11.2厘米（图六五，1）。标本ⅠT6④:14，夹砂红褐陶。足饰绳纹。残高9.6厘米（图六五，2）。

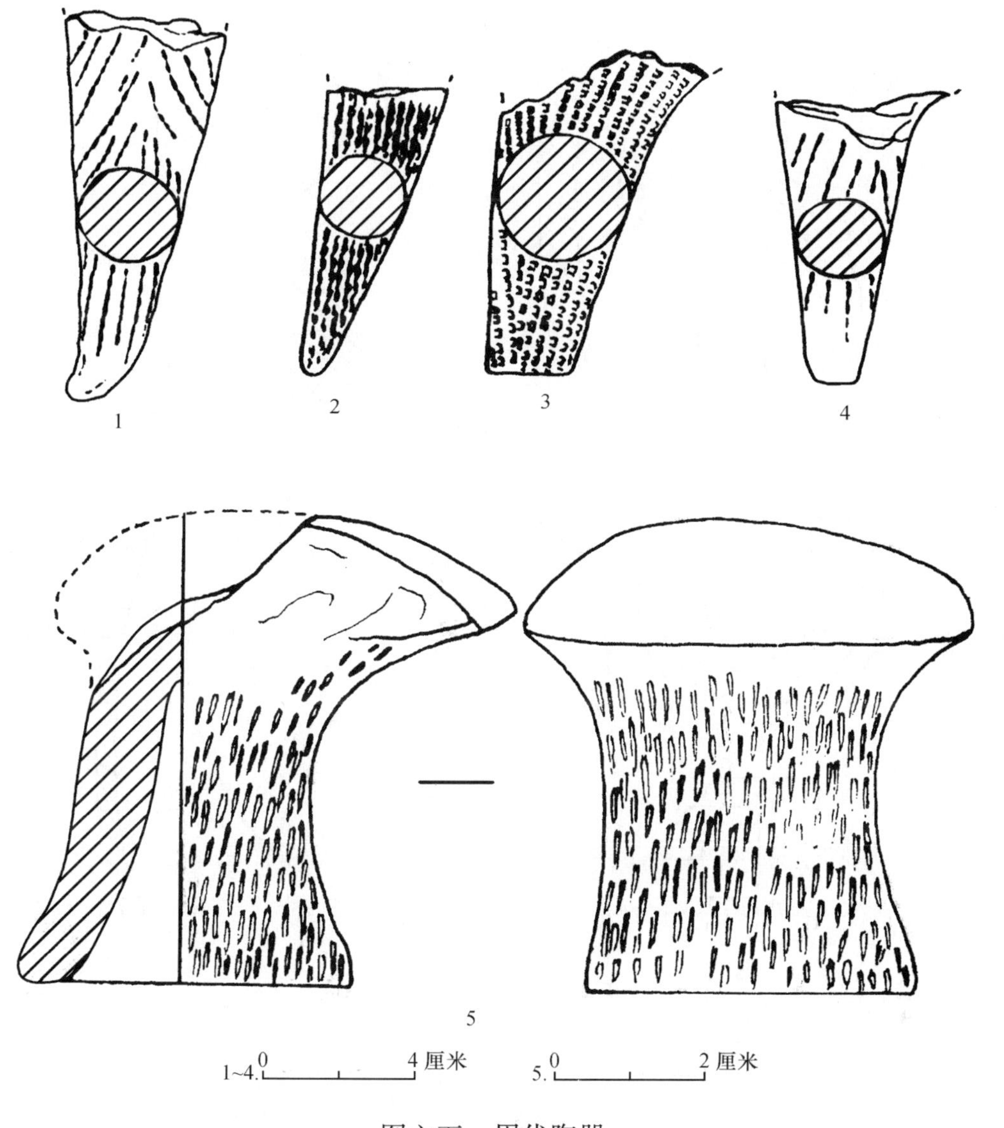

图六五　周代陶器

1、2. A型鬲足（T308⑤:1、ⅠT6④:14）　3、4. B型鬲足（ⅠT6④:15、T307⑤:1）　5. 釜支座（T8⑤:1）

B型　锥状。20件。标本ⅠT6④:15，夹砂红褐陶。足饰细密方格纹。残高9.6厘米（图六五，3）。标本T307⑤:1，夹砂红褐陶。圆柱状，足饰绳纹。残高8.6厘米（图六五，4）。

釜支座　2件。标本T8⑤:1，夹细砂灰褐陶。蘑菇状，顶面残半，呈圆形，斜面外突，支座外撇，中空。通身饰绳纹。顶径6.2、底径4.5、高6.5厘米（图六五，5；图版一八，1）。

纺轮　4件。依据其形状的差别分三型。

A型　圆饼状。1件。ⅠT6④:7，利用泥质灰陶片将边缘刮磨而成，中心有一对钻圆孔。直径4.7、厚0.6、孔径0.4厘米（图六六，1）。

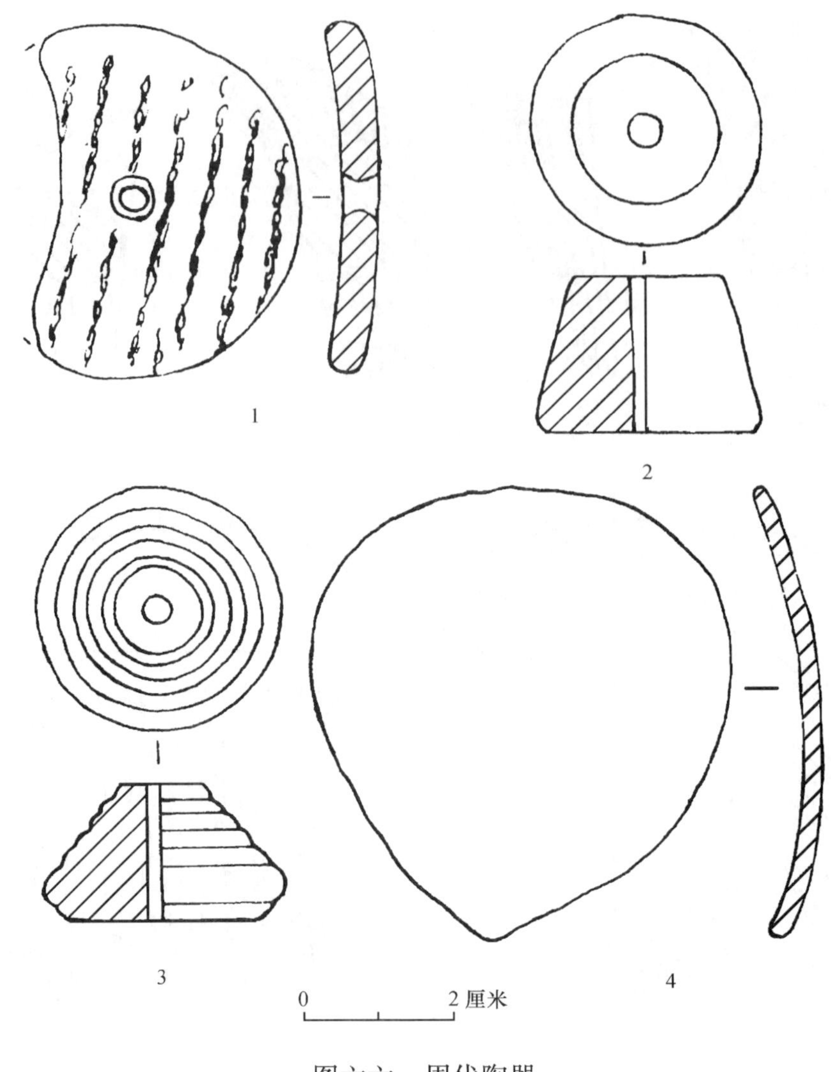

图六六 周代陶器

1. A型纺轮（ⅠT6④:7） 2. B型纺轮（ⅠT6④:3） 3. C型纺轮（ⅠM2:4） 4. 饼（ⅠT6④:10）

B型 圆台状。2件。标本ⅠT6④:3，夹砂红褐陶。两端平，中心有一圆孔。顶径1.8、底径2.8、高2.1、孔径0.4厘米（图六六，2；图版一八，3）。

C型 算珠状。1件。ⅠM2:4，夹砂灰褐陶。上有6道凹旋纹，近底部内收为小平底，中有一孔。顶径1.1、底径2.6、高1.8、孔径0.4厘米（图六六，3；图版一八，4）。

饼 2件。标本ⅠT6④:10，利用陶片将边缘稍经刮磨而成，形状似“心”形。直径5.4~6厘米（图六六，4）。

2. 石器

数量较少，共4件，仅见凿、刀、斧和敲砸器。

凿 1件。T11④:11，整体呈梯形，扁薄，通体磨光，上窄下宽，顶端残，剖面呈长方形。斜直刃较钝，有使用崩痕。残长4.8、宽2.6、厚0.7厘米（图六七，1；图版一九，1）。

斧　1件。T10④:1，已残，弧形顶，两侧平齐光滑，器身有打琢痕。残长4.5、宽4、厚1.6厘米（图六七，2）。

刀　1件。ⅡT3④:1，体扁薄，通体磨制光滑，两侧为弧刃，刃锋利，前端刃部已残，自顶端中部向下两面均磨出浅凹槽。残长6.5、宽4.3、厚0.8厘米（图六七，3；图版一九，2）。

敲砸器　1件。ⅠM3:2，长条形，剖面呈长方形，平顶，器身有多处劈裂面，下端有砸击痕。长11.8厘米（图六七，4）。

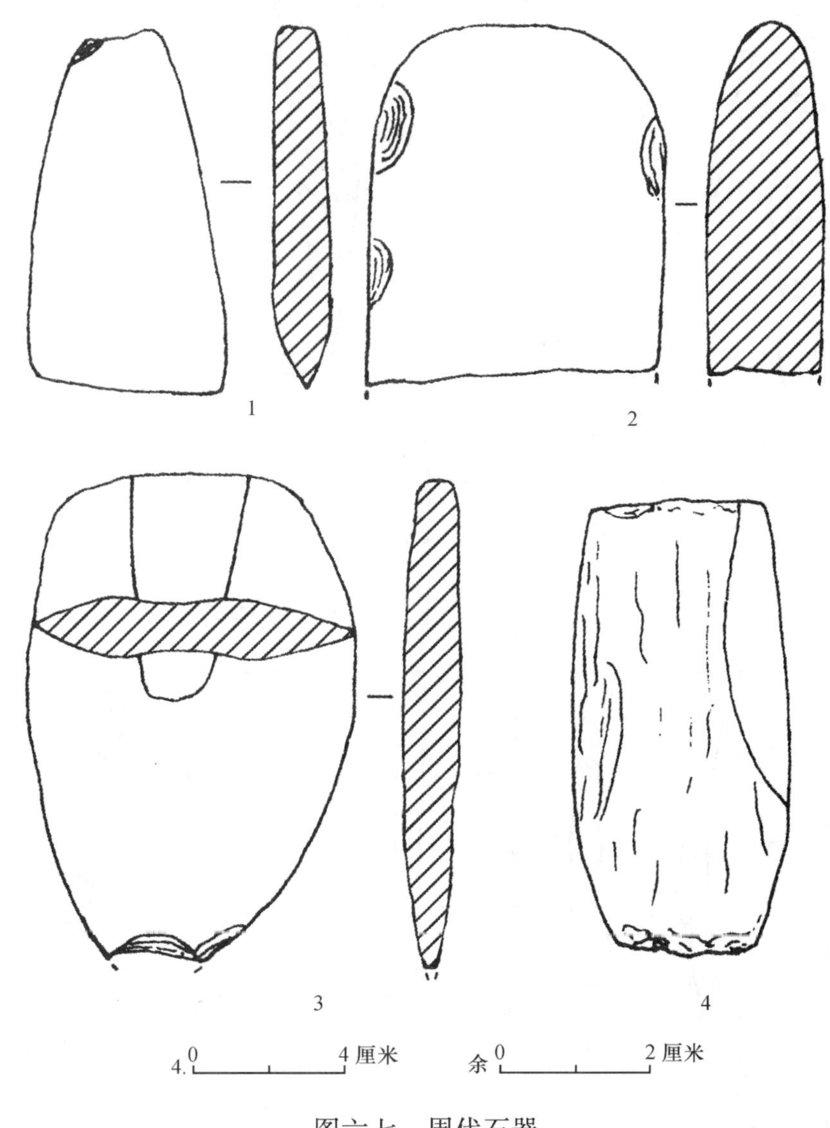

图六七　周代石器

1. 凿（T11④:11）　2. 斧（T10④:1）　3. 刀（ⅡT3④:1）　4. 敲砸器（ⅠM3:2）

3. 铜、铁器

铜器仅见镞、簪和铜块。铁器种类有带钩、刀、镬、镰和铁块等。

铜镞 1件。ⅡT6④:9，整体呈三角形，中间起脊，两翼较钝，有铤。长5.5、宽2.6、铤长2.5厘米（图六八，1）。

铜簪 1件。ⅡT4④:5，两端均残，长条形圆柱状，上粗下细。残长5.3、直径0.5厘米（图六八，6；图版一九，4）。

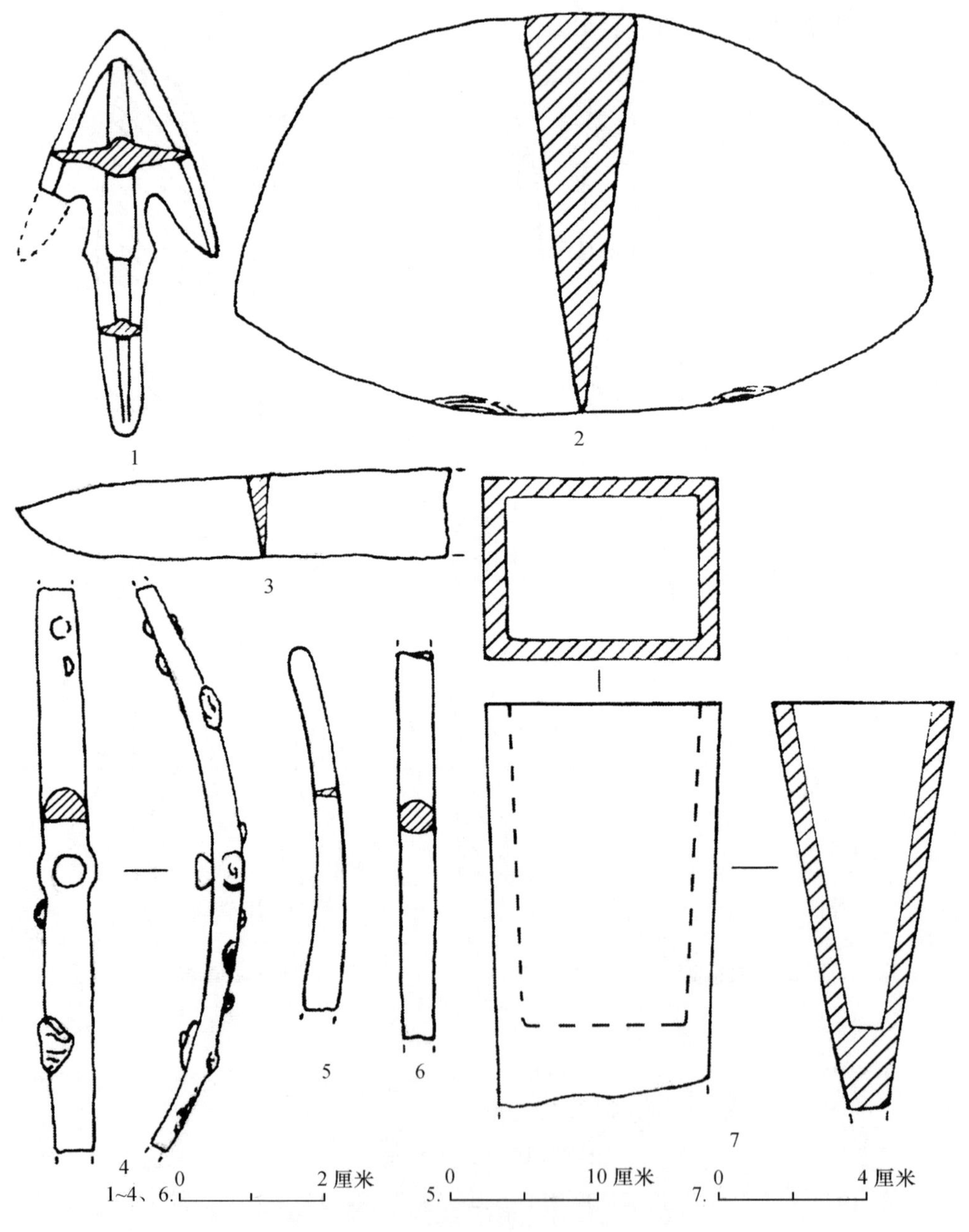

图六八 周代铜、铁器

1. 铜镞（ⅡT6④:9） 2. A型铁刀（ⅡT6④:8） 3. B型铁刀（ⅡT4④:14） 4. 铁带钩（ⅠM1:1） 5. 铁镰（ⅠM3:1） 6. 铜簪（ⅡT4④:5） 7. 铁镬（ⅡT6④:6）

铁刀　2件。根据其形状的不同分二型。

A型　弧背弧刃。1件。ⅡT6④:8，锈蚀严重，厚背，刃较锋利。长9.4、宽5.5、厚1.5厘米（图六八，2）。

B型　直背直刃。1件。ⅡT4④:14，一端残，厚背，刃部较钝，前端弧形，有使用痕。残长6、宽1.2、厚0.3厘米（图六八，3）。

铁带钩　1件。ⅠM1:1，呈弯弓状，通体锈蚀严重，两端已残。一侧面有一钉帽状纽。一面扁平，一面凸起，两面依稀可见小突起装饰。残长7.8、宽1.6、厚0.9厘米（图六八，4；图版一九，3）。

铁镰　1件。ⅠM3:1，锈蚀严重，一端已残，弧背弧刃。背厚，刃较钝。残长25、宽2.5、厚0.6厘米（图六八，5）。

铁䦆　1件。ⅡT6④:6，整体呈长方形楔状，刃残，平顶，顶宽下略窄，长方形銎。残长11.2、宽6.4、厚4.8厘米（图六八，7）。

铁块　8件，均较破碎。

四、汉代遗存

（一）遗　　迹

1. 灰坑

共发现20个，因遗址分布在梯田内，梯田与梯田间很窄，且高差大，所以大部分灰坑未全部清理。灰坑的形状有圆形、椭圆形和不规则形三种，灰坑内出土遗物和陶片较少。

H301　位于T301东部，开口于2层下，打破第3层。椭圆形锅底状，口径90～180、深38厘米（图六九）。堆积土为黑褐色，土质较硬。内夹杂大量红烧土块、少量小石块和炭渣。出土有大量夹细砂灰陶板瓦和筒瓦，少量红褐色瓦。陶片主要为泥质灰陶，有一定数量的泥质红褐陶。出土器物有盆、碗、罐、钵、碟、饼、铜簪和铁刀等。

2. 陶窑

1座。

Y301　位于T309西南角，开口于第2层下，打破生土。陶窑平面大体呈“凸”字形，南半部上端被一横贯东西的石坝打破，顶部已全部被破坏。现保存有火口、火膛、窑室及排烟口等（图七〇；图版二〇、图版二一）。

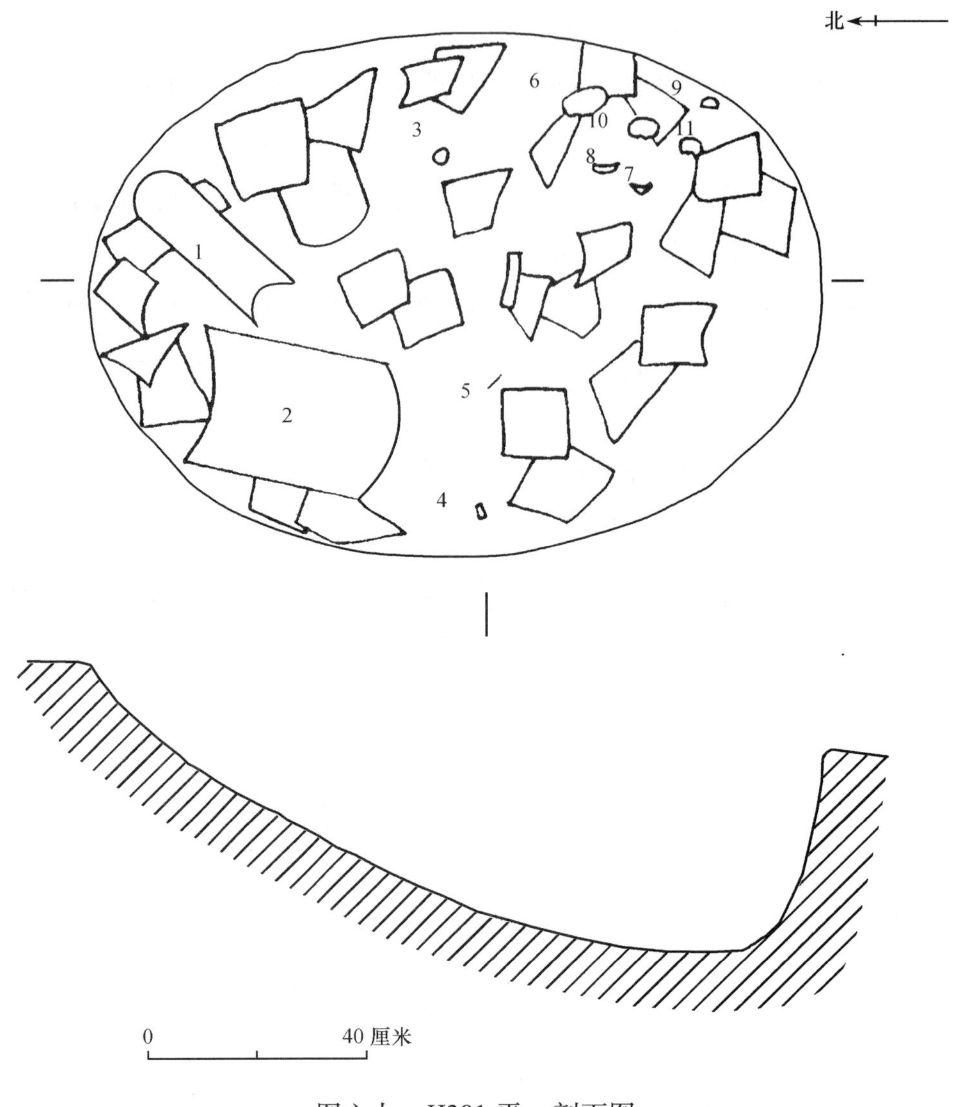

图六九　H301平、剖面图

1. 筒瓦　2. 板瓦　3. 陶饼　4. 铁刀　5. 铜簪　6、10、11. 陶盆　7. 陶碗　8. 陶碟　9. 陶钵

窑全长310、宽168～208、深46～90厘米。窑室为一高出火膛的平台，北高南低，长208、宽196厘米。火膛呈瓶颈状，口小底大。火膛低于窑室平台，剖面呈沟槽状，长64～168、宽60、深36厘米。火口宽68厘米，向外凸出20厘米。

窑壁、排烟口、窑室平台北部呈砖红色。窑壁、窑室南部以及火膛、火口呈青灰色，火候较高，敲击发出金属声。窑壁红烧硬面厚7～21厘米，排烟口红烧土硬面厚4～7厘米，窑室平台红烧土硬面厚6～17厘米，火膛红烧土硬面厚13～17厘米，火口红烧土硬面厚15～20厘米。火口及火膛处发现有厚约36厘米的炭渣和灰烬。

窑室内堆积土上层为浅黄褐色，较硬，内含小石块及少量夹砂灰陶片。接近底部有一层厚约40厘米的细沙。在火膛底部发现有泥质灰陶的平折沿盆口沿和泥质灰陶豆柄。

窑室内未发现窑箅下的火道，推测应是将陶器直接放于窑室平台上烧制。

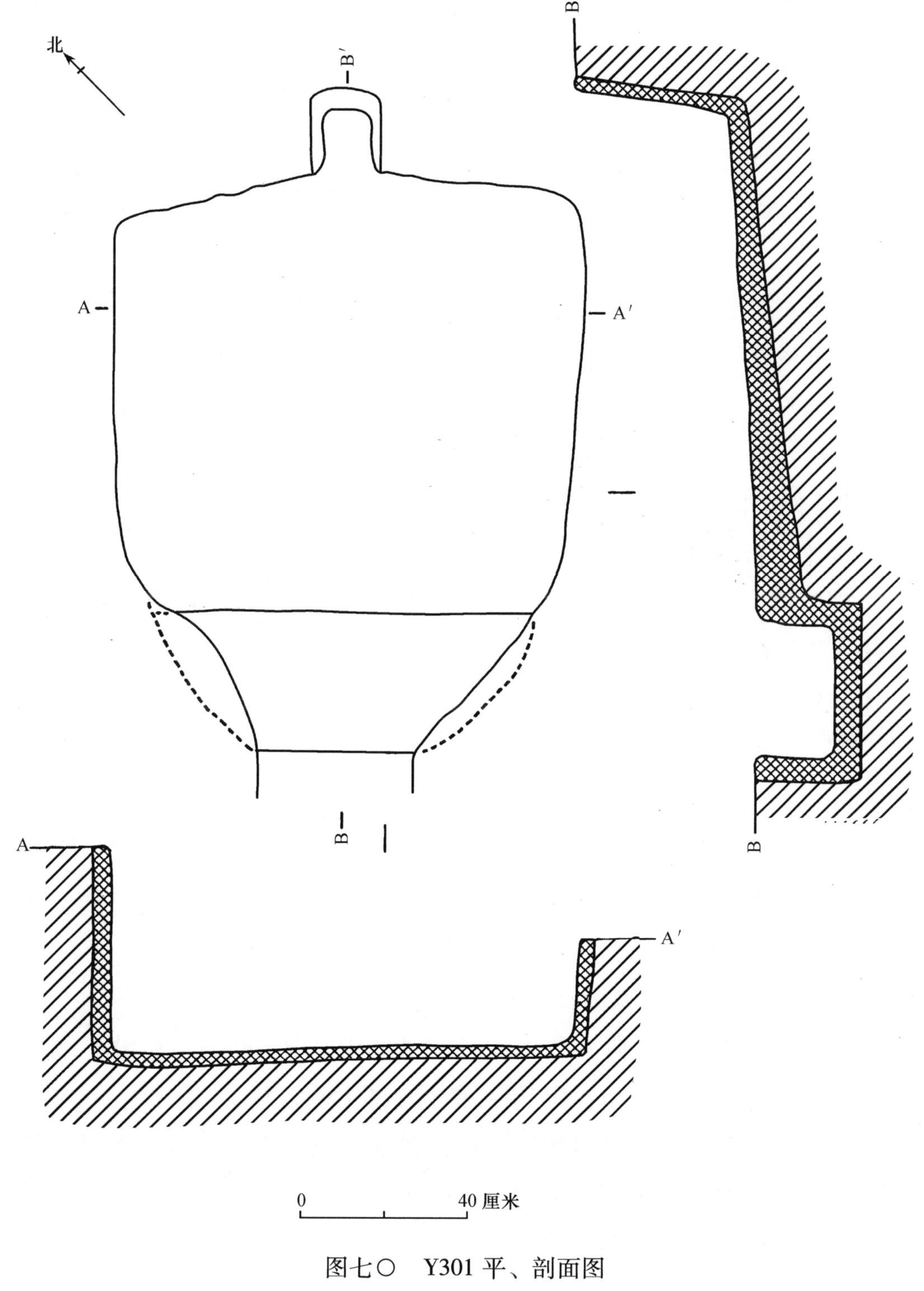

图七〇　Y301 平、剖面图

3. 灰沟

共发现 3 条。仅清理局部。

G302　横贯 T307、T308 两条探沟，开口于第 4 层下，打破第 5 层，沟为南北向，南低北高。因两条探沟之间为梯田所断，故未全部清理，此沟与 1998 年发掘的 G1 为同一条沟，长度至少在 20 米以上。沟内上层堆积为灰褐色土，较硬，内夹杂大量石块、红烧土块和灰陶瓦片、陶片等，出土遗物较多，有盆、甑、罐、豆、饼、铁镬和五铢钱币等。下层极少见陶瓦片和红烧土块，出土遗物仅见少量陶片。

（二）遗　物

1. 陶器

以泥质灰陶为大宗，泥质灰褐陶和泥质红陶、红褐陶次之，黑皮陶少量。夹砂陶少见，主要为灰褐陶。纹饰以绳纹和弦断绳纹为主，方格纹次之，有极少量附加堆纹，素面陶占多数。制法多为轮制，少量为手制。器类以盆为主，此外还见有瓮、豆、碗、盂、杯、壶、罐、盘、甑、饼、纺轮、楔形器和不明器等。

盆　复原7件。口沿269件。依腹的不同分四型。

A型　166件。微弧腹。按口沿不同分为二亚型。

Aa型　斜折沿。159件。标本G1上∶32，泥质灰陶。直口，圆唇，口沿下经刮抹。腹部偏上有一周突起，其下饰方格纹，经刮抹，平底。口径30、底径15、高18厘米（图七一，1；图版二二，1）。

Ab型　平沿。3件。标本H301∶11，泥质红褐陶。微侈口，圆唇，口沿下经刮抹形成凹槽，平底。口径36、底径24、高15.6厘米（图七一，2）。

B型　斜弧腹。29件。标本G302∶15，泥质灰陶。敞口，圆唇，厚沿。腹部有两道凸棱，小平底。口径17、底径4.6、高6厘米（图七一，3）。标本G1上∶4，泥质灰陶。敞口，圆唇，平底微内凹。口径16.8、底径6、高6厘米（图七一，4）。

C型　斜直腹。15件。按口沿不同分为二亚型。

Ca型　“工”字形沿。1件。G1上∶33，泥质红褐陶。圆唇，口沿下经刮抹，斜腹，平底。口径31.2、底径17.6、高10.4厘米（图七一，5）。

Cb型　斜折沿。14件。标本T307④∶14，夹细砂灰褐陶。敛口，尖唇，平底。口径29.2、底径15.2、高9.2厘米（图七一，6）。

D型　鼓腹。66件。按口沿的不同分为四亚型。

Da型　斜折沿。31件。标本G1上∶36，泥质灰陶。直口，唇沿剖面呈三角形，圆尖唇，口沿下经刮抹形成凹槽。口径44.4、残高12厘米（图七二，1）

Db型　平沿。15件。标本H301∶12，泥质灰陶。敛口，圆尖唇。口径35.2、残高12厘米（图七二，2）。

Dc型　侈沿。14件。标本H301∶9，泥质灰陶。敞口，尖唇，平底。口径20、底径8、高7.4厘米（图七二，3）。

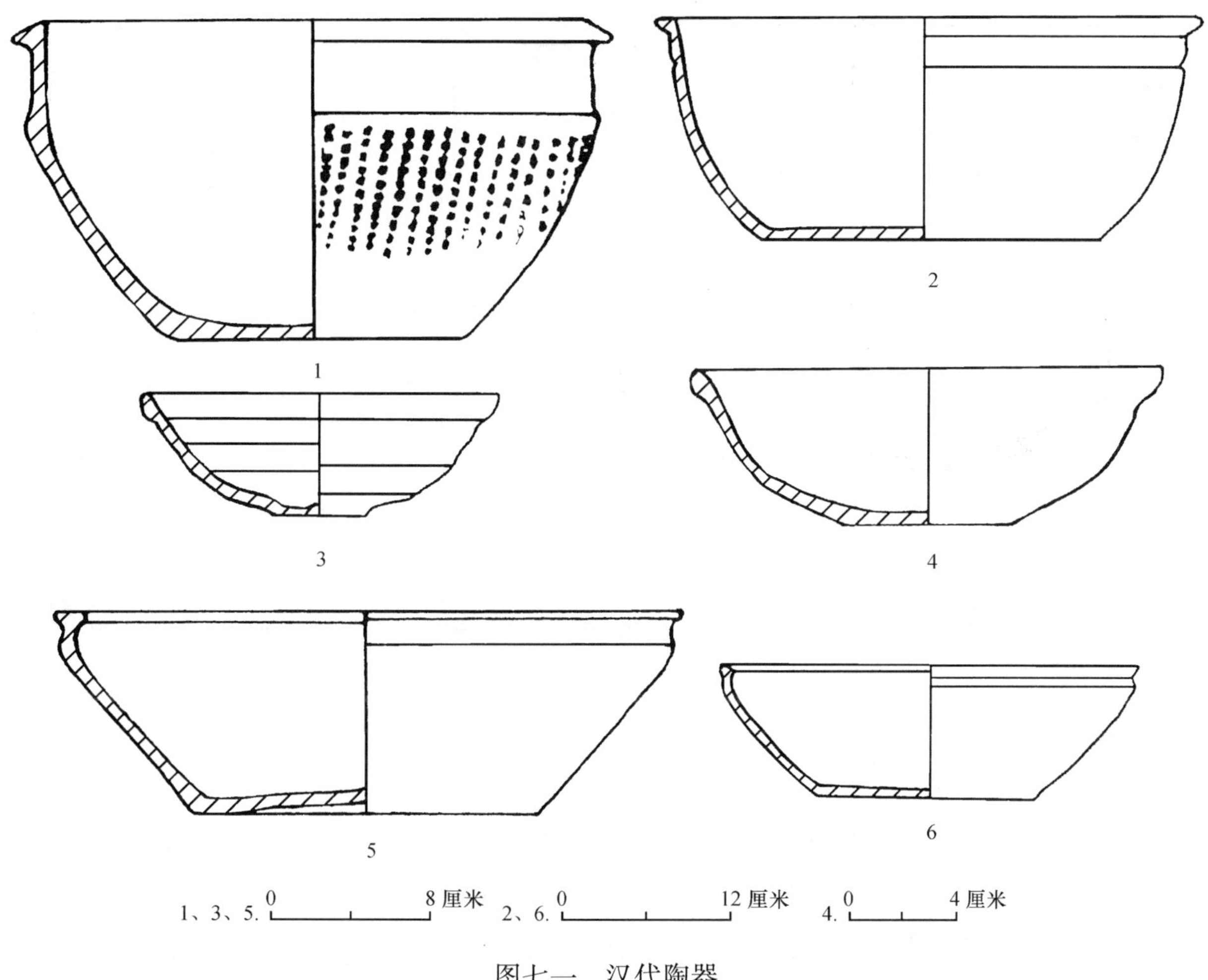

图七一 汉代陶器

1. Aa型盆（G1上：32） 2. Ab型盆（H301：11） 3、4. B型盆（G302：15、G1上：4） 5. Ca型盆（G1上：33） 6. Cb型盆（T307④：14）

Dd型 敞沿。6件。标本G302：17，泥质灰陶。口微内敛，敞口，方唇，沿外缘有一圈凸棱。口径36、残高6.6厘米（图七二，4）。

豆 42件。均未复原，依据柄之粗细分二型。

A型 粗柄。6件。标本G302：13，夹细砂灰陶。钵形豆盘，口微敞，圆唇，豆座残。口径17、残高12厘米（图七三，1）。

B型 细柄。36件。按豆座的不同分为三亚型。

Ba型 近底处略外折。6件。标本T308④：60，泥质红褐陶。上端残。细柄，喇叭形座。残高9.6、底径9厘米（图七三，2）。

Bb型 近底处内折。2件。标本G1下：29，泥质灰陶。喇叭形座，残高8.2、底径9.6厘米（图七三，3）。

Bc型 喇叭形座。28件。标本G1下：28，泥质灰陶。喇叭形座。残高5.6、底径7.6厘米（图七三，4）。

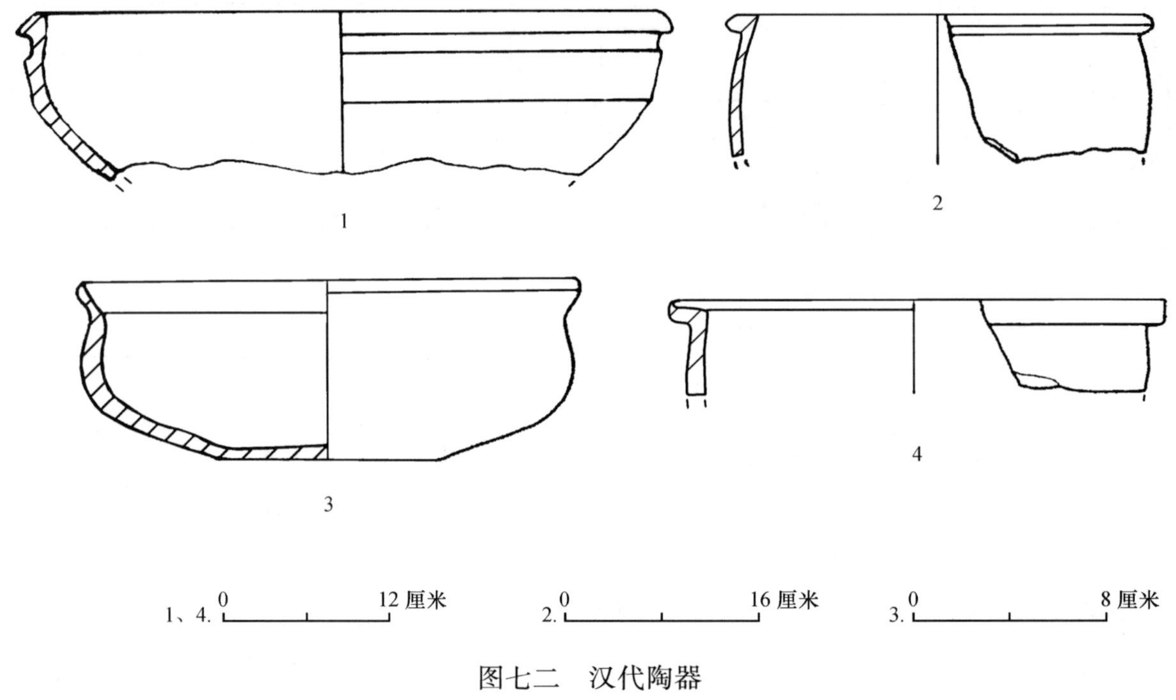

图七二　汉代陶器

1. Da 型盆（G1 上∶36）　2. Db 型盆（H301∶12）　3. Dc 型盆（H301∶9）　4. Dd 型盆（G302∶17）

盂　1 件。T307④∶25，泥质灰陶。直口，平沿，厚唇。斜直腹，近底处有两个横耳，平底。口径 25.8、底径 21.6、高 10.2 厘米（图七三，5）。

杯　1 件。T308④∶26，泥质灰陶。微侈口，圆唇，腹微鼓，平底。口径 7.8、底径 7.2、高 3.4 厘米（图七三，6）。

壶口沿　34 件。按颈部的不同分二型，

A 型　弧颈。30 件。标本 G1 下∶27，泥质灰陶。平沿，圆唇。口径 13.6、残高 7.6 厘米（图七四，1）。

B 型　高颈。4 件。标本 G1 上∶37，泥质灰陶。盘形口，平沿，尖唇。口径 32.4、残高 13.2 厘米（图七四，2）。

瓮口沿　54 件。依口部的不同分三型。

A 型　微侈口。25 件。标本 G1 上∶38，泥质灰陶。厚沿，圆唇，沿外侧有一周凹弦纹。口径 26、残高 4 厘米（图七四，3）。

B 型　直口。12 件。标本 T301③∶6，夹砂灰陶。厚沿，圆唇。口径 29、残高 6 厘米（图七四，4）。

C 型　敛口。17 件。标本 H301∶13，泥质灰陶。平沿，方唇。口径 46.2、残高 4.2 厘米（图七四，5）。

甑底　5 件。标本 G302∶12，夹砂灰陶。底内凹，数十个圆孔均匀分布。残高 9、底径 22.8 厘米（图七四，6；图版二二，2）。

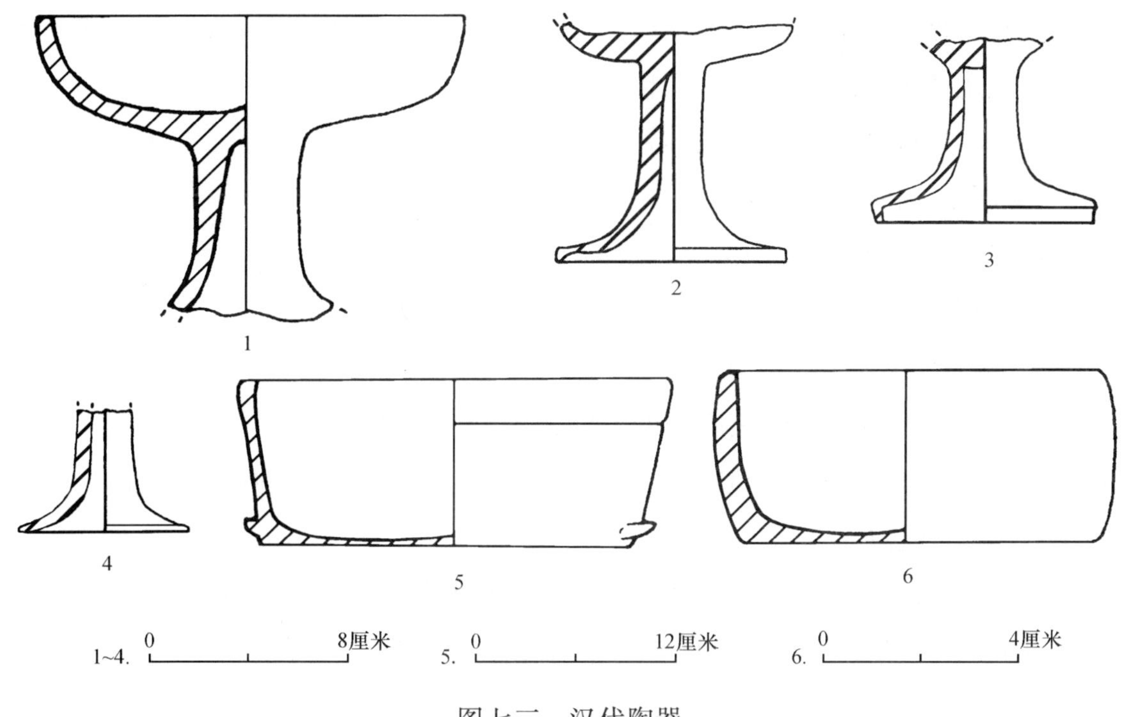

图七三　汉代陶器

1. A型豆（G302:13）　2. Ba型豆（T308④:60）　3. Bb（G1下:29）　4. Bc型豆（G1下:28）
5. 盂（T307④:25）　6. 杯（T308④:26）

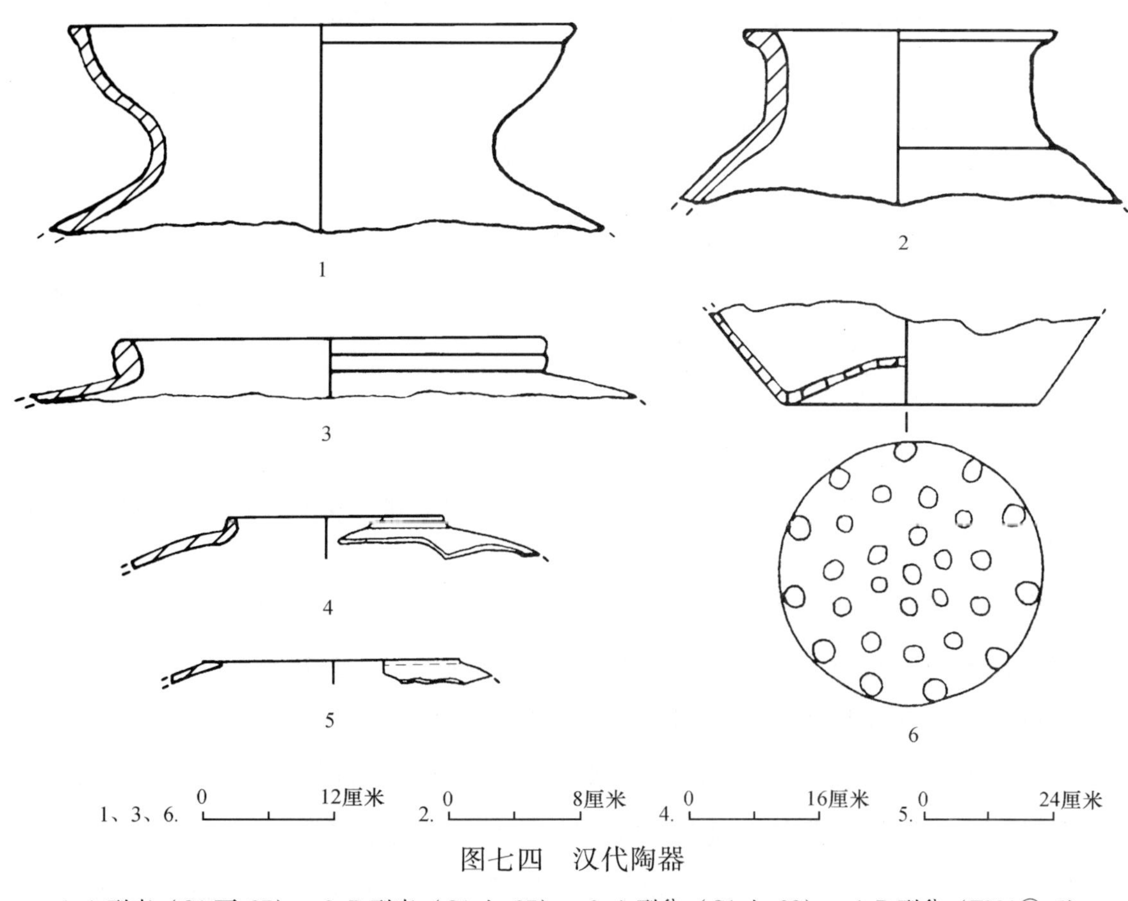

图七四　汉代陶器

1. A型壶（G1下:27）　2. B型壶（G1上:37）　3. A型瓮（G1上:38）　4. B型瓮（T301③:6）
5. C型瓮（H301:13）　6. 甑底（G302:12）

碗　完整1件，口沿7件。标本G302∶3，泥质灰陶。敞口，圆尖唇，曲腹，平底。口径12.4、底径6.6、高4厘米（图七五，1）。

盘　1件。ⅡT1③∶1，泥质灰陶。敞口，圆唇，斜直腹，平底。口径10.6、底径7.2、高3.9厘米（图七五，2）。

罐　43件。按其大小分二型。

A型　大型罐。10件。标本G1下∶30，泥质灰陶。敞口，圆唇，鼓腹，腹施绳纹。口径21、残高7.5厘米（图七五，3）。

B型　小型罐。33件。按其腹部的不同分为二个亚型。

Ba型　鼓腹。17件。标本G302∶16，泥质灰陶。微侈口，尖圆唇，底残。口径14、残高9.2厘米（图七五，4）。

Bb型　微鼓腹。16件。标本G1上∶23，泥质红陶。侈口，圆唇，鼓腹，平底。口径5、底径3.6、高5.2厘米（图七五，5；图版二二，3）。

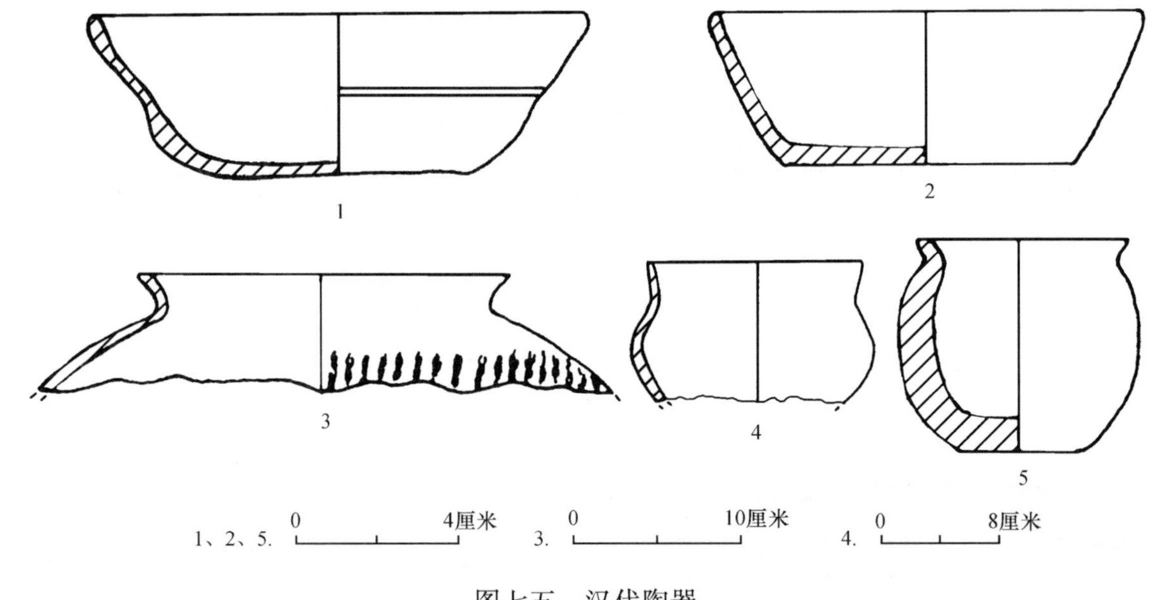

图七五　汉代陶器

1. 碗（G302∶3）　2. 盘（ⅡT1③∶1）　3. A型罐（G1下∶30）　4. Ba型罐（G302∶16）　5. Bb型罐（G1上∶23）

瓦　出土数量最多，多为残片，以板瓦为主，筒瓦次之。大多为夹细砂红褐陶和夹细砂灰陶。瓦表面均施绳纹，有少量抹断绳纹和弦断绳纹。瓦内壁可见清晰的泥片盘筑痕，内壁较粗糙，素面较多，有少量绳纹和布纹。

板瓦　完整1件。较大残片127块。标本H301∶2，泥质灰陶。长方形，两端平齐，剖面呈弧形，表面饰绳纹和抹断绳纹，顶端为素面，内壁饰有绳纹。长48、宽35、厚1厘米（图七六，1；图版二二，4）。标本G1上∶2，泥质灰陶。长方形，一端略宽，剖面呈弧形，一端平齐，一端残，器表饰抹断绳纹，内壁素面。残长45、宽37.8、厚1.5

厘米（图七六，2）。

筒瓦　完整2件。较大残片87块。标本H301∶1，泥质灰褐陶。长方形，剖面呈半圆形，一端平齐，一端内敛。表面饰有斜向绳纹，内壁为布纹。长43.2、高16、厚1厘米（图七六，3；图版二三，1）。标本G1上∶1，泥质灰陶。长方形，剖面呈半圆形，一端平齐，一端内收，表面饰斜向抹断绳纹，内壁为布纹。长42.5、宽16、厚1.5厘米（图七六，4）。

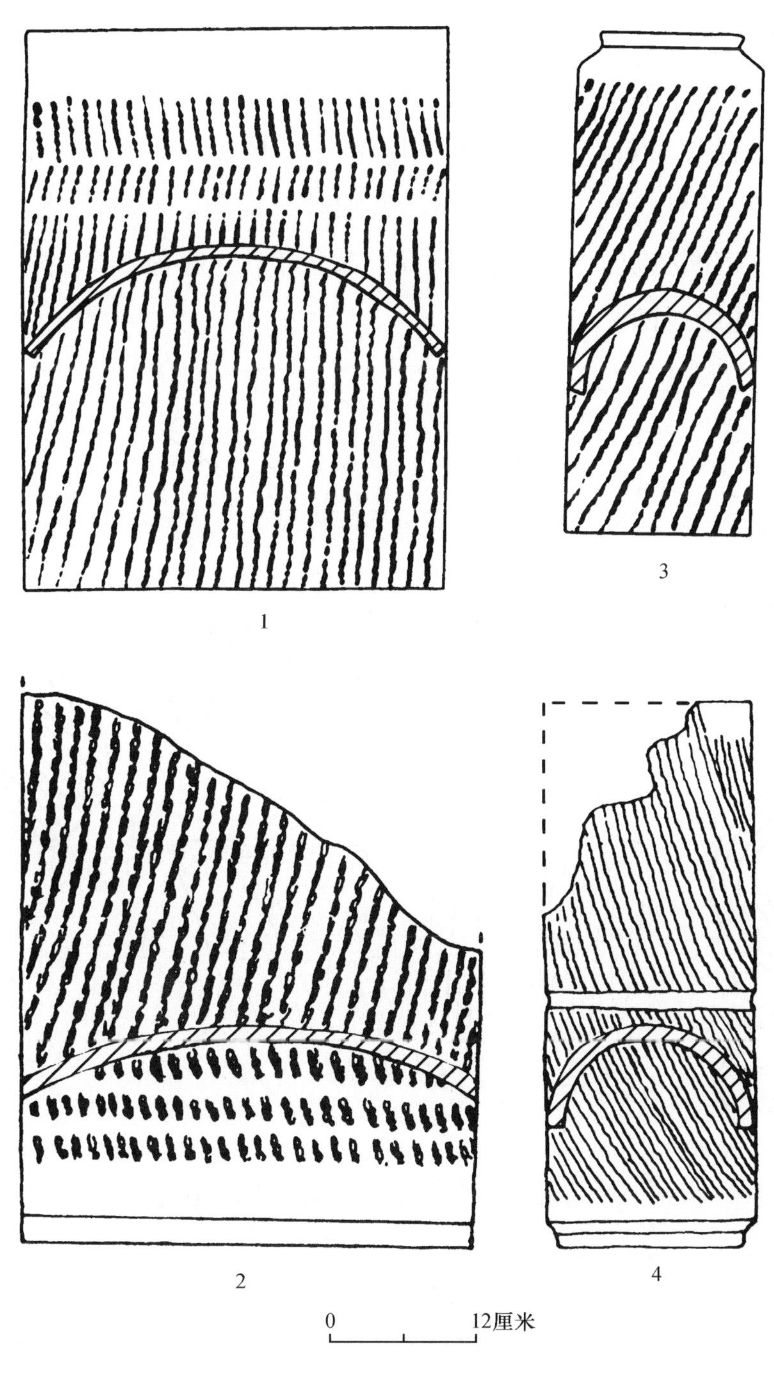

图七六　汉代陶瓦

1、2. 板瓦（H301∶2、G1上∶2）　3、4. 筒瓦（H301∶1、G1上∶1）

纺轮　9件。按其形状的不同分四型。

A型　厚圆饼状。2件。T307④:20，泥质灰陶。中间有一对钻圆孔，两端平整，边缘饰几何状锥刺纹。直径3.1、孔径0.6~1、厚1.5厘米（图七七，1；图版二三，2）。T308③:1，泥质灰陶。中间有一对钻圆孔，两端平整，边缘饰斜向平行锥刺纹。直径3.1、孔径0.6~1.2、厚1.5厘米（图七七，2；图版二三，3）。

B型　算珠状。1件。T307②:1，泥质灰陶。残半，中间有一圆孔。直径4、孔径0.5、厚1.8厘米（图七七，3）。

C型　鼓状。2件。标本G1下:18，夹砂红褐陶。制作粗糙，有刮抹痕，一端残，中间有一圆孔。直径4、残高3、孔径0.4厘米（图七七，4；图版二四，1）。

D型　圆台状。4件。标本G1上:18，夹细砂红褐陶。两端平整，近底部内收为平底，自上而下有6道凹弦纹，中间有一圆孔。顶径1.1、底径2.6、高1.8、孔径0.4厘米（图七七，5；图版二四，2）。

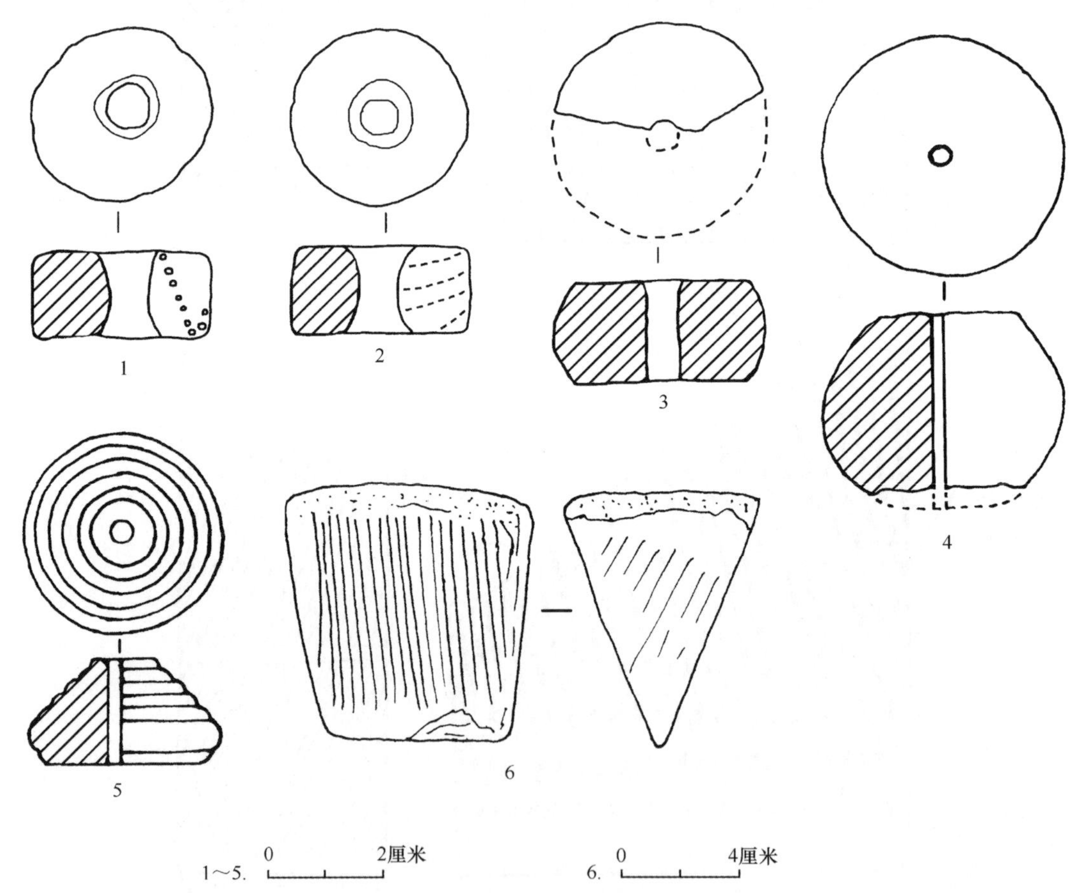

图七七　汉代陶器

1、2. A型纺轮（T307④:20、T308③:1）　3. B型纺轮（T307②:1）　4. C型纺轮（G1下:18）　5. D型纺轮（G1上:18）　6. 楔形器（ⅠT2③:3）

楔形器　1件。ⅠT2③:3，泥质灰陶。整体呈楔形，上宽下略窄。平顶，两侧面饰绳纹。长9.4、宽9、厚7厘米（图七七，6；图版二四，3）。

饼　35件。均为残陶片制成，多为泥质灰陶，泥质红褐陶次之。标本T307③:11，泥质红褐陶。制作较粗糙，边缘经简单刮抹，表面饰绳纹。直径6.6、厚1.1厘米（图七八，1）。标本H304:3，泥质红褐陶。边缘经刮抹较光滑，表面饰方格纹。直径7.1、厚0.5厘米（图七八,2）。标本G1上:26，泥质灰陶。边缘经刮磨，表面为绳纹。直径4.6、厚0.7厘米（图七八,3）。

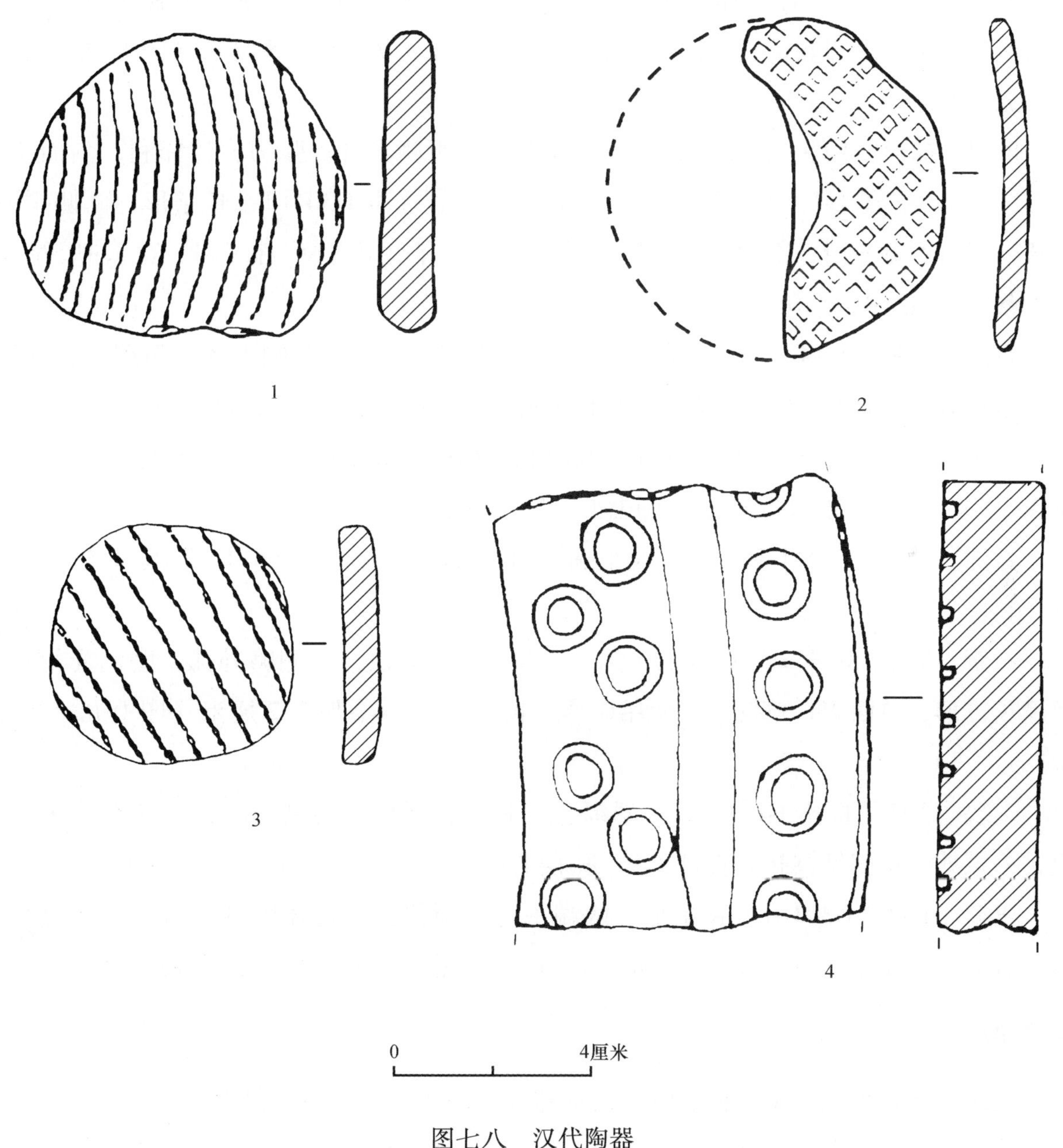

图七八　汉代陶器

1～3. 饼（T307③:11、H304:3、G1上:26）　4. 不明器（G1上:24）

不明器　2件。标本G1上：24，夹砂红褐陶。两端残，两侧面微弧。一面光滑，一面中心部位有一浅凹槽，其两侧有若干个圆圈，是用管状器戳印而成。残长9、宽7、厚2厘米（图七八,4；图版二五，1）。

2. 石、玉器

石器种类有斧、凿、锛、镞和球等。玉器有玦和锛。

石斧　9件。根据其形状的不同分二型。

A型　长方形。5件。标本T7③：11，体厚重，两侧平齐，通身磨制光滑，平顶，剖面呈长方形。弧刃较钝，有使用崩痕。长9.2、宽4.7、厚2.5厘米（图七九，1；图版二五，2）。

B型　梯形。4件。标本G1上：5，体扁薄，两侧平齐。弧刃，较锋利，剖面呈长方形。长7.1、宽4.1、厚1.2厘米（图七九，2）。标本H304：1，长条形，两侧平齐，弧顶，通身磨制光滑，剖面呈长方形，弧刃锋利，有使用崩痕。长7.4、宽3.4、厚1.4厘米（图七九，3；图版二五，3）。

石凿　1件。ⅠT4②：3，磨制光滑，上窄下宽，平顶，两侧平齐，弧刃，较锋利，剖面呈长方形。长6、宽3、厚1.2厘米（图七九，4；图版二五，4）。

石镞　1件。ⅠT2③：7，通体磨制光滑，两翼外弧锋利，短铤呈倒梯形。长5.6、宽2.3、厚0.5、铤长2.5厘米（图七九，5；图版二六，1）。

石球　2件。标本ⅠT4③：2，略呈椭圆形，表面粗糙。直径6.4～7厘米（图七九，6；图版二六，2）。

石锛　2件。标本H5：1，长方形，上窄下宽，平顶，两侧略外弧，磨制光滑，剖面呈长方形，单面刃，较钝，有使用崩痕。长8.6、宽4、厚2.2厘米（图七九，7；图版二六，3）。

玉玦　2件。标本G1上：21，翠绿色，扁薄，圆形，磨制光滑，一端有清晰切割痕，一端残，单面钻圆孔。直径3.9、孔径1.6、厚0.25厘米（图七九，8）。

玉锛　1件。G303：1，长条形，两端平齐，顶微弧，通体磨制光滑，剖面呈长方形，直刃，有使用崩痕。长5.5、宽2.7、厚1.1厘米（图七九，9；图版二六，4）。

3. 铁器

发现较多，种类有镬、锸、钉、齿形器和铁块等，以镬数量最多。

镬　13件。标本G1下：9，长方形，平顶，两端平齐，上端厚，下端渐薄形成刃部，长方形銎，刃部较钝，有使用崩痕。长13.6、宽6、厚3.2、銎长4.4、宽1.6、深10厘米（图八〇,1；图版二七，1）。

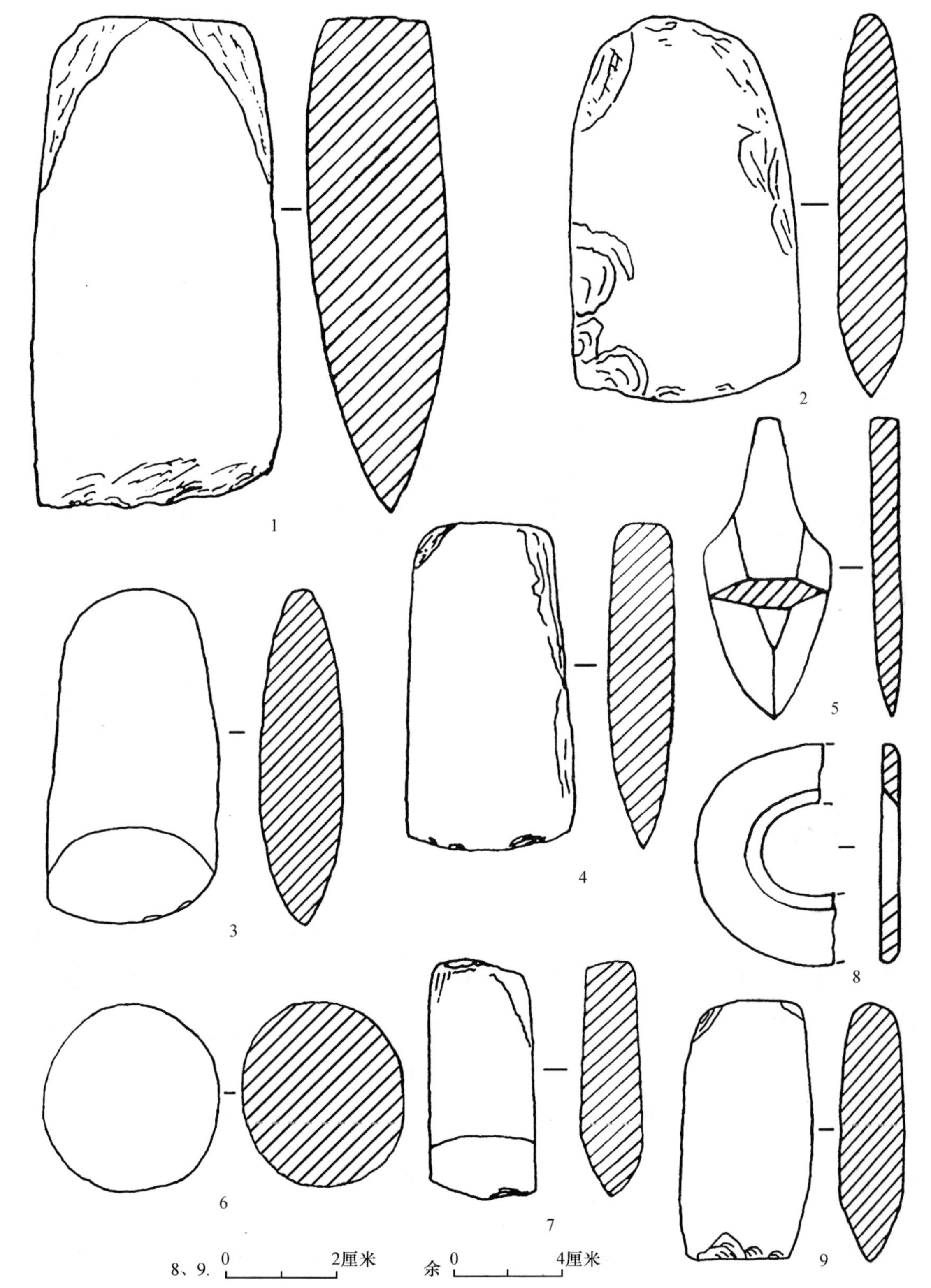

图七九　汉代石、玉器

1. A型石斧（T7③:11）　2、3. B型石斧（G1上:5、H304:1）　4. 石凿（ⅠT4②:3）　5. 石镞（ⅠT2③:7）　6. 石球（ⅠT4③:2）　7. 石锛（H5:1）　8. 玉玦（G1上:21）　9. 玉锛（G303:1）

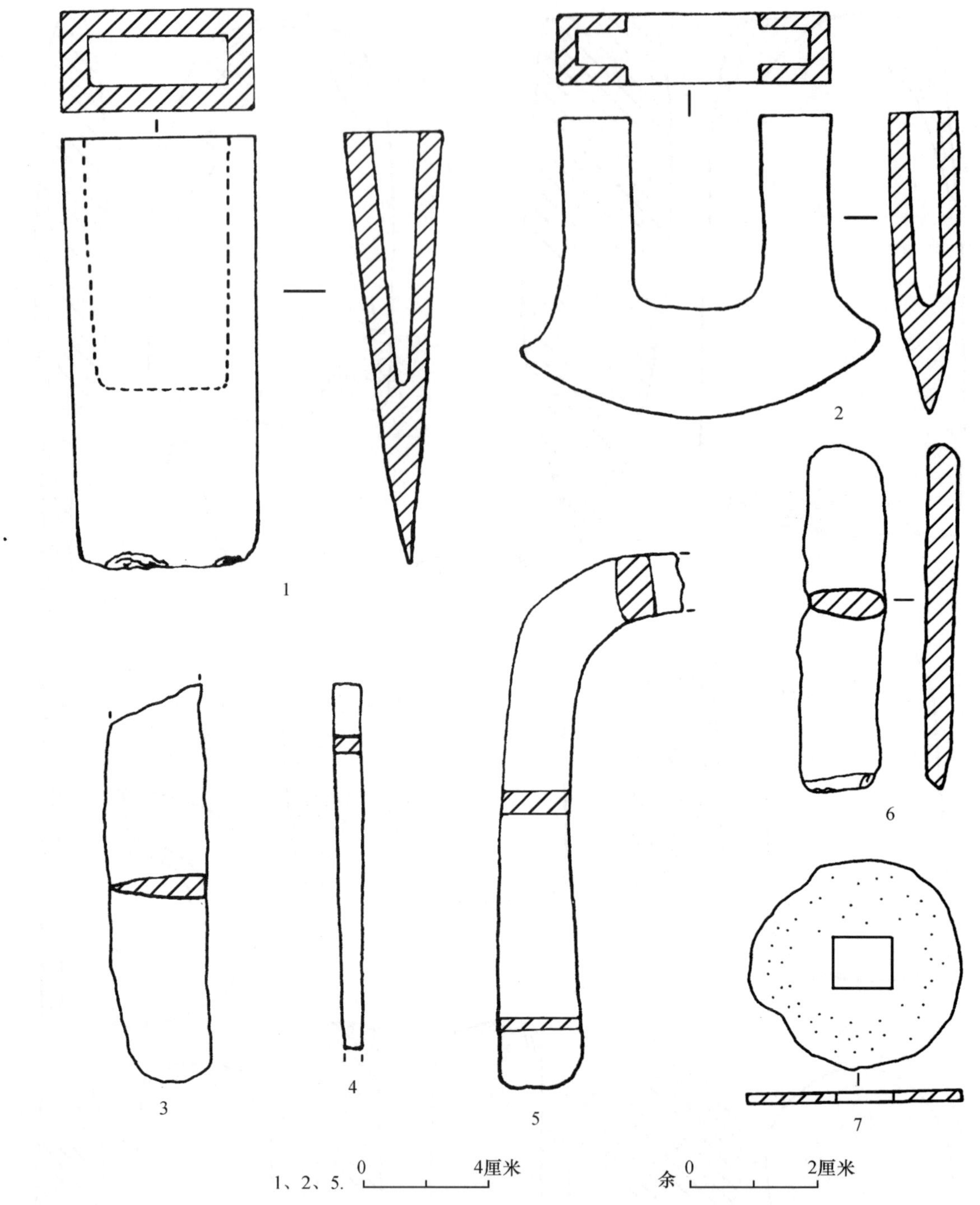

图八〇　汉代铁器

1. 镢（G1下:9）　2. 锸（G1下:10）　3. 刀（H301:4）　4. 铁钉（T7③:8）　5. 齿形器（G1上:33）　6. 凿（G302:10）　7. 币（T301③:3）

锸　2件。标本G1下:10，整体呈钺形，平顶，两侧平齐，顶端厚，向下渐薄形成扇面形刃，刃较锋利，两侧面内侧为“凹”字形銎。长11.6、刃宽10.6、厚2.2、銎长7.2、宽1.2、深6.2厘米（图八〇，2）。

刀　1件。H301:4，残，长条形，直背弧刃。残长6.9、宽1.7、厚0.3厘米（图八〇，3；图版二七，2）。

钉　6件。标本T7③:8，末端残，平头，上宽下窄，剖面呈长方形。残长5.8、宽0.4、厚0.3厘米（图八〇，4）。

齿形器　2件。标本G1上:33，已残，现存部分呈矩尺形，齿上窄下宽，上端厚向下渐薄，推测原器应为二齿或三齿。残长17、宽2.6厘米（图八〇，5）。

凿　1件。G302:10，窄长条形，弧顶，刃略弧较钝。长6、宽1.3、厚0.5厘米（图八〇，6；图版二七，3）。

铁币　1枚。T301③:3，圆形方孔，锈蚀较重，边缘部分残缺。直径3.5厘米（图八〇，7）。

铁块　21件，形状不一，均较破碎。

4. 铜器

共发现6件。种类有镞、簪、针、笔帽状器。

笔帽状器　1件。T308④:43，整体呈长条形笔帽状，平顶，顶端呈六棱形。两侧对称，一侧长，一侧短，中空。长6.5厘米（图八一，1；图版二七，4）。

针　1件。T301③:5，整体分三部分，顶部为削成8个角的长方体，中间有一穿孔为针鼻，孔内尚存有残断铜丝。中部为长方体，上粗下略细，截面呈方形，上端有两道凸棱，下端连接一个与顶部相似的小长方体，其下也有两道凸棱。下部为针体。截面呈圆形，尖部残。残长4.5、上端宽0.2、下端直径0.1厘米（图八一，2）。

簪　2件。H301:5，两端均残，长条形圆柱状，上粗下细，下端弯曲。残长6、直径0.3厘米（图八一，3；图版二八，1）。G1下:5，两端均残，长条形圆柱状，上粗下细。残长5、直径0.5厘米（图八一，4）。

镞　2件。标本G1上:34，已残，整体呈三角形，中间起脊，两翼锋利，圆锥状铤。残长4.3、铤长1.5厘米（图八一，5）。

5. 铜币

共12枚。

“大布黄千”　1枚。ⅡT4④:9，工具形，边缘起棱。长5.2、宽1.8～2.2厘米（图八一，7；图版二八，3）。

“五株”　6枚。标本G302:8，圆形，方形孔，有轮。直径2.6厘米（图八一，8；图版二九,1）。标本ⅡT2③:6，圆形，方形孔，剪轮。直径2.1厘米（图八一，9）。标本T8⑤:4，已残半，方形孔，剪轮（图八一，10）。

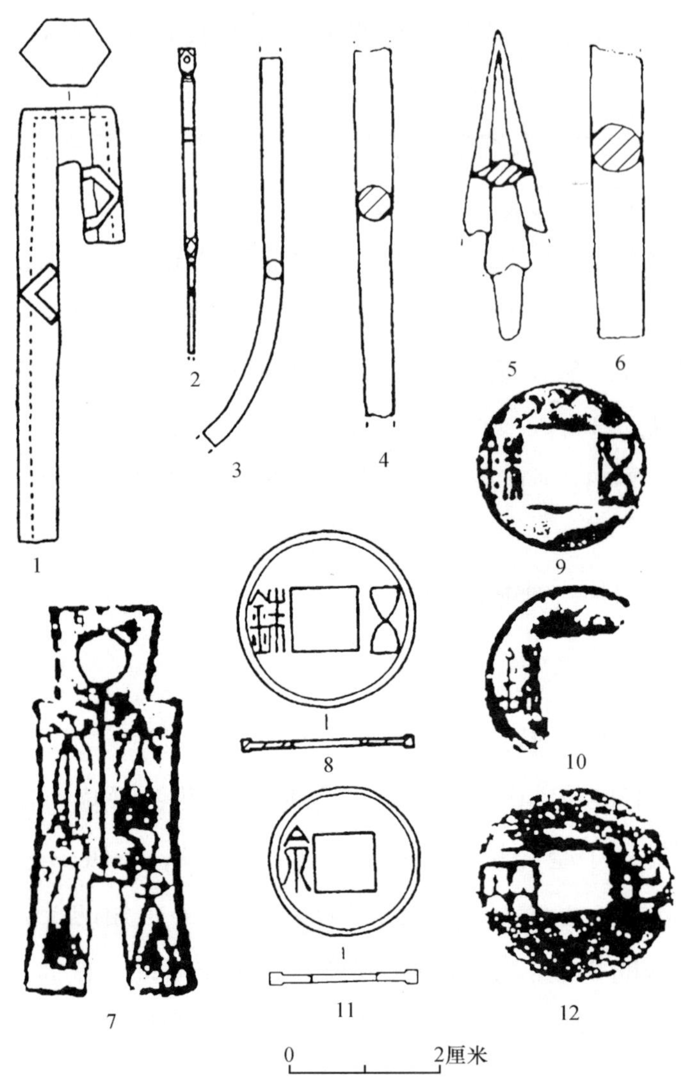

图八一　汉代铜、骨器及铜币

1. 笔帽状铜器（T308④:43）　2. 铜针（T301③:5）　3、4. 铜簪（H301:5、G1 下:5）　5. 铜镞（G1 上:34）　6. 骨器（G1 上:3）　7～12. 铜币（ⅡT4④:9、G302:8、ⅡT2③:6、T8⑤:4、T307④:16、G1 上:11）

“泉”　1 枚。T307④:16，圆形，方形孔，有轮。直径 2.2 厘米（图八一，11；图版二九,2）。

“半两”　1 枚。标本 G1 上:11，圆形，方形孔，剪轮。直径 2.6 厘米（图八一，12）。

另有 3 枚铜币均为圆形，剪轮，方形孔。因锈蚀严重，字迹无法辨认。

6. 骨器

1 件。G1 上:3，长条形圆柱状，平顶，下端残。残长 4、直径 0.7 厘米（图八一，6；图版二八，2）。

五、宋代遗存

（一）遗　　迹

仅发现4个灰坑，遗物大部分出土于H13和H14内，但由于两个灰坑均延伸至梯田埂内，故未全部清理，整体形状不清。

（二）遗　　物

1. 瓷器

共177件。器类有碗、盘、盏、双系罐、四系罐、杯、碟、罐、钵、盆、盂、灯台和器盖等，其中以碗和盘为大宗。品种有黑釉、酱色釉、白瓷、影青瓷和青瓷。其中白瓷和酱色釉占大多数，其次为黑釉和青瓷，仅有少量影青瓷。

碗　108件。依其大小分二型。

A型　大型。67件。依其腹部的不同分二亚型。

Aa型　腹略外弧。29件。标本T308④:52，酱釉瓷。敞口，尖圆唇，圈足矮且宽，似玉璧形底。器内壁满釉，内底有涩圈。口沿外侧至腹下部为酱色釉，外壁接近底部釉呈泪滴状，外底及圈足无釉，釉面无光泽。口径17、底径6.6、高6厘米（图八二，1；图版二九，3）。标本T307③:2，白瓷。尖圆唇，圈足，足稍外撇，足外缘经刮抹。灰白色胎，施淡黄色釉汁。口沿内外施一周酱色釉，内壁施乳黄色釉汁，外壁挂半截乳黄色釉汁，外底及圈足处无釉，内底有沙渣痕，釉面无光泽。口径14.4、底径6、高4厘米（图八二，2；图版二九，4）。标本T308④:29，白瓷。敞口，圆尖唇，圈足。胎体疏松，胎呈白中泛黄色，口沿内外为浅酱色釉，内外壁为乳白色满釉，外底及圈足无釉。釉面无光泽，手感发涩，似仅施一层化妆土，尚未施釉样。口径14、底径6、高3.6厘米（图八二，3）。标本T308④:7，青瓷。敞口，尖圆唇，圈足。胎体疏松，呈灰白色，施青釉略呈灰青色，釉面极不匀净。器内外均满釉，外底及圈足无釉，釉面有光泽。口径20、底径6.8、高7厘米（图八二，4；图版三〇，1）。标本ⅠT5③:5，青瓷。尖唇，内外壁均为浅酱色釉，外壁接近底部釉呈泪滴状，底为圈足。口径11.6、底径4.8、高3.4厘米（图八二，5；图版三〇，2）。

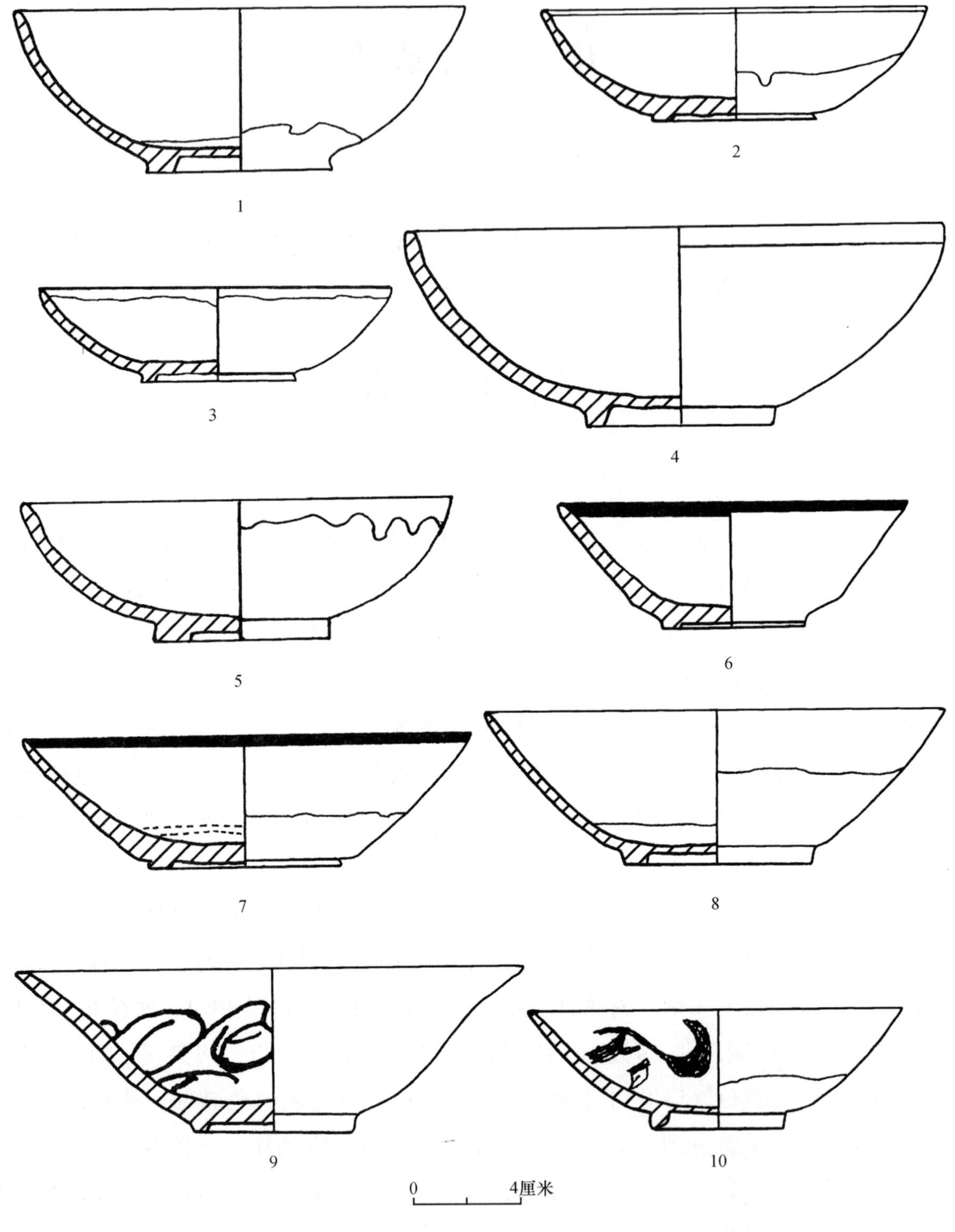

图八二　宋代瓷碗

1～5. Aa 型碗（T308④:52、T307③:2、T308④:29、T308④:7、ⅠT5③:5）　6～10. Ab 型碗（T311③:4、T307③:3、T308④:50、T308④:51、T308④:55）

Ab 型　斜直腹。31 件。标本 T311③:4，白瓷。敞口，尖圆唇，圈足。灰白胎，乳白色釉，略泛黄，内壁满釉，外壁半截釉。口沿内外施浅酱色釉，釉不匀，内底有涩圈，外底及圈足无釉，釉面略有光泽。口径 15、底径 5.2、高 4.6 厘米（图八二，6；图版三〇，3）。标本T307③:3，白瓷。敞口，圆尖唇，圈足略外撇。胎体疏松，口沿内挂一周酱色釉，其下至腹下部挂白色釉微泛黄，内底有沙渣痕，外底及圈足无釉，内外均有垂釉现象，釉面有光泽。口径 17、底径 7、高 4.8 厘米（图八二，7）。标本T308④:50，酱釉瓷。敞口，圆尖唇，矮圈足，足沿稍宽，似璧形。胎体致密呈紫色，施酱色釉，内壁满釉，外壁施半釉。内底有涩圈，釉面无光泽。口径 17、底径 5.2、高 4.6 厘米（图八二，8；图版三〇，4）。标本 T308④:51，青瓷。敞口，尖唇，圈足。口沿部分有 3 处略呈花瓣口的豁口。胎质较疏松，内壁满釉，外壁施乳青色釉，仅外底不施釉。内壁饰刻划花纹，枝叶纹及“S”形纹。釉面无光泽。口径 19、底径 6、高 5.8 厘米（图八二，9；图版三〇，5）。标本 T308④:55，青瓷。敞口，尖唇，圈足。灰白色胎，胎质致密，施青釉泛灰，内壁有酱色彩绘草叶纹。内壁满釉，外壁半截釉。内底有沙渣痕，外底及圈足无釉，釉面无光泽。口径 14、底径 5、高 4.4 厘米（图八二，10）。

B 型　小型。41 件。依其腹部的不同分二亚型。

Ba 型　弧腹。17 件。标本 T308④:56，青瓷。口微侈，方唇，圈足。胎体沉重，胎色灰白，施乳白色釉。口沿外侧未施釉，内外壁满釉，外底及圈足无釉。釉面通体呈龟裂纹，釉面无光泽。口径 10、底径 3.8、高 5.2 厘米（图八三，1；图版三一，1）。标本 T307④:6，酱釉瓷。敞口，圆唇，内底凹陷，假圈足，足稍外撇，外缘经刮抹。灰白色胎，施深酱色釉。器内满釉，器外半截釉，外腹及底部无釉，釉面有光泽，内底和腹下部有支钉痕。口径 10.6、底径 3.8、高 5.7 厘米（图八三，2；图版三一，2）。标本 T308④:47，酱釉瓷。敞口，圆唇，实足胎呈土灰色，施深酱色釉。器内满釉，口沿至外腹下部施釉，有泪滴现象。外底及足部不施釉，釉色中泛酱黄色，似窑变，有较强的光泽。胎下部有工具刮抹痕迹。口径 10、底径 2.8、高 5.6 厘米（图八三，3）。标本 T308④:18，影青瓷。口微敛，方唇，圈足，足略向外撇，底略向外凸。胎体较薄，致密，胎呈白色，施影青釉，口沿为无釉芒口，器内外满釉，仅外底及圈足内侧无釉。釉面莹润，有较强的光泽，断面玻璃质感较强。口径 10、底径 3.5、高 5.1 厘米（图八三，4）。标本 T308④:30，青瓷。敞口，尖唇，圈足略外撇。胎质较疏松，呈青灰色，施青灰色釉。内壁满釉，外壁半截釉，内底有沙渣痕略呈涩圈，外底及圈足无釉，釉面略有光泽。口径 12、底径 5、高 4.5 厘米（图八三，5）。标本 I T5③:4，青瓷。圆唇，口沿外侧至腹部为深酱色釉，小底实圈足。口径 10.8、底径 3.2、高 6 厘米（图八三，6；图版三一，3）。标本 I T5③:6，青瓷。敞口，尖唇，口沿外侧至腹下部为乳

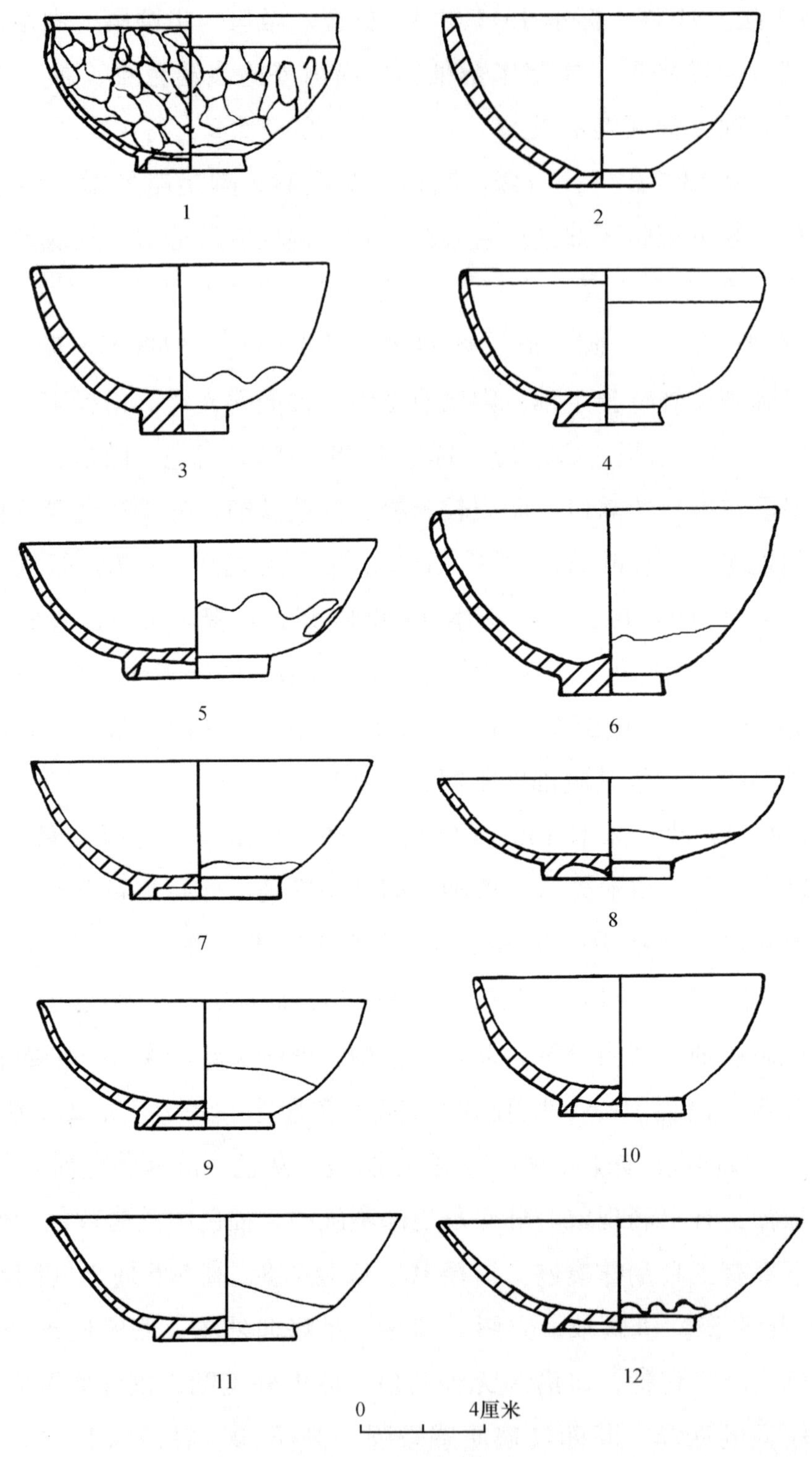

图八三 宋代瓷器

1～10. Ba型碗（T308④:56、T307④:6、T308④:47、T308④:18、T308④:30、ⅠT5③:4、ⅠT5③:6、ⅠT5③:29、T308④:37、ⅠT5③:24） 11、12. Ba型碗（T307③:16、ⅠT5③:28）

白色釉，圈足略外撇。口径11、底径4.8、高4厘米（图八三，7；图版三二，1）。标本ⅠT5③:29，青瓷。圆唇，内壁底部有5个支钉痕。外壁口沿至腹下部为青色釉，圈足，底外突。口径11、底径4、高3.4厘米（图八三，8；图版三二，2）。标本T308④:37，青瓷。敞口，尖圆唇，圈足外撇，足外缘经刮抹，外底略有鸡心突。胎体较疏松呈青灰色，施青灰色釉，内壁满釉，外壁半釉，底及圈足无釉。口径11、底径4.6、高4.3厘米（图八三，9；图版三二，3）。标本ⅠT5③:24，影青瓷。圆尖唇，腹下部缓收与底相接。口沿外侧无釉，其下至底部为乳白微泛黄的开片，圈足。口径9、底径4、高4.4厘米（图八三，10）。

Bb型　斜直腹。24件。标本T307③:16，青瓷。敞口，尖圆唇。圈足，足稍外撇，足外缘经刮抹。胎呈青灰色，略疏松，施青灰色釉，器内满釉，器外施半截釉。内底沙渣痕略呈涩圈，外底及圈足无釉，釉面略有光泽。口径12、底径4.8、高4.2厘米（图八三，11）。标本ⅠT5③:28，青瓷。尖唇，内外壁均为浅酱色釉，外壁接近底部釉呈泪滴状，底为圈足。口径11.6、底径4.8、高3.4厘米（图八三，12；图版三二，4）。

罐　7件。依腹部的不同分二型。

A型　折腹。2件。依有无器耳分二亚型。

Aa型　双耳。1件。T307④:12，黑釉瓷。侈口，尖圆唇，直颈略长，颈肩部有对称的双耳。腹部起棱，底部残。胎色土灰，胎质疏松，施黑色釉，内壁满釉，外壁上部未施釉。口沿、外壁下部及器耳的釉色略呈酱黄色，釉面有较强的光泽。口径9、残高6.6厘米（图八四，1）。

Ab型　无耳。1件。ⅠT5③:65，影青瓷。下部残，荷叶边状口，圆唇。短弧颈，外壁为开片釉。口径6.8、残高5厘米（图八四，2）。

B型　鼓腹。5件。依有无器耳分三型。

Ba型　无耳。3件。标本T308④:59，酱釉瓷。口部残缺，玉璧形底，内底稍凹。胎体厚重，呈土灰色，内壁施褐色釉，釉面有光泽，外壁施浅酱色釉，釉面光泽不如内壁。底径9.6、残高9.2厘米（图八四，3）。标本ⅠT5③:49，青瓷。圆唇，鼓腹，圈足。外壁上部为浅酱色釉，内壁为浅酱色满釉。口径13.6、底径7.8、高10.5厘米（图八四，4；图版三三，1）。

Bb型　双耳。1件。T308④:58，酱釉瓷。口微外侈，尖圆唇，短直颈略向外弧，颈肩部有对称双耳。圈足，足沿较宽且矮，似玉璧底。胎呈土灰色，较疏松。内外壁施酱色满釉，内外底及圈足无釉。器内外腹部釉色泛青绿，其他部位的釉色呈酱色，有很强的光泽，很光亮。内部未修胎，有旋痕。口径12、底径6.6、高10.2厘米（图八四，5；图版三三，2）。

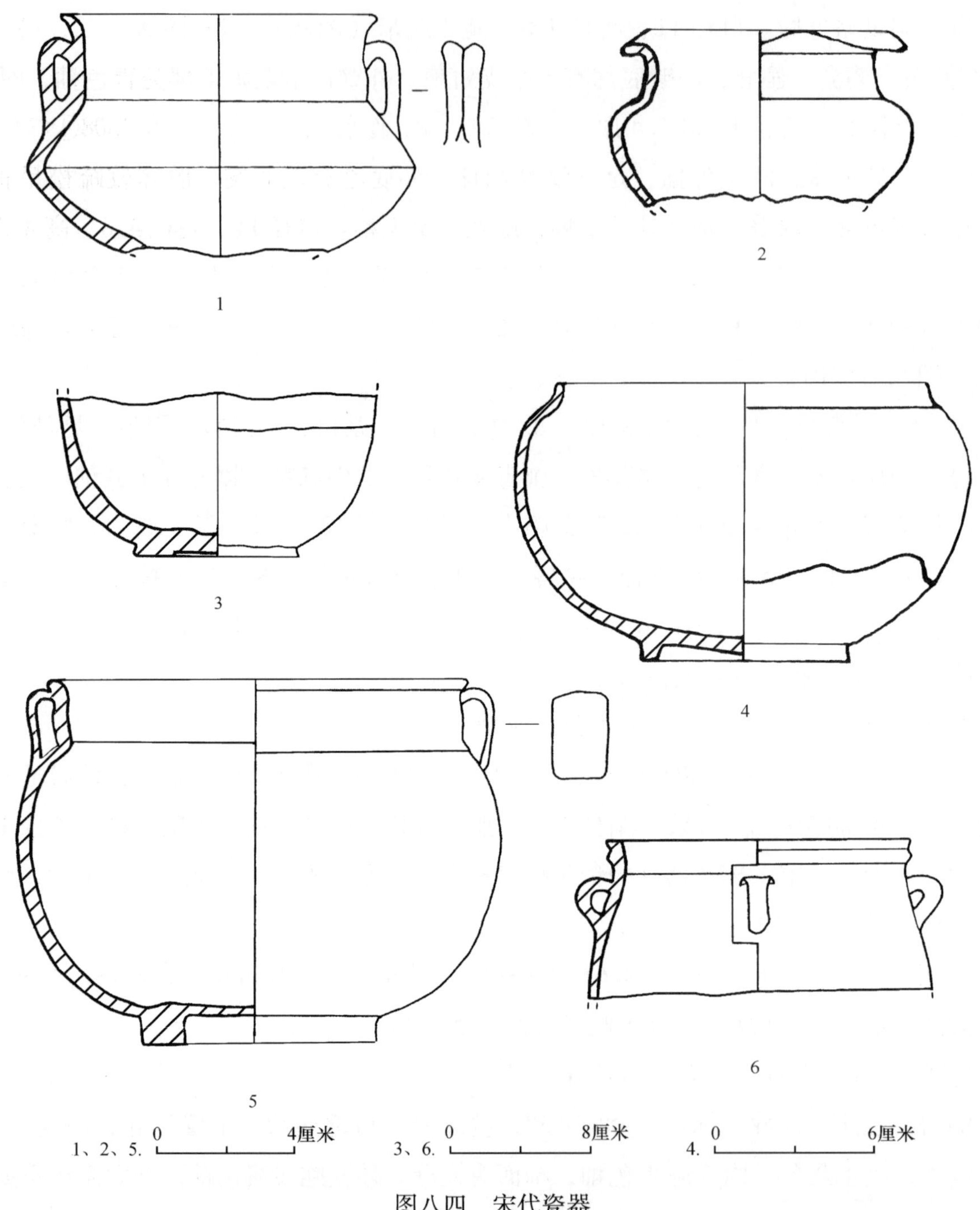

图八四　宋代瓷器

1. Aa 型罐（T307④:12）　2. Ab 型罐（ⅠT5③:65）　3、4. Ba 型罐（T308④:59、ⅠT5③:49）　5. Bb 型罐（T308④:58）　6. Bc 型罐（T307④:5）

Bc 型　四系耳。1 件。T307④:5，酱釉瓷。直口，尖圆唇，平沿，沿下一周束颈很短，底残。斜弧肩，肩上有四系耳。胎呈紫红色，施深酱色釉，无光泽，似一层化妆土（或护胎汁）。内壁口沿处施釉，外壁半釉。口径 16.4、残高 8.4 厘米（图八四，6）。

盘　35 件。依腹部的不同分三型。

A 型　浅斜弧腹。19 件。标本ⅠT5③:17，青瓷。圆唇，内外壁为乳白色釉，圈足。口径14.6、底径3.6、高2.8厘米（图八五，1）。

B型　深斜直腹。9件。标本ⅠT5③:27，青瓷。圆尖唇，内外壁为浅酱色釉，圈足。口径16.5、底径6.4、高2.4厘米（图八五，2）。

C型　浅斜直腹。7件。标本H14:18，青瓷。圆尖唇，内外壁为酱色釉，圈足。口径16、底径6.4、高2.4厘米（图八五，3；图版三三，3）。

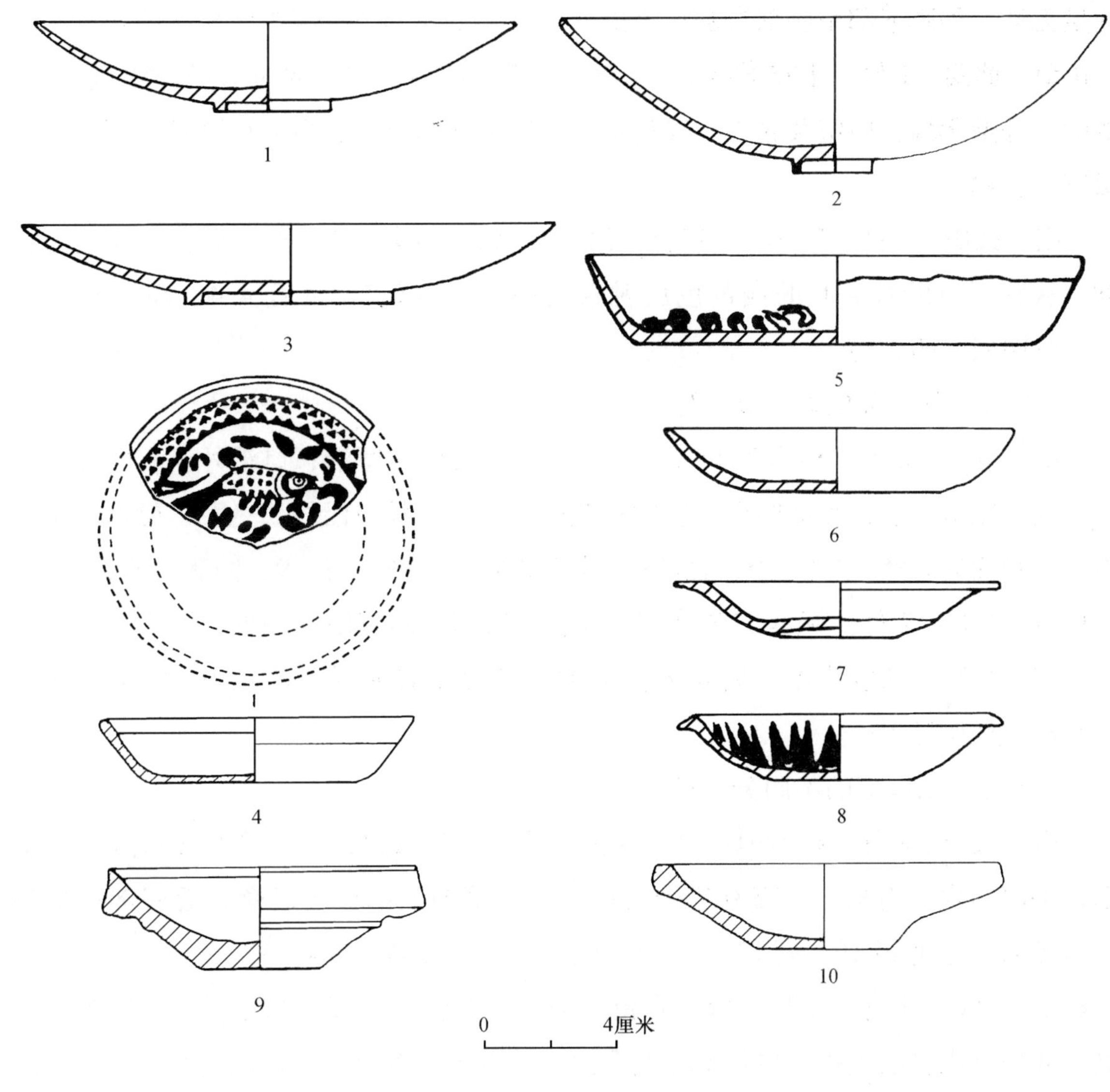

图八五　宋代瓷器

1. A型盘（ⅠT5③:17）　2. B型盘（ⅠT5③:27）　3. C型盘（H14:18）　4～6. A型碟（T308④:45、H14:14、T307③:7）　7. B型碟（ⅠT5③:42）　8. C型碟（H13:5）　9. A型盏（T311②:4）　10. B型盏（T307④:4）

碟　7件。依腹部的不同分三型。

A型　斜直腹。5件。标本T308④:45，影青瓷。敞口，方唇，平底。胎体较薄，胎质致密，呈白色。通体施影青釉，内壁及内底釉呈浅青色，外壁及外底呈乳青色。口沿内外未施釉，内壁芒口下有一周刻划回纹，内壁饰四周三角形纹，内底饰鱼纹。所有的纹饰均有凸起的立体感，釉面有极强光泽。口径10、底径7、高2厘米（图八五，4）。标本H14:14，影青瓷。平底，内外壁及底均有釉，内壁近底部有略突出乳白色祥云图案。口径15、底径12.3、高2.7厘米（图八五，5）。标本T307③:7，白瓷。敞口，尖圆唇，平底。胎体较疏松，呈浅土黄色，施乳白色釉微泛黄，内壁满釉，外壁近底处足无釉，外腹下部至底部有刮抹痕迹。口径11、底径6、高2厘米（图八五，6）。

B型　曲腹。1件。ⅠT5③:42，青瓷。平沿，圆唇。斜直腹近底处急收呈突棱状，底微凹。外壁无釉，内壁及底为浅酱色釉。口径10、底径4、高1.6厘米（图八五，7；图版三三，4）。

C型　弧腹。1件。H13:5，青瓷。沿面外弧，尖唇。斜直腹，平底。外壁为深酱色釉。从底至口沿有突起的浅黄色放射状纹饰。口径9.2、底径4.4、高2厘米（图八五，8;图版三四，1）。

盏　8件。依口部的差别分二型。

A型　盘口。6件。标本T311②:4，酱釉。圆尖唇，厚沿，口沿外侧有凸棱，斜直腹，平底。胎呈灰色，胎体厚重，胎质较疏松。内壁及外口沿挂酱色釉，唇部以及外壁未施釉，釉面有光泽。口径10、底径4、高3.2厘米（图八五，9；图版三四，2）。

B型　敞口。2件。标本T307④:4，酱釉。圆唇，斜腹略向内凹，平底。胎呈灰黑色，施酱黄色釉，内壁满釉，唇及外壁无釉，釉面略有光泽。口径10.8、底径4、高2.8厘米（图八五,10）。

盆　3件。依口部的不同分二型。

A型　敞口。2件。标本H14:4，青瓷，圆唇，斜弧腹，口沿经刮抹形成一较宽的凹槽，平底。内壁满釉，底部有7个支钉痕，外壁釉大部分已脱落，近底部釉呈泪滴状。口径42.8、底径16、高17.6厘米（图八六，1；图版三四，3）。

B型　直口。1件。ⅠT5③:1，青瓷。圆唇，弧腹，平底，内壁满釉，底有7个支钉痕，外壁釉大多已脱落。口径14、底径8.4、高5.6厘米（图八六，3）。

灯台　1件。T301②:1，酱釉瓷。整体呈塔状，两层，塔层呈浅盘状，上细下粗，圈足内敛。胎体中部为倒圆锥体呈喇叭状，上部细下部粗，中空，残断处似有一圆孔（其上施釉），胎体厚重，呈红褐色，施酱色釉，釉层较厚，有光泽。残高8、底径6厘米，残存灯台中空部分深3.8、孔径0.5厘米（图八六，2；图版三四，4）。

钵　5件。依口部的不同分三型。

A型　直口。2件。标本H14:21，青瓷。圆唇，弧腹，平底，内外壁满釉。口径15.6、底径12、高3.9厘米（图八六，4）。

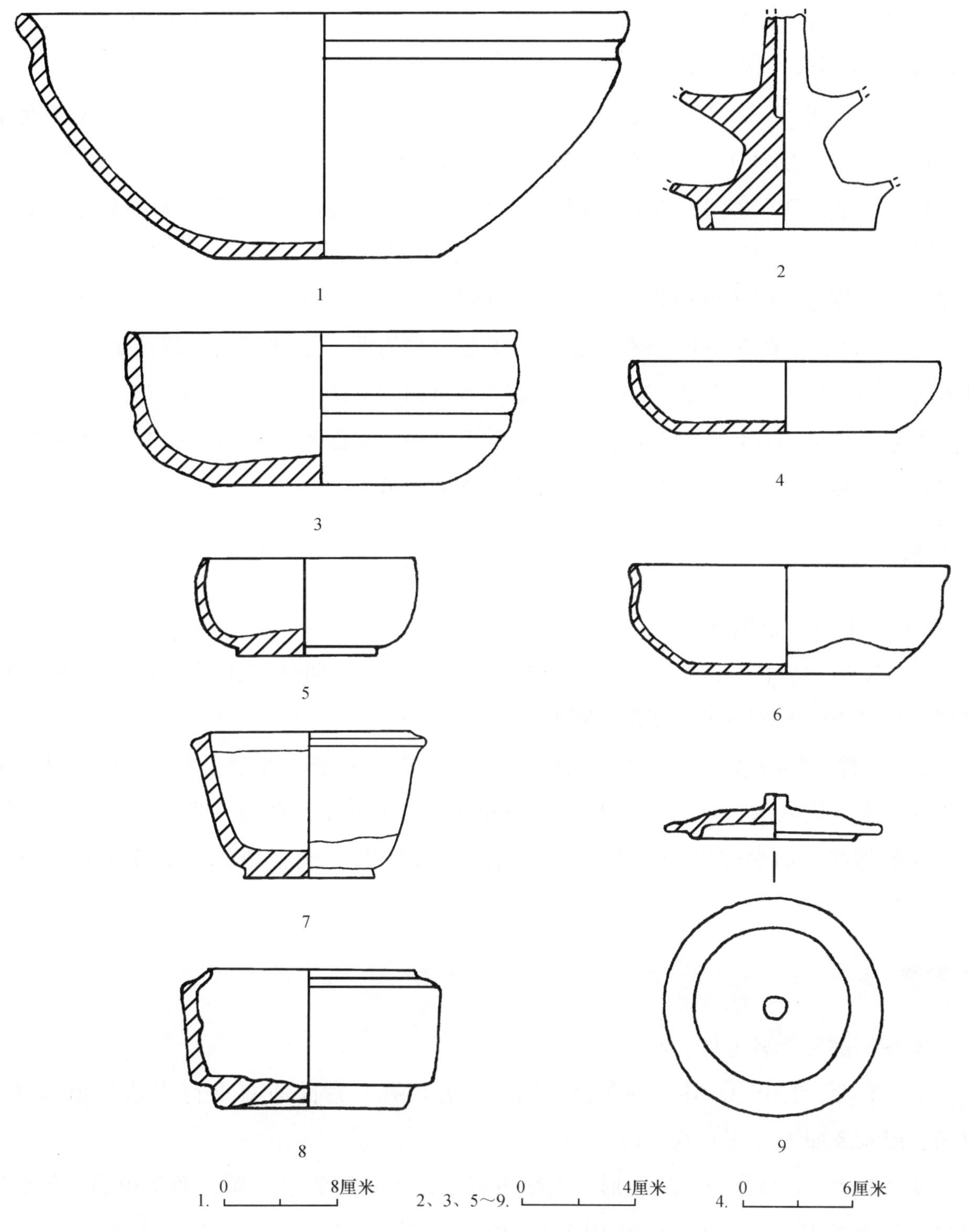

图八六　宋代瓷器

1. A型盆（H14∶4）　2. 灯台（T301②∶1）　3. B型盆（ⅠT5③∶1）　4. A型钵（H14∶21）　5. B型钵（ⅠT2③∶1）　6. C型钵（ⅡT3③∶1）　7. 杯（T307③∶8）　8. 盂（ⅠT5③∶66）　9. 器盖（H14∶11）

B型 敛口。1件。ⅠT2③:1，青瓷。圆唇，弧腹，无釉，假圈足。口径7.2、底4.8、高3.6厘米（图八六，5）。

C型 微侈口。2件。标本ⅡT3③:1，青瓷。圆唇，弧腹，平底。内外壁上部有釉。口径11.2、底径7.2、高3.8厘米（图八六，6）。

杯 1件。T307③:8，青瓷。直口，叠唇，口沿内侧高于外侧，斜弧腹略深，实足。胎体厚重，内壁口沿处施釉，外壁施浅黄褐色釉，釉不均匀。外底及足无釉，釉面无光泽，似仅施一层黄色护胎汁。口径7、底径4.6、高5.4厘米（图八六，7）。

盂 1件。ⅠT5③:66，青瓷。敛口。圆唇，斜直腹，下部折收，假圈足底微内凹，外壁为浅黄色釉。口径7.2、底径6.4、高2.5厘米（图八六，8；图版三五，1）。

器盖 1件。H14:11，影青瓷。盖身为开片釉，盖面呈外弧形，中有一短柱状纽，子母口。直径8、高2.3厘米（图八六，9；图版三五，2）。

2. 陶器

4件。有盏和盘两种。

盏 2件。标本ⅠT5③:59，泥质红陶。平唇，口沿向外突出呈三角形，斜直腹，平底。口径10、底径3.6、高2.6厘米（图八七，1）。

盘 2件。T307③:5，夹细砂灰陶。直口，平沿，厚唇，平底。口径15、底径13、高2.6厘米（图八七，2）。H14:20，夹细砂灰陶。胎壁厚，平沿，浅斜直腹，大平底。内壁底中部有一周突起平台，中心部位内凹。口径21、底径20.4、高2.7厘米（图八七，3）。

3. 石器

发现石磨和锛各1件。

磨 1件。T308④:61，下扇磨，圆形，方形孔。磨面凿有平行交错沟槽。直径21.6、厚6.8厘米（图八八，1）。

锛 1件。T311②:3，长条形，上窄下宽，弧顶，两侧略外弧，磨制粗糙。剖面呈梯形，单面弧刃，较锋利，有使用崩痕。长7.2、宽2.8、厚0.8厘米（图八八，2）。

4. 铁器

共发现5件。种类有簪、刀和钱币等。

刀 1件。T307④:2，两端残，前宽后窄，直背直刃，刃较锋利。残长9.1、宽2~2.7、厚0.4厘米（图八八，3）。

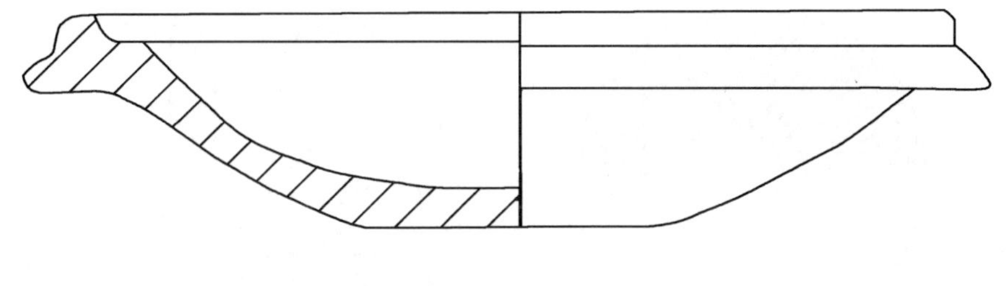

1

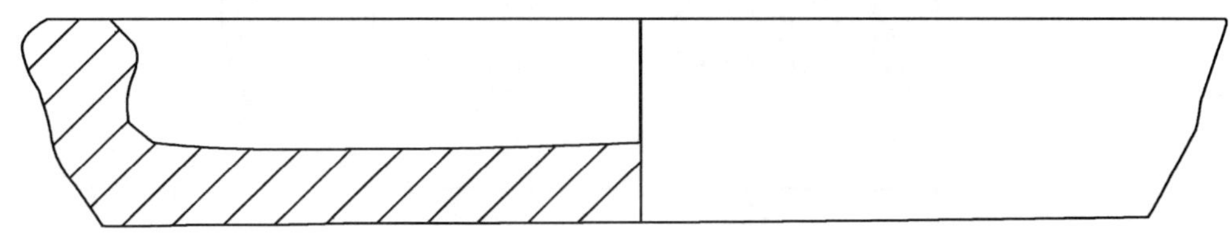

2

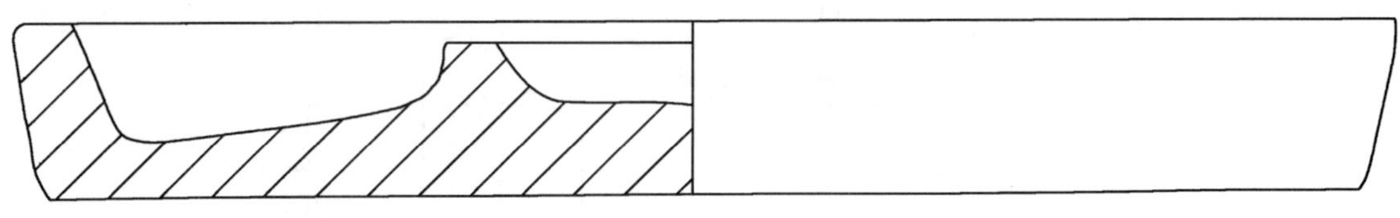

3

图八七　宋代陶器

1. 盏（ⅠT5③:59）　2、3. 盘（T307③:5、H14:20）

铁币　3枚。有大、中、小三种，均锈蚀严重。H14:27，方形孔。直径3.2厘米（图八八，4）。H14:26，方形孔。直径2.7厘米（图八八，5）。H14:28，圆形孔。直径1.8厘米（图八八,6）。

簪　1件。T8③:2，锈蚀严重，双齿，一齿已残半，顶端剖面呈椭圆形。两齿剖面均为圆形。长11.3厘米（图八八，8）。

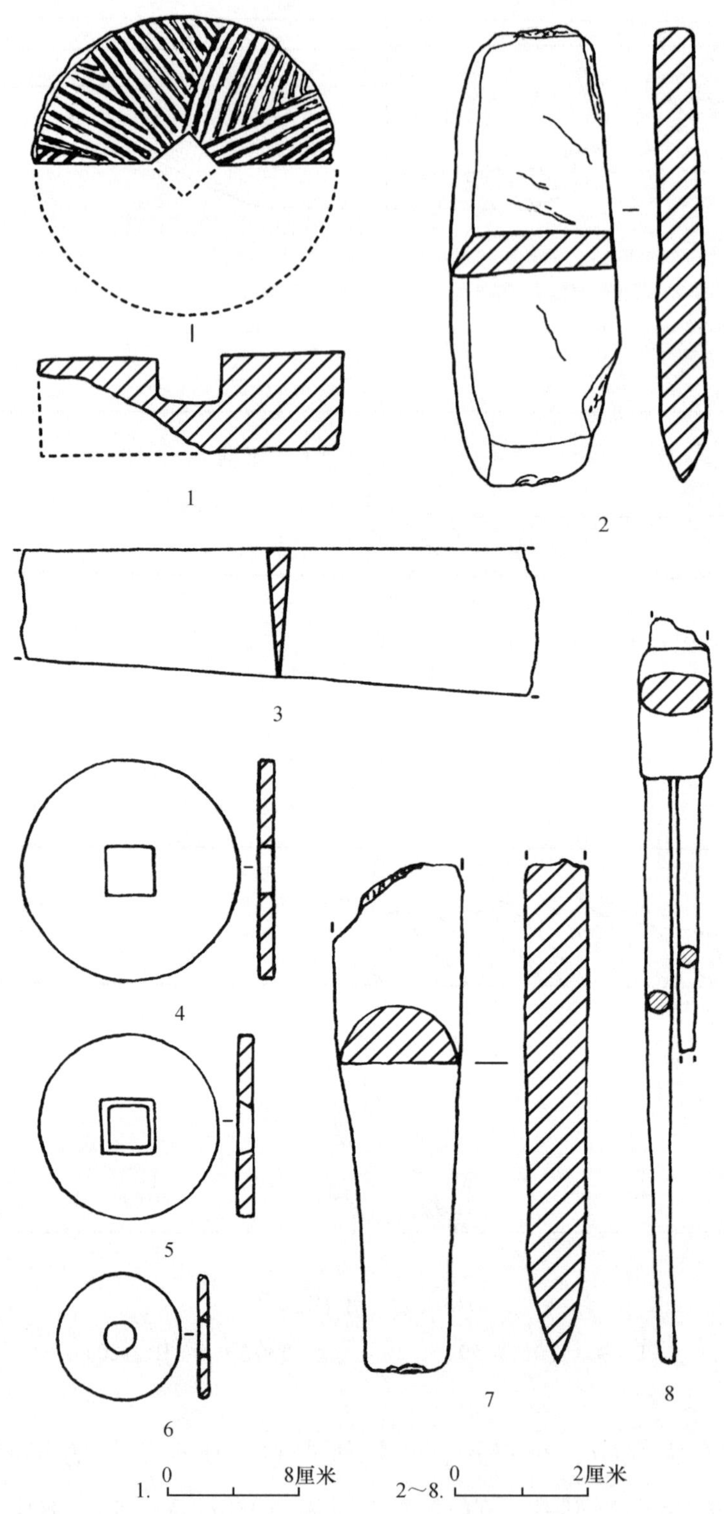

图八八　宋代石、铁、骨器及铁币

1. 石磨（T308④:61）　2. 石锛（T311②:3）　3. 铁刀（T307④:2）　4～6. 铁币（H14:27、H14:26、H14:28）
7. 骨凿（ⅠT4②:1）　8. 铁簪（T8③:2）

5. 骨器

骨凿　1件。ⅠT4②:1，利用动物肢骨加工而成，表面粗糙，顶端残，刃部磨制光滑，有使用崩痕。残长7.4、宽1.8、厚0.9厘米（图八八，7；图版三五，3）。

6. 铜器

共发现13件。种类有簪、带钩、镞、钱币和环等。

簪　7件。依其形状的不同分二型。

A型　双齿。1件。T307④:22，末端残，上粗下细。残长11.4厘米（图八九，1）。

B型　单齿。6件。依其剖面分二亚型。

Ba型　剖面呈圆形。4件。标本H14:24，长条形，顶端粗，末端细且弯曲。长14.4、最大径0.4厘米（图八九，2）。标本T307④:21，长条圆柱状，上粗下细。长16.6厘米（图八九,3；图版三五，5）。

Bb型　剖面呈抹圆三角形。2件。标本ⅡT2③:4，两端均残，顶端残存部分略细，其下由粗渐细。残长5.9厘米（图八九，4）。

环　1件。T311③:5，残，制作精细，剖面呈圆形。直径5厘米（图八九，5；图版三五，4）。

铜币　2枚。H14:22，“祥符通宝”，方形孔。直径2.5厘米（图八九，6）。H14:23，“禧平元宝”方形孔。直径2.3厘米（图八九，7）。

镞　2件。依其形状的不同分二型。

A型　剖面呈三角形。1件。ⅡT2③:44，铤已残，三翼外弧锋利。残长3.4厘米（图八九,8；图版三六，1）。

B型　剖面呈菱形。1件。T306②:1，柳叶形，中间起脊，两面刃，刃部锋利。翼身双面饰叶脉纹，尾端呈燕尾状，铤上宽下尖，略弯曲。长6.8、宽2.3、厚0.3厘米（图八九，9；图版三六，2）。

带钩　1件。H14:29，两端均残，长条形，一端宽，一端略窄。一侧面较平，宽端有一钉帽状纽，另一侧面外鼓，上饰精美的卷云纹。残长5.3、宽0.7~0.9、纽高1、纽径1.3厘米（图八九，10）。

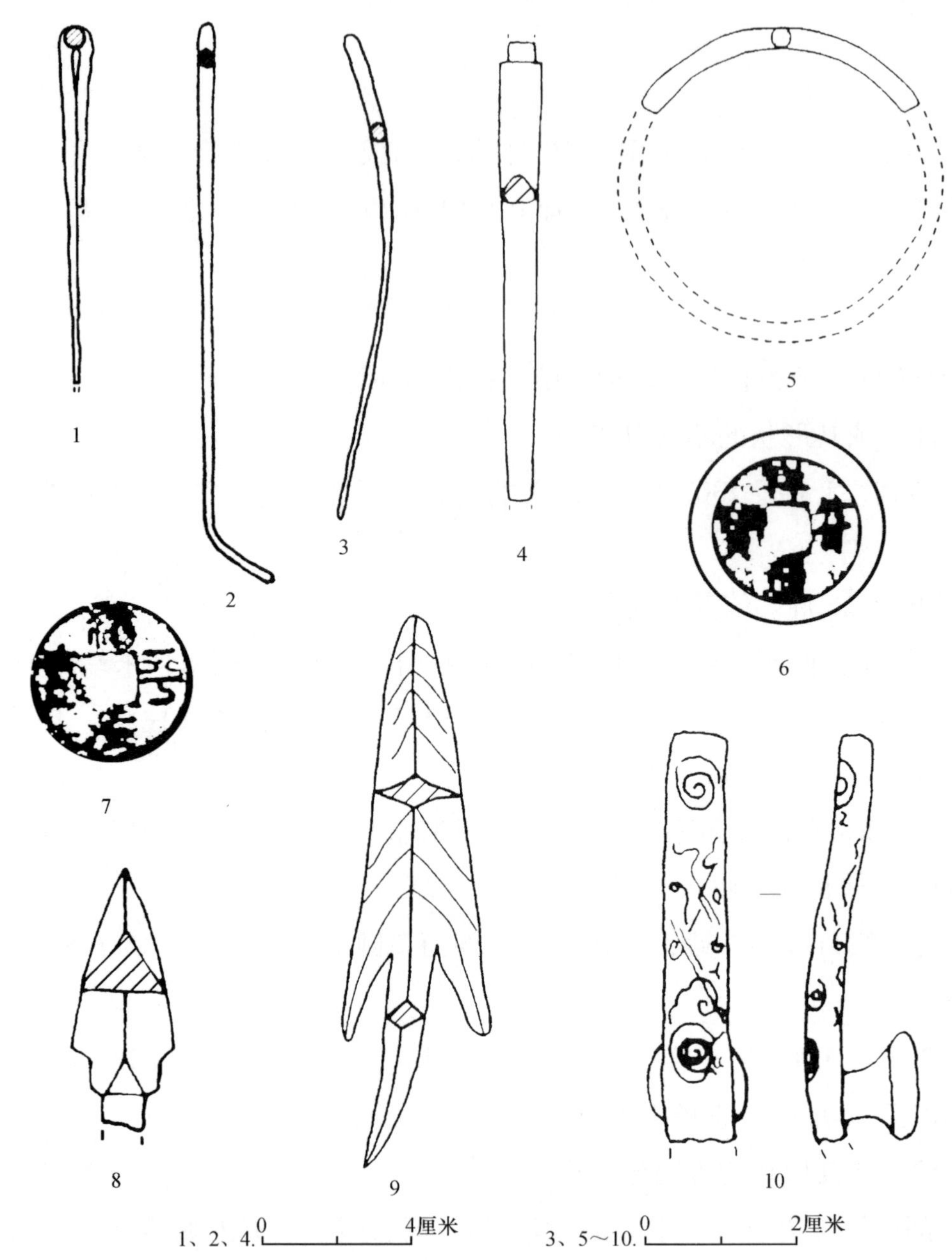

图八九　宋代铜器及铜币

1. A 型簪（T307④:22）　2、3. Ba 型簪（H14:24、T307④:21）　4. Bb 型簪（ⅡT2③:4）　5. 环（T311③:5）　6、7. 币（H14:22、H14:23）　8. A 型镞（ⅡT2③:44）　9. B 型镞（T306②:1）　10. 带钩（H14:29）（6、7 为铜币拓片）

六、清　　代

瓷器发现较少，可辨器形有盅和碗，其中可复原器有 4 件，均为青花瓷。

盅　3 件。标本 G303②:2，青花瓷。侈口，圆唇，斜弧腹，圈足。胎体较薄，呈白色略泛灰。釉呈淡青色，釉下为青花彩绘，通体施釉，仅外底及圈足底部无釉。内壁口沿处有二周青花弦纹，内壁近底处三周弦纹，弦纹内及内底饰青花点彩，很随意的几笔，外壁饰风叶纹。口径7、底径3、高3.5厘米（图九○，1；图版三六，3）。标本G303②:4，青花瓷。口微侈，尖圆唇，斜弧腹，圈足。胎体较薄，胎质致密呈白色，施青色釉，釉下为青花彩绘。内壁为浅天青色釉，外壁为深天青色釉。内壁釉下青花八卦纹，内底青花太极纹。口径7.8、底径3、高3.8厘米（图九○，2；图版三六，4）。

碗　1件。G301①:1，青花瓷。敞口，圆唇，斜弧腹，圈足稍外撇。胎体致密，呈白色。釉为淡青色，釉下青花彩绘。釉色较均匀，内壁满饰青花八思巴纹，共分三层，外壁仅见两处有八思巴纹，不同于内壁，外壁口沿有二周青花弦纹。口径19、底径11.2、高4.6厘米（图九○,3）。

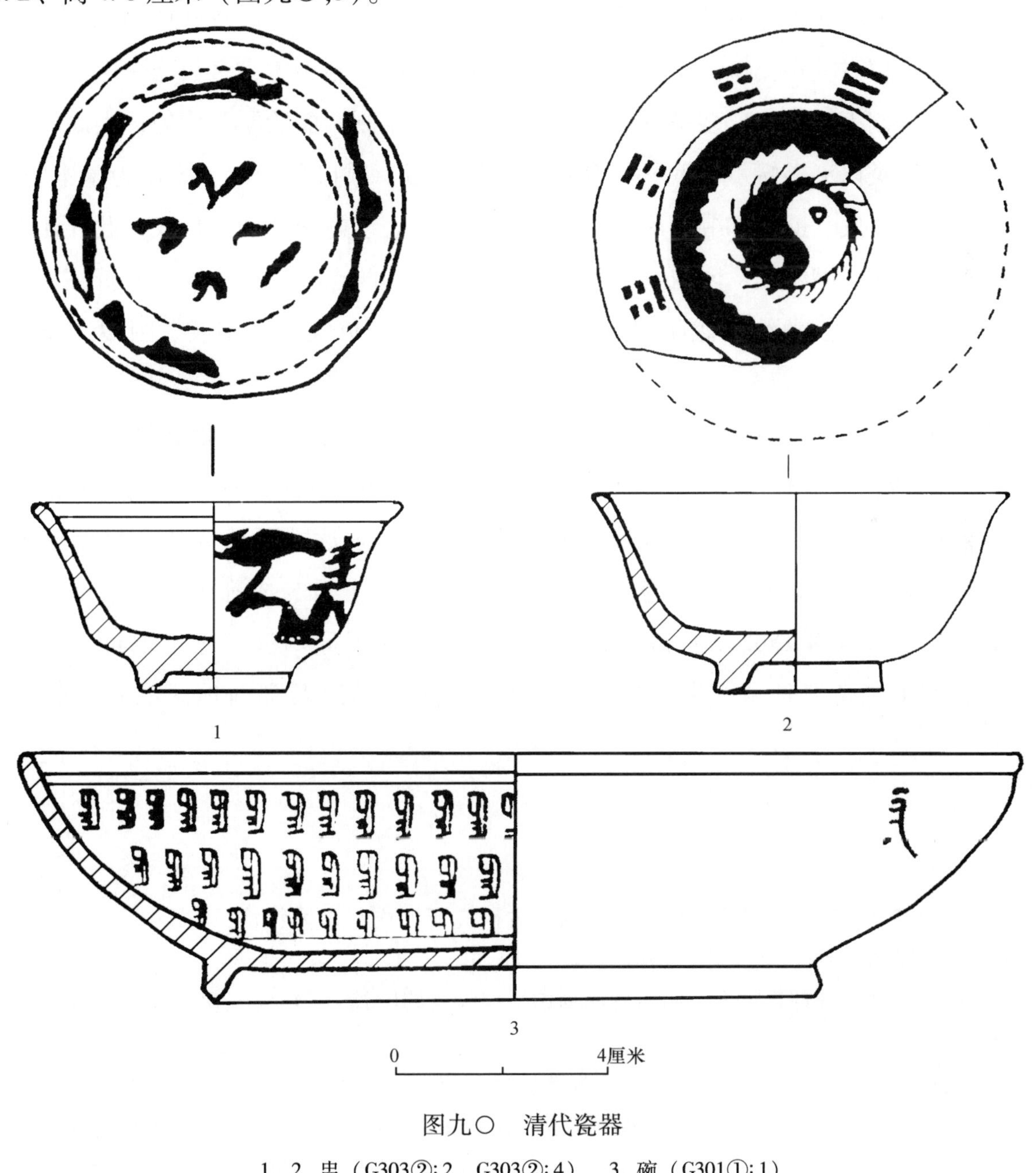

图九○　清代瓷器

1、2. 盅（G303②:2、G303②:4）　3. 碗（G301①:1）

第四章　结　　语

一、新浦下层遗存的性质与年代

新浦下层遗存陶器分夹砂和泥质两种。绝大多数为夹砂陶，以灰褐色为主，灰黑色次之，红褐色仅占较小比例。胎质细腻，器壁较薄。以手制为主，多数器表保留按压痕迹。泥质陶烧制火候较高，多呈灰色或灰褐色。多为轮制，器胎厚薄均匀，表面轮痕清晰。代表性器类以夹砂罐、尖底杯、高柄豆、高颈壶、敞口盆、钵、器盖为基本组合。器物造型多为平底、圈足和尖圜底，不见三足器。器表多施绳纹和方格纹，此外还见有刺点纹、圆圈纹、网格纹、阴弦纹、刺点纹＋阴弦纹、凸点纹、短线纹、波折纹、卷云纹、圆形花瓣纹、三角纹内戳印圆点纹、树叶纹、压印贝纹＋太阳纹、圆圈纹＋阴弦纹、雷纹等。

从以往发表的材料来看，尖底杯和器盖在川西平原和鄂西峡江地区被认定为“巴蜀文化”的遗存中多有发现。但相比之下这里的尖底杯在西至川西平原地区成都十二桥遗址①和广汉三星堆遗址②、新繁水观音遗址③以及东达鄂西地区的宜昌路家河遗址④中都有发现。而新浦下层遗存所出的尖底杯从形制上看与成都十二桥遗址中期的Ⅰ型2式尖底杯（ⅡT5⑫:5）最为接近。器盖在川西平原广汉三星堆遗址二、三期遗存、成都十二桥遗址早、中期遗存、广汉中兴遗址⑤以及鄂西地区的宜都红花套

---

①　四川省文物管理委员会、四川省文物考古研究所、成都市博物馆：《成都十二桥商代建筑遗址第一期发掘简报》，《文物》1987年第12期。

②　四川省文物管理委员会、四川省博物馆、广汉县博物馆：《广汉三星堆遗址》，《考古学报》1987年第2期。

③　四川省博物馆：《四川新繁县水观音遗址试掘简报》，《考古》1959年第8期。

④　林春：《宜昌地区长江沿岸夏商时期的一支新文化类型》，《江汉考古》1984年第2期。

⑤　四川大学历史系考古教研组：《广汉中兴公社古遗址调查简报》，《文物》1961年第11期。

遗址①中都有发现。新浦下层遗存出土的器盖均残，未见完整者，就其捉手的形制和盖体的角度观察，与广汉中兴遗址采集到的器盖和三星堆遗址三期的Ⅰ式器盖（CCT1①: 31）最为接近。此外，如饰方格纹或绳纹的圜底釜，在湖北秭归鲢鱼山②、路家河遗址（路家河遗址在上文中已加注释，此处简略，下同）等均有发现。双唇高颈壶则在宜昌三斗坪遗址③、路家河遗址和小溪口遗址④早期遗存中发现过。新浦下层遗存豆柄上以竹节状凸棱为装饰的器物在广汉三星堆遗址二、三期遗存，成都十二桥遗址早、中期遗存以及鄂西地区的宜昌中堡岛遗址⑤上层遗存中都有发现。在新浦下层遗存中还发现了很多拍印有圆形花瓣纹、卷云纹、三角形戳印圆点纹、雷纹的陶片，这些陶片就其陶质、陶色观察，有些是双唇高领壶上的肩部或腹部残片，也有些是尖底杯和高柄豆上的残片。类似的拍印纹在鄂西地区亦多有发现，如在宜昌三斗坪遗址发现圆形花瓣纹、涡纹和三角形内戳印圆点纹等。特别是新浦下层遗存陶片上的压印贝纹＋太阳纹（T6008⑦: 1）的组合，与湖北巴东雷家坪遗址⑥发现的压印贝纹＋太阳纹（T403④: 22）非常相似。再有，见于新浦下层遗存陶片上的雷纹和卷云纹在一定程度上与商文化青铜器表面常见的同类纹饰具有某些相似之处。而双唇高领壶和方格纹夹砂罐又在造型风格上分别同中原地区二里岗上层文化和二里头文化陶器存在一定的共性。这似乎暗示出新浦下层遗存以及鄂西峡江地区出土的同类遗存，曾不同程度地受到过中原夏商文化的影响，同时也从一个侧面反映出这类遗存的年代大体上处在夏商时期或商末周初之际。

随着三峡库区大规模考古发掘的结束，年度考古发掘资料已陆续发表，通过与其他同时期考古遗存的比较和分析，新浦下层遗存出土陶器的特点，与三峡库区近年来发掘

---

①　四川大学历史系考古教研组：《广汉中兴公社古遗址调查简报》，《文物》1961年第11期。

②　中国科学院考古研究所长江队三峡工作组：《长江西陵峡考古调查与试掘》，《考古》1961年第5期。

③　林春：《宜昌地区长江沿岸夏商时期的一支新文化类型》，《江汉考古》1984年第2期。

④　林春：《长江西陵峡远古文化初探》，见《葛洲坝工程文物考古成果汇编》，武汉大学出版社，1990年。

⑤　湖北省宜昌地区博物馆、四川大学历史系：《宜昌中堡岛新石器时代遗址》，《考古学报》1987年第1期。

⑥　国务院三峡工程建设委员会办公室、国家文物局：《巴东县雷家坪》，科学出版社，2008年。

的万州塘房坪遗址①、忠县哨棚嘴遗址②、中坝遗址③等出土的陶器，在陶器的种类和风格上都比较一致，表明其属于同一发展阶段、同一考古学文化范畴。

二、新浦上层遗存的性质与年代

新浦上层遗存的陶器主要以夹砂陶为主，泥质陶次之。夹砂陶器胎较厚。内含砂粒较粗，多为红褐色，少量为灰褐色和灰黑色。以手制为主，有一定数量的轮制陶器。泥质陶主要为灰色、灰褐色，少量为红色或红褐色。泥质陶多为轮制，器胎厚薄均匀，表面轮痕清晰。器物造型为三足器和平底器，流行按压花边口沿。常见器形为敞口鬲、敞口罐、折沿盆、细柄豆、敛口瓮和高颈壶等。陶器纹饰以绳纹为主，此外还见有凹弦纹、凸弦纹、戳印纹、弦断绳纹、方格纹、绳纹+附加堆纹、压印纹、附加堆纹+压印纹、圆圈纹、涡旋纹、戳点水滴纹等。同类器物和纹饰在鄂西峡江地区以往发掘的湖北秭归柳林溪遗址④、龚家大沟遗址⑤、官庄坪遗址⑥、巴东雷家坪遗址、宜昌三斗坪遗址和重庆巫山刘家坝遗址⑦等亦有发现。表明其分布范围应集中在渝东和鄂西峡江地带。由于“楚

---

① a. 陕西省考古研究所、万州区文物管理所：《万州塘房坪遗址发掘报告》，《重庆库区考古报告集·1997卷》，科学出版社，2001年。

b. 陕西省考古研究所、重庆市文物局、重庆市万州区博物馆：《万州塘房坪遗址2001年考古发掘报告》，《重庆库区考古报告集·2001卷·中》，科学出版社，2007年。

② a. 北京大学考古文博院三峡考古队、重庆市三峡库区田野考古培训班、忠县文物管理所：《忠县㽏井沟遗址群哨棚嘴遗址发掘简报》，《重庆库区考古报告集·1997卷》，科学出版社，2001年。

b. 北京大学考古学研究中心、北京大学考古文博院三峡考古队、重庆市忠县文物管理所：《忠县哨棚嘴遗址发掘报告》，《重庆库区考古报告集·1999卷》，科学出版社，2006年。

c. 北京大学考古文博学院、成都文物考古研究所、重庆市文物局：《忠县哨棚嘴遗址2001年发掘报告》，《重庆库区考古报告集·2001卷·下》，科学出版社，2007年。

③ a. 四川省文物考古研究所、忠县文物保护管理所：《忠县中坝遗址发掘报告》，《重庆库区考古报告集·1997卷》，科学出版社，2001年。

b. 四川省文物考古研究所、重庆市文物局三峡办、忠县文物保护管理所：《忠县中坝遗址Ⅱ区发掘简报》，《重庆库区考古报告集·1998卷》，科学出版社，2003年。

c. 四川省文物考古研究所、北京大学考古文博学院、美国UCLA大学、重庆市文物局、忠县文物保护管理所：《忠县中坝遗址1999度发掘简报》，《重庆库区考古报告集·2000卷·下》，科学出版社，2007年。

④ 湖北省博物馆江陵考古工作站：《1981年湖北省秭归县柳林溪遗址的发掘》，《考古与文物》1986年第6期。

⑤ 湖北省博物馆考古部：《秭归龚家大沟遗址的调查试掘》，《江汉考古》1984年第1期。

⑥ 湖北省博物馆：《秭归县官庄坪遗址试掘简报》，《江汉考古》1984年第3期。

⑦ 中国社会科学院考古研究所四川工作队：《四川万县地区考古调查简报》，《考古》1990年第4期。

式鬲”、细柄豆和折沿盆是长江中游江汉平原地区两周时期楚文化的典型器物，因此新浦上层遗存及其同类遗存很可能受到过它的影响，年代亦应处在两周时期。

新浦上层遗存的花边口沿陶器，主要分布在巫山刘家坝遗址、双堰塘遗址①、林家码头遗址②、跳石遗址③、涂家坝遗址④、大昌坝遗址⑤、万州麻柳沱遗址⑥、忠县中坝子遗址⑦、中坝遗址、瓦渣地遗址⑧、黄陵嘴遗址⑨、云阳李家坝遗址⑩、东洋子遗址⑪

---

① a. 中国社会科学院考古研究所长江三峡工作队、巫山县文物管理所：《巫山双堰塘遗址发掘报告》，《重庆库区考古报告集·1997卷》，科学出版社，2001年。

b. 中国社会科学院考古研究所长江三峡工作队、巫山县文物管理所：《巫山双堰塘遗址发掘报告》，《重庆库区考古报告集·1998卷》，科学出版社，2003年。

c. 中国社会科学院考古研究所长江三峡工作队、巫山县文物管理所：《巫山双堰塘遗址发掘报告》，《重庆库区考古报告集·1999卷》，科学出版社，2006年。

② 中山大学人类学系、重庆市文物局、巫山县文物管理所：《巫山林家码头遗址2001年发掘报告》，《重庆库区考古报告集·2001卷·上》，科学出版社，2007年。

③ a. 南京博物馆考古研究所、巫山县文物管理所：《巫山跳石遗址发掘报告》，《重庆库区考古报告集·1997卷》，科学出版社，2001年。

b. 南京博物院考古研究所、重庆市文化局、巫山县文物管理所：《巫山跳石遗址第二次发掘报告》，《重庆库区考古报告集·1998卷》，科学出版社，2003年。

④ 中山大学人类学系、重庆市文物局、巫山县文物管理所：《巫山涂家坝遗址发掘报告》，《重庆库区考古报告集·2000卷·上》，科学出版社，2007年。

⑤ 四川省博物馆：《四川长江三峡水库考古调查简报》，《考古》1959年第8期。

⑥ a. 上海大学文物考古研究中心、万州区文物管理所：《万州麻柳沱遗址发掘报告》，《重庆库区考古报告集·1997卷》，科学出版社，2001年。

b. 重庆市博物馆、万州区文管所、复旦大学文博系：《万州麻柳沱遗址发掘报告》，《重庆库区考古报告集·1998卷》，科学出版社，2003年。

c. 重庆市博物馆、复旦大学文博系：《万州麻柳沱遗址考古发掘报告》，《重庆库区考古报告集·1999卷》，科学出版社，2006年。

⑦ 西北大学考古队、万州区文物管理所：《万州中坝子遗址发掘报告》，《重庆库区考古报告集·1997卷》，科学出版社，2001年。

⑧ 北京大学考古学系三峡考古队、忠县文物保护管理所：《忠县瓦渣地遗址发掘简报》，《重庆库区考古报告集·1998卷》，科学出版社，2003年。

⑨ 广西壮族自治区文物工作队、重庆市文物局、重庆市万州区文物管理所：《万州黄陵嘴遗址发掘报告》，《重庆库区考古报告集·2001卷·中》，科学出版社，2007年。

⑩ a. 四川大学历史文化学院考古系、云阳县文物管理所：《云阳李家坝遗址发掘报告》，《重庆库区考古报告集·1997卷》，科学出版社，2001年。

b. 四川大学历史文化学院考古系、云阳县文物管理所：《云阳李家坝遗址发掘报告》，《重庆库区考古报告集·1998卷》，科学出版社，2003年。

⑪ 四川大学历史文化学院考古系、云阳县文物管理所：《云阳东洋子遗址考古勘探发掘报告》，《重庆库区考古报告集·1997卷》，科学出版社，2001年。

等，罕见于鄂西地区，与楚文化无关，很可能是分布在渝东地区的一种极具特色的地方文化因素。

三、老油坊遗址周代遗存的性质

周代陶器是以夹砂红褐陶为主，有少量夹砂灰褐陶，泥质陶较少。主要为泥质灰陶，少量红陶和黑陶。夹砂陶分厚胎和薄胎两种，厚胎者多为红褐色，器形较大，器身施竖向粗绳纹，很不规整，唇上按压深浅不一、宽窄不等的凹缺，形成花边状口沿，口沿以下大多经刮抹。泥质陶胎壁薄，以素面为主，少量施细密绳纹和方格纹。有少部分陶器为轮制。可辨器类有釜、鬲、罐、豆、盘、钵、壶、圈足碗、釜支座、尖底器、饼和纺轮等。

在陶器中以大花边口沿陶器和陶鬲最具特色，这种器物在三峡库区内广有发现，如湖北巴东雷家坪遗址、秭归柳林溪遗址、龚家大沟遗址、官庄坪遗址、宜昌三斗坪遗址、重庆奉节新浦遗址、巫山刘家坝遗址、双堰塘遗址、林家码头遗址、跳石遗址、涂家坝遗址、大昌坝遗址、万州麻柳沱遗址、忠县中坝子遗址、中坝遗址、瓦渣地遗址、黄陵嘴遗址、云阳李家坝遗址、东洋子遗址等都有发现。而且，相当于两周这一时期，分布于江汉平原地区的楚式鬲和分布于渝东地区的大花边口沿陶器在三峡库区的许多遗址中共存，这为探索巴蜀文化和楚文化的文化交往具有重要意义。

四、老油坊遗址汉代遗存的性质

汉代遗存的陶器以泥质灰陶为大宗，泥质灰褐陶和泥质红陶、红褐陶次之，黑皮陶少量。夹砂陶少见，主要为灰褐陶。纹饰以绳纹和弦断绳纹为主，方格纹次之，有极少量附加堆纹，素面陶占多数。制法多为轮制，少量为手制。器类以盆为主，此外还见有瓮、豆、碗、盂、杯、壶、罐、盘、甑、饼、纺轮、楔形器和不明器等。

汉代发现的陶器与周代相比有着较大的变化，陶器以泥质灰陶为大宗，轮制陶多。以盆为主，其特点是盛行宽平折沿，口沿外侧经刮抹形成一周凹槽。铁器明显增多，瓦的数量最多，在灰沟内发现有大量的筒瓦和板瓦。推测老油坊遗址在当时应该有大型的建筑，遗憾的是经过三次考古发掘尚未发现建筑物，推测可能是被压在现在民居下。此阶段的盆、豆、瓦和铁臿等器物与湖北秭归周家湾遗址①、宜昌三家沱遗址②，重庆市

① 湖北省文物考古研究所：《西陵峡北岸周家湾山岗遗址》，《江汉考古》1994 年第 1 期。

② 三峡考古队：《宜昌三家沱遗址发掘报告》，《江汉考古》1994 年第 1 期。

云阳李家坝遗址、旧县坪遗址①、奉节毛狗堆遗址②、忠县中坝遗址、巫山林家码头遗址出土的同类器极其相似。依据老油坊遗址G1上层出土的“半两”和地层中出土的“大布黄千”、“五铢”铜币推断，年代应属汉代。

汉代陶窑是此次发掘的重大发现，其形制和结构为研究三峡地区陶窑的形成和发展提供了重要的考古资料。发现陶窑的地点位于遗址的边缘地带，据此分析，证明了老油坊遗址的陶器和瓦应该是自己烧制的，而且在火膛底部发现有泥质灰陶的平折沿盆口沿和泥质灰陶豆柄，其特征与遗址内发现的汉代陶器完全一样。

五、老油坊遗址宋代遗存的性质

宋代出土的瓷器较多，种类多样，以碗和盘为主，其中碗、盘、盏和碟等瓷器与湖北秭归下尾子遗址③、重庆市涂山宋代瓷窑遗址④、涪陵石沱遗址⑤万州大地嘴遗址⑥和巫山跳石遗址出土的同类器相似。从出土的瓷器观察，大部分制作粗糙，多数属仅口沿部位施釉，其他部位无光泽的“釉面”，应是未施釉的，仅施一层护胎汁而形成的。依此可推测属民窑产品，且多为当地小窑、土窑烧造，个别瓷器应为外地产品流传至本地。老油坊遗址H14出土的“祥符通宝”和“禧平元宝”宋代铜币也为其年代断定提供了佐证。

---

① 黑龙江文物考古研究所：《云阳县旧县坪遗址发掘报告》，《重庆库区考古报告集·1998卷》，科学出版社，2003年。

② a. 中国文物研究所、重庆市文化局、奉节县文物管理所：《奉节毛狗堆遗址第一次发掘简报》，《重庆库区考古报告集·1999卷》，科学出版社，2006年。

b. 中国文物研究所、重庆市文物局、奉节县文物管理所：《奉节毛狗堆遗址第二次发掘简报》，《重庆库区考古报告集·2000卷·上》，科学出版社，2006年。

③ 宜昌博物馆、秭归屈原纪念馆：《秭归下尾子遗址发掘简报》，《江汉考古》1994年第1期。

④ 重庆市博物馆：《重庆市涂山宋代瓷窑试掘报告》，《考古》1986年第10期。

⑤ a. 北京市文物研究所三峡考古队、涪陵区博物馆：《涪陵石沱遗址发掘报告》，《重庆库区考古报告集·1997卷》，科学出版社，2001年。

b. 北京市文物研究所、重庆市文化局、重庆市涪陵区博物馆：《涪陵石沱遗址2001年度发掘报告》，《重庆库区考古报告集·2001卷·下》，科学出版社，2007年。

c. 北京市文物研究所三峡考古队、重庆市文物局、重庆市涪陵区博物馆：《涪陵石沱遗址发掘报告》，《重庆库区考古报告集·2000卷·下》，科学出版社，2007年。

⑥ 青海省文物考古研究所、重庆市文物考古所、南京师范大学文博系：《万州大地嘴遗址发掘简报》，《重庆库区考古报告集·1998卷》，科学出版社，2003年。

六、几点认识

通过1994年、1997年、1998年、2000年春季、2000年秋冬季、2001年对新浦遗址的连续六次考古发掘和1994年、1998年、2001年对老油坊遗址的三次考古发掘，我们已经对两遗址的文化面貌有了比较全面的了解。根据考古发掘所获的资料和分析研究得出以下几点认识。

（1）与新浦下层遗存相似或相同的遗存，据目前已知材料，分布范围西限可到川西平原，东边在鄂西的峡江地区也多有发现。这种文化或被称为早期巴蜀文化，或被称为早期巴文化，实际上就其文化性质、族属、渊源等，都还有争论。不过从所发现的属于这一文化时期的遗址中，川西平原的广汉三星堆遗址以两个大型祭祀坑表明那里应该是这一文化中级别最高的中心遗址。三星堆遗址出土的大量青铜器表明，这类遗存显然已进入了高度发达的青铜时代，而且应该是一种有实力与中原地区和江汉平原地区同期文化相抗衡的地方土著文化。

（2）与新浦上层遗存中以花边口沿所代表的文化相类或相同的遗存，据目前所知，多分布在三峡以西的重庆东部地区，而在鄂西的峡江地区罕有发现，其分布范围明显小于新浦下层遗存的分布范围。而从其中所包含的较多的楚文化因素来看，它可能是两周时期渝东地区受到楚文化影响的一种地方文化。

（3）新浦下层遗存中发现了一些与建筑有关的遗物——红烧土墙壁残块，而在属于上层遗存的堆积中，还发现了大量的瓦片。此外还发现有房址、窑址、灶坑、石墙、灰沟和灰坑等，丰富了我们对新浦下层和新浦上层遗存的认识，亦是三峡库区商周考古的重要收获，其中尤以新浦上层遗存干栏式建筑和窑址的发现最为重要，表明这里当时应是一处居址。而且还发现了出有巴式剑的墓葬，可知此时，这里已成为一处兼住居和墓葬共有的聚落。

（4）新浦上层遗存和老油坊遗址周代发现的鬲，当是通过三峡这一水路由楚文化的影响而产生的，而三峡库区内发现数量颇多的大花边口沿陶器应是具有地方特点的典型器物。花边口沿器流行的时间较长，在新石器时代已有大量发现。夏、商、周时期达到鼎盛，西汉时期基本消失。

（5）三峡库区发现的周代墓葬和陶窑较少，此次新浦上层遗存发现的周代陶窑、老油坊遗址发现的周代墓葬和汉代陶窑，为研究这一地区的埋葬习俗及陶窑的形成与发展提供了重要的考古资料。

附录一　新浦遗址石制品岩石学鉴定与初步分析

汤卓炜[1]、陈国庆[1]、王琳玮[2]、梁　娜[2]

（1. 吉林大学边疆考古研究中心，长春，130012；2. 吉林大学文学院，长春，130012）

一、本区石制品岩石原料概况

新浦遗址分上下两个文化层。下文化层（考古学年代相当于夏商时期）出土的石制品有石斧、石锛、石铲、砺石、砍砸器及片状石器，共计8件；下文化层的石制品有石斧、石锛、石凿、砍砸器、石球、刮削器、石铲、石锤、石刀、纺轮坯和石范，共计34件。下文化层（考古学年代相当于周代时期）石制品原料有岩浆岩（玄武岩、火山角砾岩）、沉积岩（石英砂岩、硅质灰岩、石灰岩、燧石），未见用变质岩石制作石制品。上文化层石制品原料有岩浆岩（辉绿玢岩、玄武岩、安山岩、英安岩）、沉积岩（石英砂岩、长石石英砂岩、杂砂岩、石灰岩、白云岩、白云质灰岩、硅质白云岩、燧石）、变质岩（石英岩）（表一）。

表一　新浦遗址石制品原料岩石学鉴定

序号	单位号	器类名称	岩石学命名称	年代	备注	完残程度
1	T329⑦: 1	石斧	硅质灰岩	下层文化	有两侧为磨制，其他为打制	半成品
2	T329⑤: 1	石斧	灰绿色燧石	下层文化	磨制	刃部残
3	T335⑦: 1	石锛	玄武岩	下层文化	磨制	刃部微残
4	T338④: 1	石锛	条带状灰岩	下层文化	两侧磨制	刃部残
5	T422⑤: 2	石铲	含晶屑的紫红色石英细砂岩	下层文化	磨制	刃部磨平
6	T422⑤: 1	砺石	燧石	下层文化	打制	残
7	T340④: 1	砍砸器	灰绿色火山角砾岩	下层文化	打制	局部残

续表

序号	单位号	器类名称	岩石学命名称	年代	备注	完残程度
8	T306⑦:1	片状石器	灰色含云母石英细砂岩	下层文化	磨制	完整
9	T308④:1	石斧	杂砂岩	上层文化	有一面磨制	刃部残
10	T335③:1	石斧	燧石	上层文化	磨制	完整
11	H18:1	石斧	石灰岩	上层文化	磨制	完整
12	T6007②:1	石斧	灰绿色燧石	上层文化	磨制	完整
13	T339③:8	石斧	灰色石英细砂岩	上层文化	磨制	残
14	T339③:7	石斧	灰色中粒长石石英砂岩	上层文化	磨制	完整
15	T5057⑤:1	石斧	辉绿玢岩	上层文化	磨制	完整
16	T410③:1	石斧	白云岩	上层文化	磨制	刃部及一侧残
17	T333④:3	石锛	石灰岩	上层文化	多面磨制	刃部略残
18	H24:1	石锛	白云岩	上层文化	多面磨制	刃部残
19	T334②:1	石锛	白云质灰岩	上层文化	一面打制，一面磨制，侧面有双向打击	完整
20	T333④:1	石锛	石灰岩	上层文化	磨制	完整
21	T341③:7	石锛	石灰岩	上层文化	磨制	一半刃部残
22	T428⑤:1	石锛	灰色的含云母石英细砂岩	上层文化	磨制	完整
23	T321④:1	石凿	硅质白云岩	上层文化	磨制	顶部残
24	T304④:1	石凿	灰色石英细砂岩	上层文化	磨制	半成品，未经打磨
25	T345②:8	石凿	灰色燧石	上层文化	磨制	完整
26	T339③:6	石凿	灰色石英细砂岩	上层文化	磨制	完整
27	T339③:1	石凿	玄武岩	上层文化		刃部残
28	T332④:3	砍砸器	玄武岩	上层文化	打制	石块
29	T425④:2	砍砸器	褐色中粒石英砂岩	上层文化		完整
30	H17:1	砍砸器	条带状灰岩	上层文化	打制	完整
31	T349④:3	砍砸器	英安岩	上层文化	打制	完整
32	H7:2	砍砸器	石英岩	上层文化	打制	完整
33	T408③:1	砍砸器	中粒石英砂岩	上层文化	打制	完整
34	T403②:1	石球	中粒石英砂岩	上层文化	磨制	完整
35	T403②:2	石球	石英粗砂岩	上层文化	磨制	完整
36	T329③:11	刮削器	紫色的石英岩	上层文化	打制	完整

续表

序号	单位号	器类名称	岩石学命名称	年代	备注	完残程度
37	T425④: 4	刮削器	安山岩	上层文化	打制	碎片
38	T421④: 4	石铲	中粒石英砂岩	上层文化	打制	碎片
39	T342③: 5	石锤	石灰岩	上层文化	长条卵石的端部	完整
40	T342③: 6	石刀	紫色石英细砂岩	上层文化	打制	半成品
41	T426④: 2	纺轮坯	玄武岩	上层文化		碎块
42	T425⑤: 1	石范	含云母长石石英粗砂岩	上层文化		残

二、上、下文化层岩石类型的初步统计

下文化层石制品总数中，玄武岩、火山角砾岩各占总数的 12. 50%，石英砂岩占总数的 25. 00%，燧石占 25. 00%，硅质灰岩和条带状灰岩各占 12. 50%，其中喷出成因的岩浆岩和火山碎屑岩各占 12. 50%、碎屑沉积岩（不含火山碎屑岩）占 25. 00%、化学沉积岩占 50. 00%，即岩浆岩类仅占 25%，沉积岩类占 75%（图一）。

上文化层石制品总数中，辉绿玢岩、安山岩、英安岩各占 2. 94%，玄武岩占 8. 82%，细粒石英砂岩占 14. 71%，中粒石英砂岩占 11. 76%，粗粒石英砂岩和粗粒长石石英砂岩各占 2. 94%，中粒长石石英砂岩占 2. 94%，杂砂岩占 2. 94%，石灰岩占 17. 65%，白云岩占 5. 88%，白云质灰岩、硅质白云岩各占 2. 94%，燧石占 8. 82%，石英岩占 5. 88%，其中侵入成因的脉岩占 2. 94%、喷出成因的岩浆岩占 14. 70%、碎屑沉积岩占 38. 23%、化学沉积岩占 38. 23%、副变质岩占 5. 88%，即岩浆岩类占 17. 64%，沉积岩类占 76. 46%，区域变质岩类占 5. 88%（表二、图一）。

新浦遗址上下两个文化层石制品原料的共同特点是沉积岩占绝对优势，岩浆岩不足 1/5；两者的差异是上文化层所用的岩石种类比下文化层多，而且还出现了下文化层未见的变质岩（表二）。

表二　新浦遗址石制品原料岩石学分类百分统计及其与研究区内岩石资源对比

占总数% / 文化层及各类岩石%		岩浆岩			沉积岩		变质岩	石制品种类及其种类数	岩石学类型及其类型数
		侵入岩	喷出岩	火山碎屑岩	碎屑岩	化学岩	区域变质岩		
下文化层	主要岩类占总数%		12. 50	12. 50	25. 00	50. 00		石斧、石锛、石铲、砺石、砍砸器、片状石器	玄武岩、火山角砾岩、石英砂岩、硅质灰岩、石灰岩、燧石
	各大岩类占总数%	25. 00			75. 00			6	7

续表

<table>
<tr><th colspan="2" rowspan="2">占总数%
文化层及
各类岩石%</th><th colspan="3">岩浆岩</th><th colspan="2">沉积岩</th><th>变质岩</th><th rowspan="2">石制品种类及
其种类数</th><th rowspan="2">岩石学类型及
其类型数</th></tr>
<tr><th>侵入岩</th><th>喷出岩</th><th>火山碎
屑岩</th><th>碎屑岩</th><th>化学岩</th><th>区域
变质岩</th></tr>
<tr><td rowspan="2">上
文
化
层</td><td>主要岩类
占总数%</td><td>2.94</td><td>14.70</td><td></td><td>38.23</td><td>38.23</td><td>5.88</td><td>石斧、石锛、石凿、砍砸器、石球、刮削器、石铲、石锤、石刀、纺轮坯、石范</td><td>辉绿玢岩、玄武岩、安山岩、英安岩、石英砂岩、长石石英砂岩、杂砂岩、石灰岩、白云岩、白云质灰岩、硅质白云岩、燧石、石英岩</td></tr>
<tr><td>各大岩类
占总数%</td><td colspan="3">17.64</td><td colspan="2">74.46</td><td>5.88</td><td>11</td><td>13</td></tr>
<tr><td colspan="2">研究区内出露
的岩石类型</td><td colspan="8">辉绿玢岩、玄武岩、安山岩、英安岩、页岩、细砂岩、粉砂岩、钙质泥岩、钙质页岩、长石石英砂岩、泥岩、砂质泥岩、泥质粉砂岩、石英砂岩、岩屑砂岩、砂质泥页岩、粉砂质泥岩、白云岩、石灰岩、燧石灰岩、泥灰岩、角砾灰岩、介壳灰岩（共计23种）</td></tr>
</table>

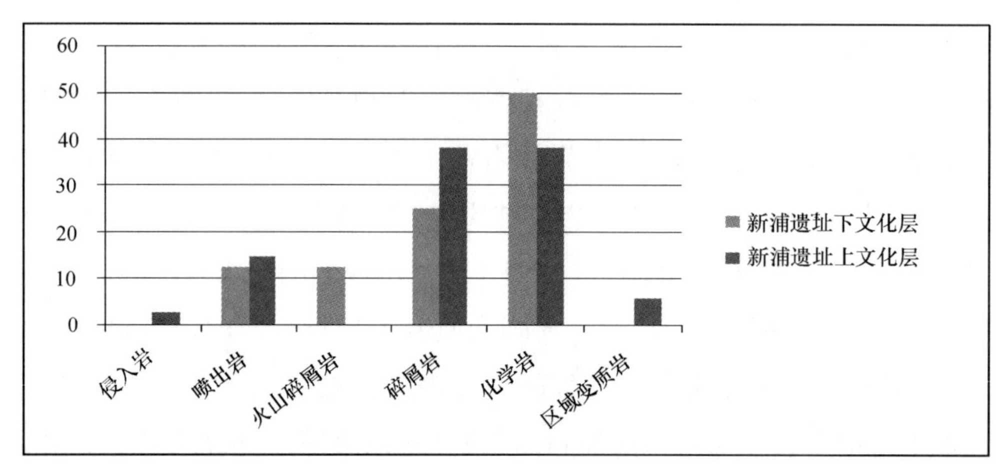

图一　新浦遗址上、下文化层石制品原料主要岩石类型比较

三、本区岩石资源的背景条件

新浦遗址所在的奉节县地处扬子地台，该地台有38亿年的地质演化历史，在太古代结晶基底形成后即开始了多个地质时期的盖层沉积地层发育历史。元古代后期发育少量前海相沉积地层；早古生代仅有石乳关附近残存的浅海相志留纪地层（页岩夹细砂岩、石英粉砂岩）；自晚古生代的泥盆纪至中生代的三叠纪发育了大量海相地层（泥盆系白云岩、灰岩，石炭系白云岩、灰岩，二叠系灰岩夹页岩、粉砂岩、含燧石灰岩，三

叠系灰岩、白云岩、泥灰岩、角砾灰岩、页岩、钙质泥岩、碎屑岩、钙质页岩、长石石英砂岩)；侏罗纪主要发育淡水沉积特点的碎屑岩（泥岩、粉砂岩、介壳灰岩、页岩、砂质泥岩、泥质粉砂岩、石英砂岩、岩屑砂岩、砂质泥页岩、粉砂质泥岩、长石石英砂岩等)；由于川鄂湘黔带强烈隆起而未发育白垩纪地层；第三纪时期遭受长期风化剥蚀形成夷平面而缺失第三纪地层。由此可见，奉节县境内的岩石资源相当丰富，为新浦遗址青铜时代的人类开发利用加工制造石器提供了坚实的物质基础①。

四、遗址周围的地貌及水文地质条件

遗址位于奉节县以西约41公里的长江南岸，处于两岸地势险要陡峻的峡江地带，属长江主干上游下段，地表径流量大、河流下切程度高，三叠纪地层岩石地表露头良好。境内山地面积占总面积的88.3%，山脉延伸多受北东东向构造控制，山顶至山谷高差较大，山下有溶蚀洼地。河谷地貌形态主要为宽谷，峡谷地带湍急的河流可以剥蚀沿途以中生代地层为主的大量岩石，并运载到宽谷地带沉积下来，便于长江两岸的古代人类开发利用；另外，发源于湖北省利川市营上乡的石笋河（又称长滩河）及其支流高渡河也将途经地区的岩石资源剥蚀运载到长江南岸的遗址资源域范围内。除了长江主干及其支流通过剥蚀搬运方式为遗址资源域提供岩石资源外，遗址周围裸露的岩石本身亦可以作为开发利用的资源。

五、古代居民对岩石资源利用状况的分析

从遗址出土的石制品所用岩石类型看，青铜时代的古代人类在原料选择上呈现出明显的倾向性，即更多地利用海相沉积岩，少量地利用以喷出岩为主的岩浆岩，很少光顾陆相地层的红色沉积岩。这与海相沉积成岩环境及岩浆冷凝形成的岩石具有相对致密坚硬的特征有关。然而，从各类石制品各自选用的原料看，在岩浆岩和沉积岩两大岩石类内选料上又表现出一定程度的不确定性和盲目性（如将燧石用于砺石、杂砂岩用于石斧、细砂岩用于石锛和石凿、中粒石英砂岩用于石铲、玄武岩用于纺轮等)。从石制品完残程度分析得知，上文化层石制品完整程度高于下文化层，说明新浦遗址的古代居民随着由青铜时代早中期到青铜时代晚期，对岩石物理性质认识水平不断提高，在石制品原料选择和加工技术等方面体现出更高的智慧水平。

---

① 四川省奉节县志编纂委员会:《奉节县志》，方志出版社，1995年。

附录二　老油坊遗址石制品岩石学鉴定及初步分析

汤卓炜[1]　陈国庆[1]　王琳玮[2]　梁　娜[2]

（1. 吉林大学边疆考古研究中心，长春，130012；2. 吉林大学文学院，长春，130012）

老油坊遗址位于奉节县西约41公里的长江北岸，与新浦遗址隔江相望。遗址出土的石制品原料除了斜长角闪岩为新浦遗址未见类型外，其他均见于新浦遗址，其主要特点是化学沉积岩为主，岩浆岩和变质岩仅占很小比例（表一）。

表一　老油坊遗址石制品岩石学鉴定

序号	单位号	器类名称	岩石学命名称	年代	备注	完残程度
1	Ⅰ M3:2	砍砸器	褐灰色火山角砾岩	东周	磨制	完整
2	T11④:11	石斧	石灰岩	东周	磨制	刃部略残
3	Ⅰ T4③:2	石球	含云母的石英杂砂岩	汉代	磨制	完整
4	Ⅰ T7③:11	石斧	玄武岩	汉代	磨制	刃口残
5	H304:1	石斧	燧石	汉代	磨制	完整
6	G1 上:5	石斧	硅质白云岩	汉代	磨制	刃口残
7	Ⅱ H5:1	石锛	石灰岩	汉代	磨制	刃口残
8	Ⅰ T4②:3	石凿	斜长角闪岩	汉代	两侧磨制	完整

除了长江主干外，还有发源于咸水附近，自北向南流的汤溪河为本遗址提供岩石资源。又由于以长江主干为中轴线，遗址所在区域的长江南北两岸地层呈对称分布，岩石的发育情况与新浦遗址基本类似。因此，东周至汉代时期人们制作石制品的原料资源与青铜时代早中期并无大差别。但是在铁器逐渐代替青铜器的过程中，石器所占的重要性也在逐渐降低，因此岩石资源开发的强度远不及长江对岸青铜时代早中期的新浦遗址①。

① 四川省奉节县志编纂委员会：《奉节县志》，方志出版社，1995年。

鉴于标本数量过少，缺乏统计学意义，因此未进行百分统计等相关量化分析。尽管如此，还是可以从石制品原料的整体情况窥见该遗址古代人类遵从就地取材的遗址资源域内资源获取的最低能耗法则，而且考虑到了岩石物理性质在石制品加工制作和使用过程中的重要作用（如火山碎屑岩、石英杂砂岩、玄武岩和燧石的各向同性物理性质就被合理地利用来加工制作砍砸器、石球和石斧；具有各向异性、有一定韧性的石灰岩、白云岩和斜长角闪岩被用来制作对刃口有一定要求的石斧、石锛和石凿）。

后　　记

为配合长江三峡工程建设，重庆市文物部门报经国家文物局批准，组织全国各省、市有关文物考古单位参加库区淹没线以下文物的抢救性发掘。吉林大学边疆考古研究中心自1993年至2001年，先后对新浦遗址进行了六次考古发掘，对老油坊遗址进行了三次考古发掘。

在新浦遗址的考古发掘和资料发表过程中，滕铭予、赵宾福、郑君雷、张文立、吕军、胡黎明、雷庭军等诸位先生付出了艰辛的劳动和汗水！

本报告由陈国庆负责编写，白帝城博物馆雷庭军参加了老油坊遗址第五章宋代瓷器的整理和编写工作；汤卓炜负责石器鉴定；器物照片由林雪川完成，英文提要由刘团徽翻译，2005届考古专业学生梁娜、王琳玮参加了整理工作；闫向东、宋小军编辑对报告出力颇多。

在前后六个年度的考古发掘和整理过程中，始终得到了吉林大学边疆考古研究中心、重庆市文化局、博物馆，奉节县旅游文物局、文化局，白帝城文物管理所的大力支持，特别是2009年3～5月在白帝城整理期间，白帝城博物馆提供了舒适的宾馆住处和宽敞的整理房间，在此一并表示衷心感谢！

陈国庆记于长春

Abstract

By way of the six successive archaeological excavations to Xinpu Site in 1994, 1997, 1998, spring in 2000, autumn and winter in 2000, and 2001, and the three archaeological excavations to Laoyoufang Site in 1994, 1998 and 2001, we have already had a more comprehensive understanding of the cultural characteristics of the two sites above-mentioned. According to the materials and analytical research obtained by the excavations, we get several perceptions as follows:

1. Based on the materials already known currently, the distribution limits of the remains similar or same with the lower level of Xinpu Site, may arrive at the Western Sichuan Plain in the west, meanwhile at the Xiajiang area of western Hubei Province in the east, where such remains have been discovered a lot. This kind of culture that the remains above-mentioned represent sometimes is called the early Bashu Culture, while sometimes the early Ba Culture. Actually there are still different opinions on the part of its cultural attributes, affiliation, origin and so on. However, as far as all the already-discovered sites those belong to the period of this culture are concerned, Guanghan Sanxingdui Site in the Western Sichuan Plain indicates with two large-scale sacrificial offering pits that there should be the central site with the highest rank in this culture. The large amount of bronze ware unearthed in Sanxingdui Site indicate that, this kind of remains had already entered the highly developed Bronze Age obviously, moreover, it should be a kind of indigenous culture which had the strength to contend with the cultures those distributed in the Central Plain area and the Jianghan Plain area around the same period.

2. Remains similar or same with the culture represented by lace-edged pottery in the upper level of Xinpu Site, according to what we have known currently, are mainly located in the east of Chongqing which is to the west of the Three Gorges area, while rarely discovered around the Xiajiang area of western Hubei Province. It is obviously smaller than the lower level of Xinpu Site in their distribution. In view of many elements of Chu Culture included in above-mentioned remains, it may be a local culture affected by the Chu Culture during the Zhou Dynasty in East Chongqing.

3. Some relics related to construction - residual block of wall made of red-burnt soil were

discovered in the lower level of Xinpu Site, and moreover, great quantitys of tiles were discovered among the upper level remains. Besides, some other relics, for instance, housing sites, pottery kilns, stove pits, stonewalling, ash ditch and ash pits. etc. have enriched our understanding to both the lower and upper levels remains of Xinpu Site, also are important achievements of the Shang and Zhou Dynasties Archaeology in the Three Gorges reservoir area. Particularly the discovery of stilt style architectures and pottery kilns in the upper level remains of Xinpu Site is the most important part, which indicate that here should be a living site at that time. In addition, from graves with Bar-style swords unearthed, we can see that there had become a settlement which combined homes and burials by then.

4. Li-vessels (tri-pot) (pot with triple-empty-feet) of Zhou Dynasty found in upper level of Xinpu Site and Laoyoufang Site should be given birth by the impact of the Chu Culture by way of the Three Gorges, while large-lace-edged pottery which were found a significant number of in the Three Gorges reservoir area should be typical pottery with local characteristics. Lace-edged pottery were popular in a really long period, they have been found in plenty in the Neolithic Age, reached their peak during the Xia, Shang and Zhou Dynasties, and basically disappeared in the Han Dynasty.

5. Few tombs and pottery kilns of Zhou Dynasty were discovered in the Three Gorges reservoir area in the past, therefore pottery kilns of Zhou Dynasty found in the upper level of Xinpu Site, tombs of Zhou Dynasty and pottery kilns of Han Dynasty found in Laoyoufang Site in this excavation, provide important archaeological materials for the research of formation and development of local burial customs and pottery kilns.

(K-1444.0101)

ISBN 978-7-03-028525-6

1. 新浦遗址远景（北→南）

2. 新浦遗址近景（南→北）

新浦遗址

图版二

1. Ba型陶尖底杯底（T329⑤：22）

2. A型石斧（T329⑤：36）

3. B型石斧（T329⑦：1）

4. B型石斧（T338④：1）

新浦遗址下层陶尖底杯底、石斧

1. Y1残迹（南→北）

2. Aa型陶盘（T337③：11）

3. Ab型陶盘（T340③：13）

新浦遗址上层陶窑、陶盘

1. B型陶盘（T338③：8）

2. Ab型陶钵（T5031③：1）

3. A型陶纺轮（T332④：6）

4. A型陶纺轮（H6011：1）

新浦遗址上层陶盘、陶钵、陶纺轮

1. B型陶纺轮（T426①：1）

2. B型陶纺轮（T423④：4）

3. B型陶纺轮（T342③：7）

4. B型陶纺轮（H17：2）

新浦遗址上层陶纺轮

图版六

1. Aa型石斧（T410③：1）

2. Aa型石斧（T6007②：1）

3. Ba型石斧（H18：1）

4. Bb型石斧（T5057⑤：1）

新浦遗址上层石斧

1. Aa型石凿（T321④：1）

2. 石范（T425⑤：1）

3. 石球状器（T403②：1）

4. 石球状器（T403②：2）

新浦遗址上层石凿、石范、石球状器

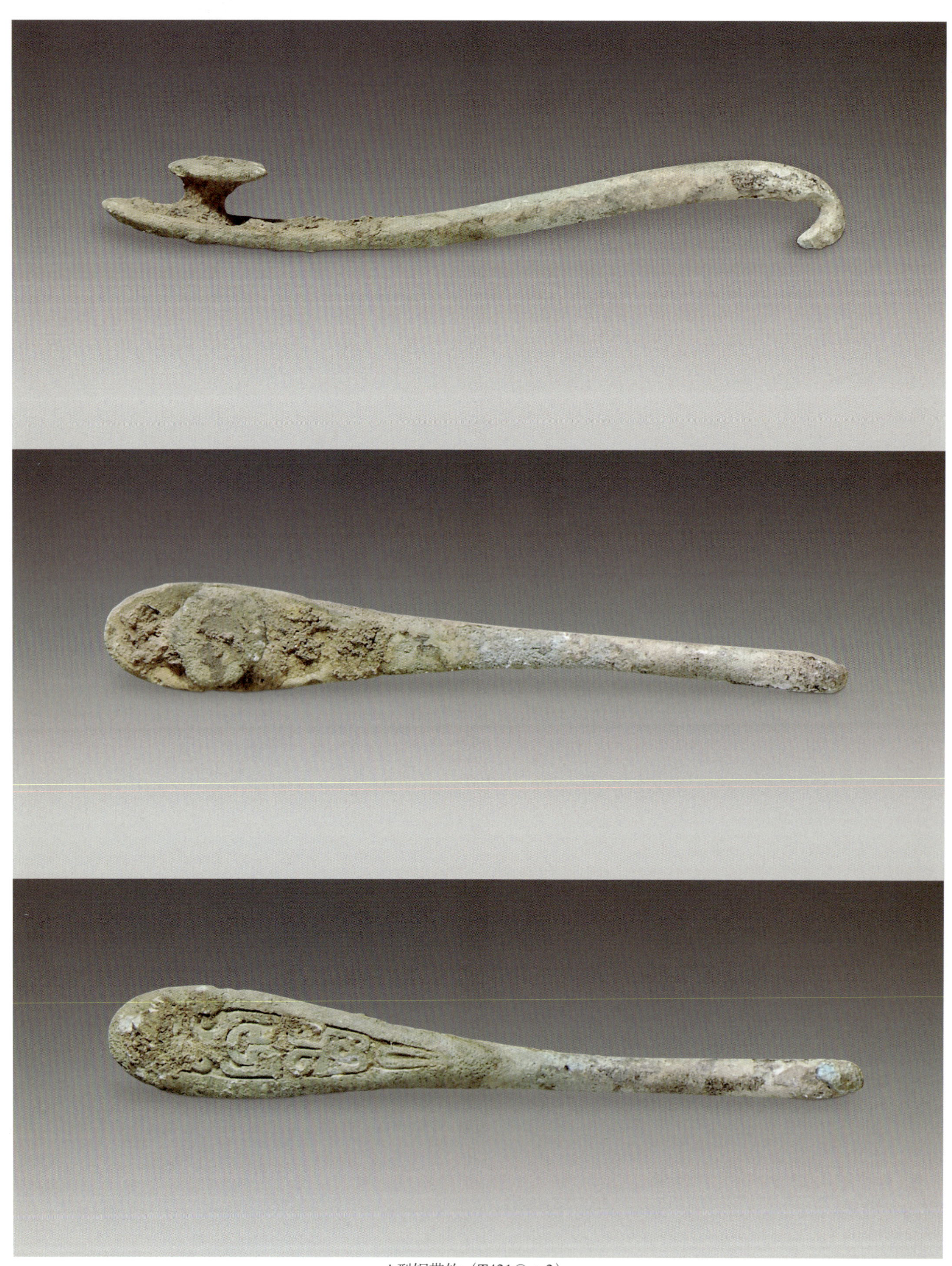

A型铜带钩（T421③：2）

新浦遗址上层铜带钩

1. B型铜带钩（T6002⑦：1）

2. B型铜带钩（T6007④：1）

新浦遗址上层铜带钩

1. Aa型铜镞（T6002⑥：2）

2. Aa型铜镞（T312④：1）

3. Aa型铜镞（T342③：2）

4. Aa型铜镞（T5009⑥：3）

新浦遗址上层铜镞

1. Ac型铜镞（T104②：1）

2. Bb型铜镞（T343③：5）

3. Ab型铜镞（T332④：7）

4. Ba型铜镞（T5009⑥：9）

5. Ba型铜镞（T6008⑤：2）

新浦遗址上层铜镞

1. 铜剑（征集：1）

2. 铜削（T5009⑥：11）

3. 铜管状器（T423④：2）

新浦遗址上层铜剑、铜削、铜管状器

1. 铜凿（T342③：1）

2. 铜棒状器（H5：1）

3. 铜凿（T6012③：1）

4. 铜管（T329③：5）

新浦遗址上层铜凿、铜棒状器、铜管

图版一四

1. 铜鱼钩（T345③：2）

2. 铜剑头（T423④：1）

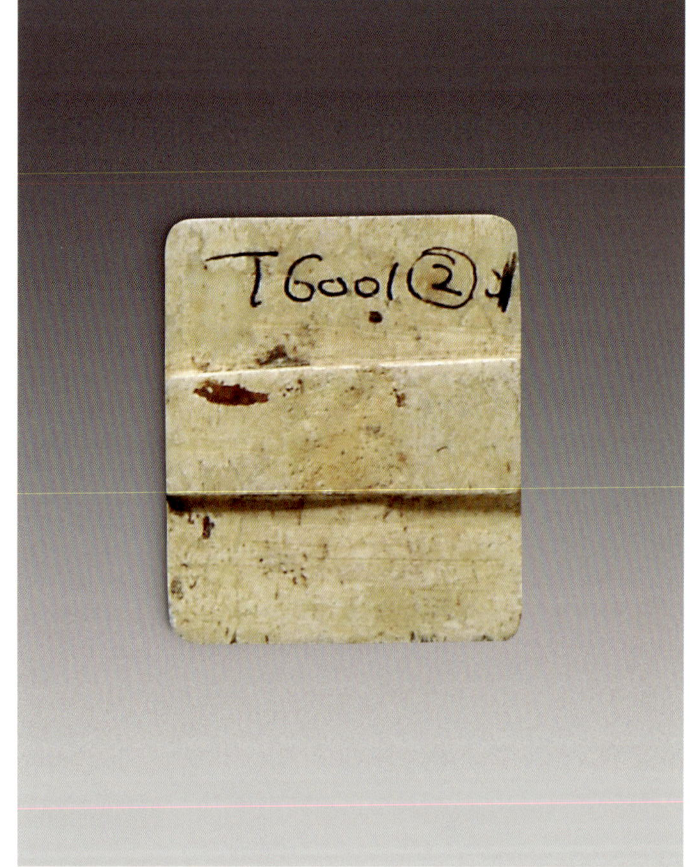

3. 骨牌（T6001②：1）

新浦遗址上层铜鱼钩、铜剑头、明清骨牌

1. 老油坊遗址远景（南→北）

2. 老油坊遗址近景（南→北）

老油坊遗址

1. IM1

2. IM2

3. IM3

老油坊遗址周代墓葬

1. A型陶釜（IM2：2）

2. A型陶釜（T11⑥：1）

3. B型陶罐（T11⑤：1）

4. 陶豆（T11⑤：2）

老油坊遗址周代陶釜、陶罐、陶豆

图版一八

1. 陶釜支座（T8⑤：1）

2. 陶圈足碗（T11④：9）

3. B型陶纺轮（IT6④：3）

4. C型陶纺轮（IM2：4）

老油坊遗址周代陶釜支座、陶圈足腕、陶纺轮

1. 石凿（T11④：11）

1. 石刀（ⅡT3④：11）

3. 铁带钩（IM1：1）

4. 铜管（ⅡT4④：5）

老油坊遗址周代石凿、石刀、铁带钩、铜簪

1. Y1

2. Y1

老油坊遗址汉代陶窑

1. Y1火口

2. Y1排烟口

老油坊遗址汉代陶窑

1. Aa型陶盆（G1上：32）

2. 陶甑底（G302：12）

3. Bb型陶罐（G1上：23）

4. 板瓦（H301：2）

老油坊遗址汉代陶盆、陶甑底、陶罐、板瓦

1. 筒瓦（H301：1）

2. A型陶纺轮（T307④：20）

3. A型陶纺轮（T308③：1）

老油坊遗址汉代筒瓦、陶纺轮

图版二四

1. C型陶纺轮（G1下：18）

2. D型陶纺轮（G1上：18）

3. 陶楔形器（ⅠT2③：3）

老油坊遗址汉代陶纺轮、陶楔形器

1. 陶不明器（G1上：24）

2. A型石斧（T7③：11）

3. B型石斧（H304：1）

4. 石凿（IT4②：3）

老油坊遗址汉代陶器、石斧、石凿

1. 石镞（IT2③：7）

2. 石球（IT4③：2）

3. 石锛（H5：1）

4. 玉锛（G303：1）

老油坊遗址汉代石镞、石球、石锛、玉锛

1. 铁䦆（G1下：9）

2. 铁刀（H301：4）

3. 铁凿（G302：10）

4. 笔帽状铜器（T308④：43）

老油坊遗址汉代铁䦆、铁刀、铁凿、笔帽状铜器

图版二八

1. 铜簪（H301：5）

2. 骨器（G1上：3）

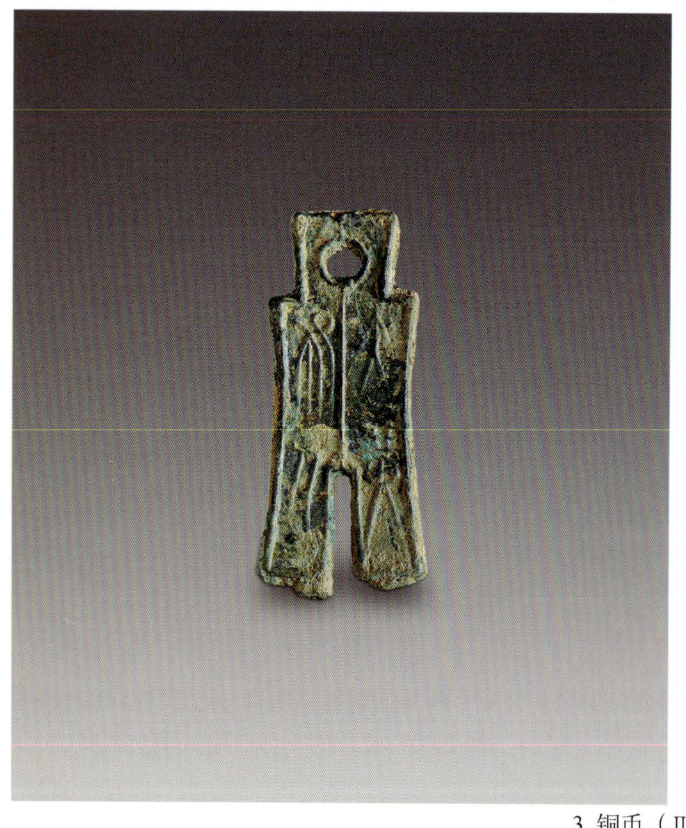

3. 铜币（ⅡT4④：9）

老油坊遗址汉代铜簪、骨器、铜币

1. 铜币（G302：8）

2. 铜币（T307④：16）

3. Aa型瓷碗（T308④：52）

4. Aa型瓷碗（T307③：2）

老油坊遗址汉代铜币、宋代瓷碗

1. Aa型瓷碗（T308④：7）

2. Aa型瓷碗（ⅠT5③：5）

3. Ab型瓷碗（T311③：4）

4. Ab型瓷碗（T308④：50）

5. Ab型瓷碗（T308④：51）

老油坊遗址宋代瓷碗

1. Ba型瓷碗（T308④：56）

2. Ba型瓷碗（T307④：6）

3. Ba型瓷碗（ⅠT5③：4）

老油坊遗址宋代瓷碗

图版三二

1. Ba形瓷碗（ⅠT5③：6）

2. Ba形瓷碗（ⅠT5③：29）

3. Ba形瓷碗（T308④：37）

4. Bb型瓷碗（ⅠT5③：28）

老油坊遗址宋代瓷碗

1. Ba型瓷罐（ⅠT5③：49）

2. Bb型瓷罐（T308④：58）

3. C型瓷盘（H14：18）

4. B型瓷碟（ⅠT5③：42）

老油坊遗址宋代瓷罐、磁盘、磁碟

图版三四

1. C型瓷碟（H13：5）

2. A型瓷盏（T311②：4）

3. A型瓷盆（H14：4）

4. 瓷灯台（T301②：1）

老油坊遗址宋代磁碟、瓷盏、瓷盆、瓷灯台

1. 瓷盂（ⅠT5③：66）

2. 瓷器盖（H14：11）

3. 骨凿（IT4②：1）

4. 铜环（T311③：5）

5. Ba型铜簪（T307④：21）

老油坊遗址宋代瓷盂、瓷器盖、骨凿、铜环、铜簪

图版三六

1. A型铜镞（ⅡT2③：44）

2. B型铜镞（T306②：1）

3. 瓷盅（G303②：2）

4. 瓷盅（G303②：4）

老油坊遗址宋代铜镞、清代瓷盅